TENDÊNCIAS DO DIREITO MÉDICO

COORDENADORES

Eduardo Dantas

Felippe Abu-Jamra Corrêa

TENDÊNCIAS DO DIREITO MÉDICO

Prefácio: Camila Vasconcelos

AUTORES

Carlos Alberto Kastein Barcellos
Clayton Reis
Cínthia Ayres Holanda
Eduardo Dantas
Filipe Loures Ramos
Felippe Abu-Jamra Corrêa
Fernanda Schaefer
Frederico Glitz
Guilherme Alberge Reis
Giovanna Trad
Hildegard Taggesel Giostri
Lívia Abigail Callegari
Luciano Correia Bueno Brandão
Maria Luísa Vieira Matos
Osvaldo Simonelli
Pedro H. C. Fonseca
Samantha Takahashi
Silvio Guidi
Tertius Rebelo

GZ EDITORA

Rio de Janeiro
2021

1ª edição – 2021

Presidente do Conselho Editorial
Nelson Nery Costa

Diagramação
Olga Martins

CIP – Brasil. Catalogação-na-fonte.
Sindicato Nacional dos Editores de Livros, RJ.

T281

Tendências do direito médico / Carlos Alberto Kastein Barcellos ... [et al.]; coordenação Eduardo Dantas, Felippe Abu-Jamra Corrêa; prefácio Camila Vasconcelos. - 1. ed. - Rio de Janeiro: G Z, 2021.

328 p.; 23 cm.

Inclui bibliografia e índice

ISBN 978-65-5813-010-9

1. Direito. 2. Responsabilidade (Direito). 3. Médicos - Brasil. I. Barcellos, Carlos Alberto Kastein. II. Dantas, Eduardo. III. Corrêa, Felippe Abu-Jamra. IV. Vasconcelos, Camila.

20-67914

CDU: 34:614.25(81)

contato@editoragz.com.br
www.editoragz.com.br

Av. Erasmo Braga, 299 – Sala 202 – 2º andar – Centro
CEP: 20020-000 – Rio de Janeiro – RJ
Tels.: (0XX21) 2240-1406 / 2240-1416 – Fax: (0XX21) 2240-1511

Impresso no Brasil
Printed in Brazil

AGRADECIMENTO DO PATROCINADOR SEGPRO

O seguro de Responsabilidade Civil Profissional é um ramo relativamente novo no Brasil, a SEGPRO Seguros Profissionais, desde 2002 vem contribuindo de forma direta ou indireta na construção de novos produtos e serviços com o objetivo de promover a melhor cobertura para os profissionais da Área da Saúde.

Acreditamos que estar próximos dos advogados, trabalhando juntos, é fundamental para que sejamos bem-sucedidos em relação aos atuais desafios.

Foram várias conquistas da SEGPRO ao longo desses 18 anos, onde somamos mais de 4.500 casos atendidos. Mas a maior é a certeza de que não há na história do mercado de seguros brasileiro, um caso de sucesso sem a participação do advogado especializado no Direito Médico, e nesse sentido parabenizamos e agradecemos o Dr. Felippe Abu-Jamra Corrêa, pela sua atuação impecável, sempre pautada pela ética e profissionalismo.

Ajax Herbert - CEO e presidente do SEGPRO Group

AGRADECIMENTO DO PATROCINADOR R2 RICCO / POLYTECH

Esse é o segundo ano que apoiamos uma obra sobre Direito Médico organizada pelo Dr. Felippe Abu-Jamra Corrêa.

Para nós é um prazer poder apoiar obras como essa, pois entendemos que apenas por meio do fomento aos estudos é que avançaremos nessa nova e instigante área do Direito.

Esperamos que os livros continuem pois essa já é uma parceria de sucesso.

Ricardo Reuter – R2 Ricco / Polytech

PREFÁCIO

Para uma efetiva compreensão deste âmbito jurídico, o Direito Médico, ainda considerado jovem aos olhares do Poder Judiciário brasileiro, é necessário, sobretudo, recorrer a leituras enriquecedoras, que abordem, com profundidade, o âmago das suas questões, peculiaridades e características próprias.

De fato, trata-se de uma área em que se realiza um diálogo entre dois poderes que coexistem socialmente, e que refletem, perante a sociedade, expectativas significativas de constante assertividade. Assertividade nos tratamentos em saúde e nas decisões proferidas. Expectativas estas que assumem uma aparência peculiar quando revestidas de anseios protagonizados por médicos e pacientes, em uma discussão, habitualmente litigiosa, envolvendo eventuais erros na prática da assistência médica a vidas, quer seja no âmbito público ou privado. Trata-se de demandas em que, entre outros assuntos, discutem-se conflitos advindos de uma relação intersubjetiva especial em que, ao seu início, preponderavam estruturas de confiança, sigilo e responsabilidades, e eram preconizados o bem da pessoa doente segundo o poder e entendimento médico, tal como disposto no juramento hipocrático cotidianamente discursado no Brasil.

Assim, conforme visto, é bem verdade que o Direito Médico é um campo em que dialogam, entre si, substanciais poderes. Tem-se o poder advindo da assistência médica – detentora dos saberes sobre as vidas biológicas dos corpos humanos, sobre as perspectivas diagnósticas, abordagens tratamentosas aptas ao investimento pelo restabelecimento de pessoas de contextos de patologias e sofrimentos de contextos de patologias e sofrimentos, entre outros – e o poder advindo do judiciário – detentor irrefutável das decisões e direcionamentos de rumos destes mesmos corpos humanos, agora em uma perspectiva de vidas sociais visto que, embora coexistam julgamentos eventualmente recorríveis, por fim terminarão, médicos e pacientes, por subsumir seus pleitos a trânsitos em julgado após o decurso de uma trajetória não guiada por suas vontades, mas orientadas por julgadores cujas abordagens conduzirão, por fim, ao término de um conflito, pelas partes, nem sempre considerado justo.

Neste sentido, por tratar-se de saúde, por envolver tamanha delicadeza nas expectativas nas vidas de médicos e pacientes, o Direito Médico apresenta-se enquanto ramo jurídico peculiar. E, em um universo significativo de abordagens legais tradicionais, por vezes ásperas, ao profissional disposto à imersão teórica e prática neste novo universo é fundamental estar disposto a realizar leituras a partir de fontes seguras, sensíveis, claras em suas reflexões e idôneas a transmitir conhecimento com responsabilidade, credibilidade científica e aprofundamento teórico.

Este é o perfil da obra "Tendências do Direito Médico", coordenada, com maestria, pelos Professores e Advogados Dr. Eduardo Vasconcelos dos Santos Dantas e Dr. Felippe Abu-Jamra Corrêa, profissionais valiosos e de forte sensibilidade às questões e desafios contemporâneos que a Medicina traz ao Direito, e aos contextos árduos que o universo jurídico termina por impor aos profissionais e instituições de saúde em busca pelo salvaguardo irrestrito de deveres, direitos e fundamentos irrefutáveis, tal como a dignidade da pessoa humana.

Para tanto, na procura da melhor apresentação das atualidades e tendências no Direito Médico, claramente estão presentes, nesta obra, Autores com idônea riqueza teórico-prática, e que irão, sem dúvida, conduzir o leitor ao melhor conhecimento a respeito de diversos assuntos, tais como os relativos à responsabilidade civil médica, perspectivas atinentes a eventual dano moral decorrente de ofensas à honra do médico, análises quanto às perspectivas deontológicas médicas em mídias socias, entre outras matérias de tamanha qualidade.

De fato, também compreender a tecnologização da medicina, a importância da proteção de dados de pacientes, bem como a necessária informação, esclarecimento e liberdade na aplicação do tão caro termo de consentimento é fundamental. Ainda assim, devem os profissionais estudiosos do Direito Médico estar dispostos a observar, nesta rica obra, aspectos sobre vida e morte, sobre contextos habituais da prestação de saúde aos pacientes, bem como contextos pandêmicos aptos a estagnar as ações sociais no planeta, sequer imagináveis aos maiores cientistas da atualidade, e que passaram a requerer vacinas específicas, obviamente no decurso de pesquisas clínicas com ética e cumprimento de princípios da bioética universalmente reconhecidos.

De tal modo, trata-se de uma leitura rica e imprescindível. E, concluindo o cumprimento do privilégio e honra de prefaciar uma obra com tamanha amplitude temática e parâmetros teóricos substanciais, resta-me reforçar a sua indispensabilidade, desejar uma excelente leitura e sinalizar, aos leitores obra "Tendências do Direito Médico", o quão também se tornam, perante o universo jurídico, responsáveis replicadores do melhor conhecimento nesta área tão delicada, com acuidade, atenção e busca, irrestrita, pela realização de direitos e deveres de médicos e pacientes, bem como a realização de análises estruturais em saúde, observando questões sistêmicas a serem resolvidas para a realização prática e habitual do direito fundamental à saúde.

Camila Vasconcelos
Doutora em Bioética (UNB), Mestre em Bioética (UAÇ/UCP - Portugal)
Advogada em Direito Médico e Professora da Faculdade de Medicina da Universidade Federal da Bahia (FMB-UFBA)

SOBRE OS COORDENADORES

EDUARDO DANTAS

Advogado, inscrito nas Ordens do Brasil e de Portugal; Bacharel em Direito pela Universidade Federal de Pernambuco (1995); Especialista em Direito de Consumo pela Universidad de Castilla-La Mancha (2001); Mestre em Direito Médico pela University of Glasgow (2007); Doutorando em Direito Civil pela Universidade de Coimbra; Ex Vice-Presidente e membro do Board of Governors da World Association for Medical Law; Procurador Jurídico do Conselho Regional de Odontologia de Pernambuco; Autor dos livros Direito Médico (Editora GZ, 2009), Comentários ao Código de Ética Médica (Editora GZ, 2010), Droit Médical au Brésil (Editora GZ, 2013); Aspectos Jurídicos da Reprodução Humana Assistida (Editora GZ, 2018); e Contemporary Issues in Medical Law (Editora GZ, 2018); Autor de diversos artigos publicados no Brasil, Portugal, Israel, EUA, Polônia, República Checa e França; Membro da Comissão Especial de Direito Médico do Conselho Federal da Ordem dos Advogados do Brasil (Gestões 2013/2015 e 2016/2018); Professor do Curso de Pós-Graduação em Direito de Família da Universidade Federal de Pernambuco – UFPE; Professor do curso de pós-graduação em Direito Médico e Hospitalar da EPD – Escola Paulista de Direito (São Paulo – SP); Ex-Presidente da Comissão de Direito e Saúde da OAB/PE; Presidente da Associação Pernambucana de Direito Médico e da Saúde; Vice-Presidente da Asociación Latinoamericana de Derecho Médico; Membro fundador e integrante da Comissão Diretiva da ALDIS – Associação Lusófona de Direito da Saúde; Coordenador pedagógico da Association de Recherche et de Formation en Droit Médical (Toulouse, França); Membro do International Advisory Board do Observatório de Direitos Humanos: Bioética, Saúde e Ambiente, da Universidade de Salerno, Itália; Vice-Presidente da Comissão de Bioética e Biodireito do IBDFAM – Instituto Brasileiro de Direito de Família.

FELIPPE ABU-JAMRA CORRÊA

Advogado atuante na área de Direito Médico e Responsabilidade Civil. Mestre em Direito Empresarial e Cidadania pelo UNICURITIBA. Ex-Presidente da Comissão Especial de Direito Médico da OAB/TO e ex-membro da Comissão Especial de Direito Médico e da Saúde do Conselho Federal da OAB. Membro da AEDM (Associação dos Escritórios de Defesa Médica). Autor de livros e artigos jurídicos.

SOBRE OS AUTORES

CARLOS ALBERTO KASTEIN BARCELLOS

Advogado, Docente, Diretor da Academia Brasileira de Direito Médico, Especialista em Direito Médico, Odontológico e da Saúde; Pós-graduado em Direto Médico e da Saúde; Pós-Graduado em Bioética e Biodireito.

CÍNTHIA AYRES HOLANDA

Mestre em Direito e Gestão de conflitos pela UNIFOR. Especialista em Direito Médico Hospitalar pela EPD. Advogada sócia do Ayres e Araújo Advogados. Professora do Centro Universitário UNINOVAFAPI, FAETE e CESVALE. Diretora da Associação dos Escritórios de Defesa Médica-AEDM. Parecerista Ad Hoc da Revista de Bioética do Conselho Federal de Medicina- CFM. Ex -Presidente da Comissão de Direito à saúde da OAB-PI. Mediadora de conflitos (Columbia University-NY). Palestrante.

CLAYTON REIS

Pós-doutor em Responsabilidade Civil pela Universidade Central de Lisboa. Mestre e Doutor em Direito das Relações Sociais pela UFPR. Especialista em Responsabilidade Civil pela UEM. Membro da Academia Paranaense de Letras Jurídicas do Paraná. Membro do IBERC - Instituto Brasileiro de Estudos em Responsabilidade Civil. Magistrado aposentado do Tribunal de Justiça do Paraná. Professor dos cursos de Mestrado e Doutorado do Unicuritiba. Professor da Universidade Tuiuti do Paraná. Professor da Escola da Magistratura. Advogado e parecerista jurídico em Curitiba.

EDUARDO DANTAS

Advogado, inscrito nas Ordens do Brasil e de Portugal; Bacharel em Direito pela Universidade Federal de Pernambuco (1995); Especialista em Direito de Consumo pela Universidad de Castilla-La Mancha (2001); Mestre em Direito Médico pela University of Glasgow (2007); Doutorando em Direito Civil pela Universidade de Coimbra; Ex Vice-Presidente e membro do Board of Governors da World Association for Medical Law; Procurador Jurídico do Conselho Regional de Odontologia de Pernambuco; Autor dos livros Direito Médico (Editora GZ, 2009), Comentários ao Código de Ética Médica (Editora GZ, 2010), Droit Médical au Brésil (Editora GZ, 2013); Aspectos Jurídicos da Reprodução

Humana Assistida (Editora GZ, 2018); e Contemporary Issues in Medical Law (Editora GZ, 2018); Autor de diversos artigos publicados no Brasil, Portugal, Israel, EUA, Polônia, República Checa e França; Membro da Comissão Especial de Direito Médico do Conselho Federal da Ordem dos Advogados do Brasil (Gestões 2013/2015 e 2016/2018); Professor do Curso de Pós-Graduação em Direito de Família da Universidade Federal de Pernambuco – UFPE; Professor do curso de pós-graduação em Direito Médico e Hospitalar da EPD – Escola Paulista de Direito (São Paulo – SP); Ex-Presidente da Comissão de Direito e Saúde da OAB/PE; Presidente da Associação Pernambucana de Direito Médico e da Saúde; Vice-Presidente da Asociación Latinoamericana de Derecho Médico; Membro fundador e integrante da Comissão Diretiva da ALDIS – Associação Lusófona de Direito da Saúde; Coordenador pedagógico da Association de Recherche et de Formation en Droit Médical (Toulouse, França); Membro do International Advisory Board do Observatório de Direitos Humanos: Bioética, Saúde e Ambiente, da Universidade de Salerno, Itália; Vice-Presidente da Comissão de Bioética e Biodireito do IBDFAM – Instituto Brasileiro de Direito de Família.

FELIPPE ABU-JAMRA CORRÊA
Advogado atuante na área de Direito Médico e Responsabilidade Civil. Mestre em Direito Empresarial e Cidadania pelo UNICURITIBA. Ex-Presidente da Comissão Especial de Direito Médico da OAB/TO e ex--membro da Comissão Especial de Direito Médico e da Saúde do Conselho Federal da OAB. Membro da AEDM (Associação dos Escritórios de Defesa Médica). Autor de livros e artigos jurídicos.

FERNANDA SCHAEFER
Advogada. Pós-Doutorado no Programa de Pós-Graduação Stricto Sensu em Bioética da PUC-PR, bolsista CAPES. Doutorado em Direito das Relações Sociais na Universidade Federal do Paraná, curso em que realizou Doutorado San-duíche nas Universidades do País Basco e Universidade de Deusto (Espanha) como bolsista CAPES. Professora e Coordenadora da Pós-Graduação Lato Sensu em Direito Médico do UniCuritiba e professora de Direito Civil e Biodireito do Curso de Direito.

FILIPE LOURES RAMOS
Advogado, Pós-Graduado em Direito Público pela Fundação Escola Superior do Ministério Público do Estado de Minas Gerais, em parceria com a FUMEC.

FREDERICO E. Z. GLITZ

Advogado. Mestre e Doutor em Direito das Relações Sociais pela Universidade Federal do Paraná. Profes-sor de Direito Internacional Privado e Coordenador Geral da Pós-Graduação Lato Sensu do UNICURITIBA. Componente da lista de árbitros da Câmara de Arbitragem e Mediação da Federação das Indústrias do Paraná (CAMFIEP) e da Câmara de Mediação e Arbitragem do Brasil (CAMEDIARB). Vice-presidente da Comissão de Educação da OAB/PR.

GIOVANNA TRAD

Advogada. Sócia do Trad & Cavalcanti. Especialista em Direito Médico e da Saúde. Presidente da Comissão de Biodireito, seccional Mato Grosso do Sul. Membro da Comissão de Direito Médico e da Saúde do Conselho Federal da Ordem dos Advogados do Brasil (CFOAB). Membro da Comissão Especial de Defesa dos Direitos da pessoa com Autismo do CFOAB. Membro do Comitê Executivo Estadual do Fórum do Judiciário para a Saúde do TJMS. Professora. Palestrante.

GUILHERME ALBERGE REIS

Mestrando em Direito das Relações Sociais pela UFPR. Bacharel em Direito e Relações Internacionais pelo UNICURITIBA. Especialista em Direito Processual Civil pelo Instituto Romeu Felipe Bacellar e Direito Empresarial pelas Faculdades da Indústria. Secretário da Comissão de Juizados Especiais da OAB/PR. Advogado.

HILDEGARD TAGGESEL GIOSTRI

Advogada. Bioquímica. Mestre em Direito das Relações Sociais pela UFPR, com tese defendida na área da Responsabilidade Médica. Doutoranda pela mesma Universidade. Pós-graduada em Filosofia e Língua Portuguesa pela PUC/PR.

LÍVIA ABIGAIL CALLEGARI

Advogada inscrita na Ordem dos Advogados do Brasil e em Portugal Especialista em Direito da Medicina pela Faculdade de Direito da Universidade de Coimbra - Portugal e em Bioética Faculdade de Medicina da Universidade de São Paulo. Membro do Comitê de Ética em Pesquisa da Escola da Enfermagem da USP Pesquisadora Científica do Grupo de Estudos em Bioética, Direito e Medicina, da Faculdade de Medicina da Universidade de São Paulo e do grupo de pesquisa Saúde 4.0 do Laboratório de Política Comportamento e Mídia (LABÔ) da PUC/SP Professora convidada da Escola Paulista de Medicina - UNIFESP

LUCIANO CORREIA BUENO BRANDÃO
Advogado com atuação exclusiva na área de Saúde. Especialista em Direito da Medicina pela Universidade de Coimbra/Portugal (UC). Especialista em Direito Médico e Hospitalar pela Escola Paulista de Direito (EPD). Extensão em Responsabilidade Civil na Área de Saúde pela Fundação Getúlio Vargas (GVlaw). Membro da Associação dos Advogados de São Paulo (AASP). Membro da Comissão de Direito Médico e da Saúde da OAB/SP. Membro da World Association for Medical Law (WAML). Coautor da obra Direito Médico: Temas Atuais. Idealizador do MEDJUR – Comunidade de Direito Médico e da Saúde. Professor e palestrante

MARIA LUÍSA VIEIRA MATOS
Acadêmica do curso de bacharelado em Direito do Centro Universitário UNINOVAFAPI

OSVALDO SIMONELLI
Advogado. Especialista em Direito Médico. Mestre em Ciências da Saúde. Pós-graduado em Direito Público e Direito Processual Civil pela Escola Paulista da Magistratura. Chefe do Departamento Jurídico (2005/2015) e Superintendente Jurídico (2016/2018) do CREMESP. Idealizador do Programa de Formação em Direito Médico e do Instituto Paulista de Direito Médico e da Saúde®.

PEDRO H. C. FONSECA
Advogado, Mestre em Direito Civil, Mestre, Doutor e Pós-Doutor em Direito Penal pela Pontifícia Universidade Católica de Minas Gerais (PUC/MG), autor de diversa obras jurídicas e coordenador da Escola de Advocacia Aplicada.

SAMANTHA TAKAHASHI
Advogada. Pós-Graduanda em Ética e Compliance pelo Instituto Israelita de Ensino e Pesquisa Albert Einstein. Pós-Graduada em Direito Civil e Direito Processual Civil. Pós-Graduada em Direito Médico. Professora Convidada em Cursos de Pós-Graduação da disciplina Fundamentos da Ética Médica.

SILVIO GUIDI
Sócio do Vernalha Pereira Advogados, Doutorando e Mestre em Direito Administrativo pela PUCSP

TERTIUS REBELO
Advogado, Sócio do André Elali Advogados – OAB/RN 4.636; Especialista em Direito Médico e da Saúde; Fundador do IBEDIM; Membro da Comissão Especial de Direito Médico e da Saúde do Conselho Federal da OAB de 2016/2019; Membro da Comissão de Direito à Saúde da OAB/RN; Membro da Comissão de Direito Médico e da Saúde da ABA - Associação Brasileira de Advogados (RN); Membro da Comitê Executivo de Demandas da Saúde do TJRN de 2016/2019; Membro da Comissão de Revisão do Código de Ética Médica no RN; Conselheiro da Associação dos Advogados do RN - AARN; Professor dos cursos de Pós Graduação em Direito Médico e da Saúde da UNI/RN, do UNIFACEX/PB e do Instituto Julio Cesar Sanches-TO; Professor convidado do cursos de Medicina e Odontologia da UFRN e Universidade Potiguar/RN - Lattes: http://buscatextual.cnpq.br/buscatextual/visualizacv.do?metodo=apresentar&id=K4235113Z8

SUMÁRIO

(Os artigos, por mera questão metodológica, estão organizados por ordem alfabética em relação aos seus autores)

NOTAS INTRODUTÓRIAS

Uma das vantagens da experiência é poder vislumbrar o caminho percorrido, e compreender com um olhar diferenciado o desenvolvimento de uma forma de pensar, analisando os erros e os acertos, com uma perspectiva permeada pela inexorável passagem do tempo.

Nos últimos cinco anos, o Direito Médico (ou Direito da Saúde) se tornou um dos ramos mais promissores no direito brasileiro, incorporando ao seu debate doutrinário questões já discutidas há décadas em outros países, a exemplo de Portugal, França, Espanha e Inglaterra. Some-se a isso, o aumento de demandas éticas, administrativas e judiciais fez crescer o interesse de profissionais da saúde, permitindo uma aproximação do diálogo entre duas das mais antigas ciências da humanidade, fazendo evoluir conceitos e iniciando a desmistificação de muitas ideias impregnadas no cotidiano destas profissões, até então encasteladas em seus próprios saberes.

Nossa missão, enquanto organizadores deste livro, foi ao mesmo tempo – e paradoxalmente – difícil e prazerosa: reunir autores novos e doutrinadores experientes, dos mais diversos recônditos do Brasil, para debater temas atuais, inovadores, necessários e imprescindíveis ao estudo deste ramo tão importante do Direito, de modo a poder criar um mosaico o mais completo possível, para servir de ponto de partida para o aprofundamento de um debate com pensamento crítico, em prol da construção de uma doutrina nacional cada vez mais representativa.

Temos, nesta obra que se encontra em suas mãos, um time coeso em seus objetivos, com dezenove autores e treze artigos sobre os mais variados temas (que deixamos de elencar neste momento, para convidá-lo a explorar o índice da obra) que demonstram a diversidade e a riqueza desta área do conhecimento, que se apresenta aqui de maneira a trazer argumentos e reflexões, desejando estimular iniciados e iniciantes nesta jornada, onde tão importante quanto o destino, são a própria viagem e as companhias.

Desejamos a você uma excelente leitura, e uma enriquecedora experiência.

Recife (PE)/Palmas (TO), Dezembro de 2020

Eduardo Dantas
Felipe Abu-Jamra Corrêa

O ATO MÉDICO NA PERSPECTIVA DA RESPONSABILIDADE CIVIL

Carlos Alberto Kastein Barcellos

1. INTRODUÇÃO

A prestação de serviços em saúde tem experimentado a incorporação constante de novas tecnologias e, com isso, tem oferecido maior resolutividade (ou possibilidade de) no tratamento de doenças até pouco tempo consideradas como incuráveis.

Essa incorporação de tecnologias em saúde, que podem ser entendidas como o "conjunto de equipamentos, de medicamentos, de insumos e de procedimentos utilizados na prestação de serviços de saúde, bem como das técnicas de infraestrutura desses serviços e de sua organização[1]" (BRASIL, 2010a, n.p.), gera uma maior expectativa em relação ao prognóstico do tratamento implementado pelo profissional de saúde.

A perspectiva de uma eficácia terapêutica, quase absoluta sob a ótica do usuário do serviço, aliada a uma atitude menos paternalista do médico em relação ao paciente, ou seja, uma relação em que o profissional deve entendê-lo como sujeito do tratamento e dotado de autonomia, aumenta os riscos da atividade médica.

Não bastasse isso, a massificação da informação[2] (e não de sua qualidade) pela rede mundial de computadores, agora

---

1 Resolução da Diretoria Colegiada da Agência Nacional de Vigilância Sanitária nº 2, de 2 de janeiro de 2010, que dispõe sobre o gerenciamento de tecnologias em saúde de estabelecimentos em saúde. **Diário Oficial da União**, Brasília, DF, 2010a. Disponível em: http://bvsms.saude.gov.br/bvs/saudelegis/anvisa/2010/res0002_25_01_2010.html. Acesso em: 26.07.2020.

2 No mundo globalizado em que vivemos, no início de um novo milênio, não existe praticamente nenhum meio de comunicação de importância que não

complementada pelas redes sociais, além da ampla divulgação dos direitos dos consumidores, provoca discussões acerca da adequação ou não de condutas médicas e hospitalares.

Nasce, aqui, uma lógica para os usuários do sistema que tem como elemento de análise o direito pessoal e abstrato à vida, à saúde, à qualidade de vida e à integridade corporal, que são direitos humanos fundamentais e personalíssimos intimamente relacionados com a prestação de serviços em saúde. Para os usuários do sistema de saúde, considerando que todos têm um direito (abstrato e impessoal) à vida (com qualidade), à saúde e à integridade corporal, o paciente (pessoa individualizada) que foi atendido por médico (evento concreto) e, apesar de todos os recursos tecnológicos à disposição para a prestação de assistência sanitária, morreu (evento certo), a responsabilidade pelo óbito é do profissional da saúde.

---

tenha uma seção dedicada integralmente aos problemas de saúde. Ao lado dessas seções especializadas, que, cada dia, ocupam maiores espaço na mídia, se agregam revistas exclusivamente dedicadas à matéria. Como consequência, a população está cada vez mais informada quanto aos problemas referentes à relação médico-paciente. Essa maior informação disponível, aumentando o grau de conhecimento do cidadão em torno da medicina e os problemas que se apresentam na sua prática se converte em um paciente mais informado e mais exigente em relação à atividade do médico. (SESSAREGO, Carlos Fernandes; OYAGUE, Olenka Woolcott. **De las nociones fundamentales y la responsabilidad médica**. Tomo I. Breña (PE): Instituto Pacífico, 2018, pp. 412-413) (tradução nossa). No original: "En el mundo globalizado en que vivimos, em el inicio de un nuevo milenio, no existe prácticamente ningún medio de comunicación de importancia que carezca de una sección dedicada íntegramente a los problemas relativa a la salud. Al lado de estas secciones especializadas, que cada día ocupan mayores espacios en los medios de prensa, se unen revistas exclusivamente dedicadas a la materia. De ahí que la población está cada día más informada en cuanto a los problemas inherentes a la atención médico-paciente. Esta mayor información disponible, al aumentar el grado de conocimiento promedio en torno a la medicina y a los problemas que se presentan en su práctica, lo ha convertido en un paciente más informado y más exigente en relación con la actividad del médico".

Acontece que nessa lógica são abstraídos da análise (premissas não consideradas) os riscos da doença, a evolução mais ou menos rápida de uma afecção, bem como, as condições pessoais do sujeito do tratamento. Ou melhor, os usuários do sistema acabam por desconsiderar a aleatoriedade da prática médica, bem como que o risco médico, assim considerado como o "fator de insegurança imanente ao ato médico, segundo a evolução da ciência; pode ser quantificado estaticamente e minorado em função do progresso, mas não eliminado por completo[3]" (GAMARRA, 1999, p. 16, tradução nossa).

A limitação da ciência, considerando que os riscos da enfermidade devem ser suportados pelo paciente (a doença é um fator de risco e este pode ser entendido como a potencialidade de que um dano aconteça), quando em confronto com as expectativas dele, paciente, faz com que nasça uma questão social derivada da tensão estabelecida entre os profissionais da saúde e os consumidores de seus serviços.

E essa tensão se torna relevante pelos elementos já indicados e que, sinteticamente, pode ser delimitada pelo conflito entre as possibilidades da ciência, que não absorve todos os riscos de uma patologia e muito menos altera a certeza da finitude da vida, e as expectativas exageradas dos usuários do sistema, público ou privado, de saúde, por um resultado que, quando não atingido, implica a busca pela imputação de responsabilidade.

Pois bem. Se a incorporação de tecnologias e a especialização dos profissionais da medicina – elementos que exigem do médico o exercício constante do seu dever de conhecimento[4]

3 O "risco médico" es descripto como el factor de inseguridad inmanente en el acto médico, según los datos de la ciencia vigente; pude ser cuantificado estadísticamente y en el mejor de los casos disminuido por el progreso, pero no eliminado por completo.

4 Sobre o dever de conhecimento, dentre outros, o inciso V, dos princípios fundamentais do Código de Ética Médica, aprovado pela Resolução do Con-

(atualização) – permitem (ou podem permitir) maior efetividade no tratamento de doenças, os pacientes e familiares tendem, com esse avanço, a transferir para os prestadores de serviço em saúde os riscos da doença e a considerar como defeito no cuidado o não atingimento de um prognóstico.

Essa é uma das causas de judicialização[5] da relação mantida entre médico e paciente e, mais especialmente, da judicialização do ato médico, ou seja, aquele praticado por esse profissional no exercício de sua atividade.

Acontece que o desenvolvimento científico, bem como o custo crescente da medicina e a despersonalização da relação médico-paciente, decorrentes do compartilhamento dos custos pela saúde suplementar na esfera dos planos e seguros, não afastam a necessidade de se analisar o elemento culpa para a imputação da responsabilidade do profissional no exercício de sua atividade.

A relação médico-paciente e seus elementos informadores, passando pelo enfoque de sua natureza jurídica, bem como o ato médico como objeto do vínculo mantido entre esses agen-

---

selho Federal de Medicina nº 2.217, de 27 de setembro de 2018: "Compete ao médico aprimorar continuamente seus conhecimentos e usar o melhor do progresso científico em benefício do paciente e da sociedade".

---

5 De acordo com BARROSO (2018, p. 24), por judicialização deve-se entender "a possibilidade de ingressar em juízo para debater qualquer direito ou pretensão". Para ele, a judicialização, que difere do ativismo, que pode ser entendido como um "modo proativo e expansivo de atuação judicial" (p. 24), pode ser dividida em qualitativa e quantitativa. A segunda está relacionada com uma "certa explosão de litigiosidade no país, que se manifesta na existência de um número espantoso de ações judiciais em curso (p. 22), enquanto que a segunda "designa o fato de que boa parte das grandes questões nacionais – políticas, econômicas, sociais e ética – passaram ter o seu último capítulo perante os tribunais" (p. 23). (BARROSO, Luís Roberto. **A judicialização da vida e o papel do supremo tribunal federal**. Belo Horizonte: Editora Fórum, 2018).

tes sociais, sob o enfoque da responsabilidade civil, serão enfrentados para responder a seguinte pergunta: o médico pode ser responsabilizado quando é diligente no exercício de sua atividade?

2. A RELAÇÃO MÉDICO-PACIENTE: OBJETO DA RELAÇÃO E SUJEITO DO TRATAMENTO

A relação mantida entre o médico e o paciente, que pode ser considerada como o núcleo essencial do exercício da medicina, ocorre sempre que um profissional habilitado para a atividade, de acordo com o ordenamento jurídico de um determinado país[6-7], presta serviços de atenção à saúde para uma pessoa.

Pode-se definir essa relação como sendo o vínculo estabelecido, geralmente, por duas pessoas, o paciente, devido a uma alteração em sua saúde ou visando à sua manutenção e, o outro, o médico, que detém mérito técnico para prestar serviços de atenção sanitária, o que inclui prestar orientações e sanar

6 Cf. Decreto nº 20.931, de 11 de janeiro de 1932, que regula e fiscaliza o exercício da medicina, da odontologia, da medicina veterinária e das profissões de farmacêutico, parteira e enfermeira, no Brasil, e estabelece penas.

7 A Lei nº 3.268, de 30 de setembro de 1957, que dispõe sobre os Conselhos Federais de Medicina, além de dar outras providências, prevê que "Os médicos só poderão exercer legalmente a medicina, em qualquer de seus ramos ou especialidades, após o prévio registro de seus títulos, diplomas, certificados ou cartas no Ministério da Educação e Cultura e de sua inscrição no Conselho Regional de Medicina, sob cuja jurisdição se achar o local de sua atividade" (art. 17) e que os profissionais registrados receberão "uma carteira profissional que os habitará ao exercício da medicina em todo o País (art. 18)." Já a Lei 12.842, de 10 de julho de 2013, que dispõe sobre o exercício da Medicina, prevê que "denominação 'médico' é privativa do graduado em curso superior de Medicina reconhecido e deverá constar obrigatoriamente dos diplomas emitidos por instituições de educação superior credenciadas na forma do art. 46 da Lei nº 9.394, de 20 de dezembro de 1996 (Lei de Diretrizes e Bases da Educação Nacional), vedada a denominação 'bacharel em Medicina'. (art. 6º).

dúvida dentro de sua esfera de competência ou do conjunto de suas atribuições[8].

A relação médico-paciente pode nascer de decisão voluntária de ambas as partes, por ação unilateral do profissional, como, por exemplo, em casos de urgência ou de emergência[9], em função de atenção solicitada por terceiros (responsável legal, convencional – procurador de cuidados de saúde, por exemplo, ou judicial) ou em função do vínculo estabelecido pelo médico com entidades públicas ou privadas.

Esse vínculo estabelecido entre os profissionais de saúde e os pacientes sofre a incidência de elementos informadores ou pressupostos de validade, dos quais decorrem direitos e obrigações para os sujeitos envolvidos: responsabilidade, lealdade (princípio da boa-fé e confiança), autoridade, veracidade e sigilo.

Por responsabilidade, pode se entender o dever de agir com adequação e assumir as obrigações derivadas de seus atos. A boa-fé pode ser considerada como uma condição abstrata que deve preexistir em uma relação equilibrada e que deve orientar

8 A Lei nº 3.268/57 prevê que os médicos inscritos no Conselho Regional de Medicina do local de sua atividade podem exercer a medicina em qualquer de seus ramos e especialidades (art. 17). A Lei nº 12.842, de 10 de julho de 2013, que dispõe sobre o exercício da Medicina indica o campo de atenção à saúde em que o médico pratica suas ações profissionais (art. 2º), bem como, as suas atribuições privativas (atos médicos não compartilhados) (artigos 4º e 5º). Já a Resolução do Conselho Federal de Medicina tombada sob o nº 1.627, de 23 de outubro de 2001, além de definir o ato profissional do médico (art. 1º), indica aqueles que podem ser considerados compartilhados (não privativos) ou não compartilhados (§§ 1º e 2º do art. 1º e artigos 2º e 3º).

9 Cf. Resolução do Conselho Federal de Medicina nº 1.451, de 10 de março de 1995, que define no §1º do art. 1º urgência e no § 2º do mesmo artigo define emergência e a Lei nº 9.656, de 3 de junho de 1998, que dispõe sobre os planos e seguros privados de assistência à saúde, que também define emergência (art. 35-C, inciso I) e urgência (art. 35-C, inciso II).

cada um dos envolvidos na busca pelo respeito mútuo na proteção recíproca de seus direitos.

O princípio da confiança, mesmo que considerado como instrumental ao da boa-fé, está relacionado com a justa expectativa de cada parte em uma relação jurídica. No âmbito do vínculo mantido entre o paciente e o profissional de saúde, esse princípio tem contornos transcendentes. Isso porque, como já se afirmou, as exageradas expectativas com um resultado e a frustração quando ele não foi alcançado, fomentam a busca por imputação de responsabilidade.

Aqui, fica uma pergunta: o paciente tem a justa expectativa na cura de uma afecção ou no não aparecimento de uma enfermidade? A resposta para essa pergunta é negativa, considerando que a insegurança, como já se observou, é inerente ao exercício da medicina. Ora, qualquer procedimento diagnóstico ou terapêutico, por mais simples que seja, envolve a possibilidade de eventos adversos com natureza de imprevisibilidade. Então, partindo disso, o profissional da medicina, que agiu com diligência, não pode ser responsável por um resultado desfavorável, seja ele imediato ou não (efeitos colaterais tardios de uma medicação, por exemplo), decorrentes da imprevisibilidade de sua prática.

Como consequência dos princípios em enfoque, isoladamente considerados como principais ou o da confiança como instrumental daquele da boa-fé, deve-se observar, mesmo que em tese, a vedação do comportamento contraditório.

E podemos desdobrar essa aplicação do princípio da vedação do comportamento contraditório em duas vertentes. A primeira é decorrência lógica daquilo que se vem afirmando, ou seja, se não se pode pretender a cura de todas enfermidades, não se pode buscar imputar responsabilidade ao médico pelas limitações da ciência. A toda evidência, parte-se, aqui, da premissa que o médico devotou todo o seu conhecimento em benefício do paciente.

A segunda está relacionada com o princípio da veracidade, que tem eficácia tanto para o usuário, quanto para o profissional. Se as partes têm o dever de observar a verdade nas relações (essa uma justa expectativa), caso o paciente ou seu responsável não observem esse importante elemento da relação e eventual omissão leve para um diagnóstico equivocado, eles não podem imputar responsabilidade ao médico. E se o profissional não observar o dever de veracidade, gerando, com isso, expectativas divorciadas da realidade sensível, ele mesmo dará causa para a judicialização de sua relação com o paciente.

Mas antes de desenvolver a questão da veracidade, vamos enfrentar a autoridade como elemento da relação médico-paciente. Pois bem. Apesar da mudança de paradigma da relação médico-paciente, com o usuário do sistema sendo sujeito de tratamento e que tem autonomia para conhecer e decidir[10] aquilo que pretende ou não tem termos de condutas médicas de qualquer espécie, o profissional é que tem detém mérito técnico em medicina.

Isso significa que o profissional de saúde, partindo do desenvolvimento de competências relacionais, em um exercício de retórica, deve demonstrar os fatos e circunstâncias da doença ou daquilo que se pretende em termos de promoção, ou

10 A toda evidência ficam excluídas das margens de escolhas as condutas indicadas pelos profissionais de saúde quando em confronto com doenças infectocontagiosas em benefício da coletividade. Isso porque os direitos são aplicáveis em um primeiro momento, mas em um juízo de ponderação, como no exemplo da saúde pública, mas existindo uma razão suficiente, um outro pode prevalecer. Além disso, em emergência médica e com grave perigo para a saúde do paciente, e não sendo possível obter o seu consentimento ou de seus representantes, bem como ausentes diretivas antecipadas de vontade, fica autorizada a intervenção médica impendentemente do consentimento do paciente. Pode ser acrescentada ainda a hipótese de o paciente renunciar ao exercício do seu direito de conhecer, deliberar e escolher. Essas situações, por serem exceções à regra da liberdade de escolha, devem ser interpretadas restritivamente e registradas nos prontuários dos pacientes.

prevenção de enfermidades, para que o sujeito central das condutas possa escolher e decidir no exercício de sua autonomia. Trata-se não do argumento de uma autoridade no assunto, mas, sim, da autoridade de um argumento[11], como podemos constatar na afirmação abaixo:

> As questões de saúde devem ser decididas pelo paciente e o conhecimento técnico deve ser visto como uma forma de orientar e esclarecer, ou seja, o médico deve usar da autoridade do seu argumento para com o paciente, porém, jamais poderá inibir o usuário dos serviços de saúde. (BARCELLOS, 2015, p. 213).

A veracidade, por sua vez, está relacionada com a verdade (que é uma justa expectativa da relação) e tem via dupla, ou seja, o médico e o paciente devem transmitir informações verdadeiras; o médico, para o que paciente possa fazer escolhas válidas e o paciente, para o médico possa formar um diagnóstico e, eventualmente, rever o diagnóstico inicial e, consequentemente, alterar ou adequar uma conduta implementada.

Pois bem. A informação adequada, que deve ser entendida como aquela verdadeira, clara e completa, é direito essencial do usuário do sistema de saúde para que ele possa exercer com plenitude a sua liberdade de escolhas e compreende: a) o estado de saúde do paciente; b) o procedimento proposto e os seus objetivos; c) os benefícios esperados; d) os riscos e efeitos adversos decorrentes do procedimento proposto; e) a indicação de procedimentos alternativos e seus riscos, benefícios e prejuízos em relação àquele que foi proposto inicialmente e f) as consequências previsíveis decorrentes da não realização dos procedimentos indicados, sejam eles os principais ou os alternativos.

11 Cf. DEMO (2005).

Partindo desses elementos, o paciente pode aceitar ou recusar os procedimentos, seja aquele inicialmente indicado ou de natureza alternativa, bem como, reconsiderar suas escolhas. O consentimento informado (ou recusa informada) e sua dimensão prospectiva, que são as diretivas antecipadas de vontade ou de tratamento; são a expressão do princípio da autonomia e elementos do abandono de uma relação paternalista para uma relação horizontal.

Mas a informação sobre os riscos de uma conduta também admite uma margem de intercorrências que foge ao controle do médico, uma vez que, dentre aquilo que a ciência conhece, o médico oferece de alternativas para o paciente, e o resultado de suas condutas coexiste, ou pode coexistir, uma série de questões imponderáveis[12].

O último pressuposto de validade é do sigilo médico. O sigilo de tudo aquilo que se toma conhecimento em função da relação médico-paciente é elemento basilar do vínculo e a sua concreção.

12 Responsabilidade civil de médicos por cirurgia plástica que resultou no óbito da paciente, por embolia pulmonar. Prova pericial contundente no sentido de que se trata de mal imprevisível que dificilmente se pode diagnosticar ou prever com antecedência. Seja de meios ou de resultado a atividade que desempenham os cirurgiões plásticos, são passíveis de alegação e comprovação as tradicionais causas excludentes da responsabilidade civil; dentre elas, o caso fortuito e a força maior. Não se pode, ademais, exigir do médico que alerte o paciente senão dos riscos previsíveis do ato cirúrgico, não cabendo adverti-lo do imponderável. A responsabilidade da clínica em que é feita a cirurgia não é objetiva, dependendo de prova de culpa. E de todo o modo, ainda que houvesse, como entende parcela da doutrina, uma obrigação de garantia, nada se podendo apodar ao procedimento dos cirurgiões, e não tendo havido intercorrências no ato cirúrgico, a clínica não responde pelo sucedido. Sentença de procedência da ação que se reforma. Apelação dos médicos e da clínica a que se dá provimento, prejudicado o exame de recurso dos autores da ação de indenização. (TJSP; Apelação Cível 0740140-37.1997.8.26.0100; Relator (a): Cesar Ciampolini; Órgão Julgador: 10ª Câmara de Direito Privado; Foro Central Cível – 20ª Vara Cível; Data do Julgamento: 21/01/2014; Data de Registro: 22/01/2014).

Salvo exceções normativas, é uma justa expectativa do paciente. Paciente, aliás, que, em juízo de ponderação, renuncia ao exercício temporário do direito fundamental de tutela da privacidade e intimidade em benefício dos cuidados de saúde. Isso ocorre considerando que, para um diagnóstico adequado, ele passa por exames clínicos, físicos ou complementares, além de expor, direta ou indiretamente, fatos e circunstâncias reservados de sua vida.

E o paciente assim o faz por considerar que o objeto da relação médico-paciente, ou seja, a proteção à integridade física e psíquica, à saúde e à vida, é mais importante, ao menos, em determinado momento, do que o direito à intimidade e à vida privada que ele acredita seja preservada pelo médico nos limites da assistência.

3. A NATUREZA JURÍDICA DA RELAÇÃO MÉDICO-PACIENTE

A natureza da relação jurídica mantida entre o médico e o paciente tem consequências na esfera da responsabilização do profissional. Isso porque a responsabilidade contratual ou extracontratual (aquiliana) leva em consideração a natureza da norma jurídica supostamente violada. A primeira pressupõe o descumprimento de um contrato (fundamento imediato), enquanto a segunda, o descumprimento do dever geral de não causar dano.

Além disso, considerando que o médico e o paciente podem ser considerados, respectivamente, como fornecedor e consumidor de serviços, nos termos dos artigos 3º[13] e

13 Art. 3° Fornecedor é toda pessoa física ou jurídica, pública ou privada, nacional ou estrangeira, bem como os entes despersonalizados, que desenvolvem atividade de produção, montagem, criação, construção, transformação, importação, exportação, distribuição ou comercialização de produtos ou prestação de serviços.
§ 1° Produto é qualquer bem, móvel ou imóvel, material ou imaterial.
§ 2° Serviço é qualquer atividade fornecida no mercado de consumo, mediante remuneração, inclusive as de natureza bancária, financeira, de

2º[14], da Lei 8.078, de 11 de setembro de 1990, que instituiu o Código de Defesa do Consumidor, esse vínculo sofre a incidência dessa norma de proteção (BRASIL, 1990a).

Pois bem. O Superior Tribunal de Justiça, ao decidir sobre a qualificação da relação mantida entre o médico e paciente, entendeu que ela tem natureza contratual[15] e de espécie de consumo[16]. Contudo, o mesmo Superior Tribunal de Justiça, no julgamento do Recurso Especial nº 1.771.169-SC, em Acórdão relatado pela Ministra Nancy Andrighi, diz que não se aplica o Código de Defesa do Consumidor para as relações jurídicas derivadas da participação da iniciativa privada na esfera de interesse da saúde complementar[17]:

---

crédito e securitária, salvo as decorrentes das relações de caráter trabalhista.

14 Art. 2° Consumidor é toda pessoa física ou jurídica que adquire ou utiliza produto ou serviço como destinatário final.
Parágrafo único. Equipara-se a consumidor a coletividade de pessoas, ainda que indetermináveis, que haja intervindo nas relações de consumo.

15 STJ, REsp. 1104655/RS, Relator Ministro Uyeda, 4ª Turma, j. 09.06.2009.

16 STJ, REsp. 1.540.580-DF, Relator Ministro Luis Felipe Salomão, 4ª Turma, j. 02.08.2018.

17 Se o Sistema Único de Saúde se liga à ideia de saúde pública, ao lado dessa vertente, convivem a saúde complementar e a saúde suplementar (desembolso direto, planos e seguros de saúde). A prestação de serviços, no âmbito da saúde complementar (artigo 199, § 1º, da Constituição Federal, ocorre quando entidades privadas celebram contratos de direito público ou convênio, ou qualquer outro instrumento congênere, com o Sistema Único de Saúde e passam a integrar o sistema público de saúde. O art. 24, da Lei 8.080, de 19 de setembro de 1990, que dispõe sobre as condições para a promoção, proteção e recuperação da saúde, a organização e o funcionamento dos serviços correspondentes e dá outras providências, prevê: "Quando as suas disponibilidades forem insuficientes para garantir a cobertura assistencial à população de uma determinada área, o Sistema Único de Saúde (SUS) poderá recorrer aos serviços ofertados pela iniciativa privada" (BRASIL, 1990b, n.p.).

> A participação complementar da iniciativa privada - seja das pessoas jurídicas, seja dos respectivos profissionais - na execução de atividades de saúde caracteriza-se como serviço público indivisível e universal (uti universi), o que afasta, por conseguinte, a incidência das regras do CPC (REsp. 1771169/SC, Rel. Ministra NANCY ANDRIGHI, TERCEIRA TURMA, julgado em 26/05/2020, DJe 29/05/2020). (BRASIL, 1990a, n.p.).

Para se entender a natureza jurídica do vínculo mantido entre médico e paciente, tendo em vista essas decisões do Superior Tribunal de Justiça, deve-se considerar os antecedentes seu nascimento: a) relação direta: vínculo formado entre o médico e o paciente, nascido voluntariamente pela procura do usuário ao profissional; b) relação complexa: vínculo formado entre o médico e paciente através de instituições públicas ou privadas de saúde ou por intervenção de terceiros e c) relações atípicas: vínculo formado entre o médico e o paciente através da obrigação de prestação de assistência, independentemente da presença do elemento consensualidade.

Uma relação padrão entre profissionais de saúde e usuários do sistema de saúde tem natureza bilateral ou plurilateral, inclusive quanto aos seus efeitos, consensual, sinalagmática, aleatória (não comutativo), personalíssima, de trato sucessivo como regra, normalmente oneroso, e pode ser verbal ou escrita, tácita ou expressa.

A natureza bilateral está relacionada com a ideia de que, por esse vínculo formado por duas ou mais pessoas, surgem obrigações recíprocas (sinalagmático). Isso porque, embora possa parecer intuitivo que dele surjam fixadas obrigações apenas para os profissionais, sejam elas principais ou acessórias, o paciente também sofre o influxo de deveres dele derivados.

Os efeitos do vínculo estabelecido, assim entendidas as obrigações dele derivadas, podem ser considerados também plurilaterais, uma vez que sua eficácia irradia para além do paciente e do profissional de saúde, incluindo os familiares e representantes daquele que está sob cuidados médicos e, inclusive, obriga os auxiliares do galeno, como, por exemplo, quanto à observância do dever de sigilo.

A pessoalidade (natureza personalíssima) é característica de uma relação mantida em função de determinada pessoa, ou seja, um determinado médico em especial. O serviço, aqui, é prestado pessoalmente por uma pessoa física, qualificada como médico, não obstante ele possa estar vinculado a um estabelecimento de saúde.

A relação é consensual em sua essência, embora a intervenção possa não se dar por mútuo consentimento em um primeiro momento, como nas situações de urgência ou emergência. Contudo, a liberdade de escolha do prestador de cuidados[18], que vem a ser um princípio norteador do Direito Médico, bem como a possibilidade de recusa de assistência, reforça, mesmo que por desconstrução, a consensualidade como elemento da relação médico-paciente.

O vínculo tem natureza aleatória, uma vez não existe a certeza de obtenção do resultado esperado pelo paciente (não se trata da natureza da obrigação assumida), seja ele a melhora de sua condição de saúde ou a sua inclusão na sociedade através da reabilitação, por exemplo.

A onerosidade pode ser entendida como um dos elementos mais importantes do vínculo estabelecido entre o médico e

18 Além de princípio norteador do direito à liberdade em geral na esfera da saúde, a livre eleição do médico é um direito do paciente, e mesmo nos serviços institucionalizados, esse direito deve ser respeitado na medida possível. Aliás, durante a relação médico-paciente mantida com uma clínica e surgindo a necessidade de intervenção cirúrgica, o médico deve garantir a eleição do profissional de confiança das pessoas envolvidas e deve se abster, categoricamente, de aceitar, assim como, de conceder participação, pela indicação de cliente.

o paciente e os serviços devem ser remunerados pelo usuário ou por seus representantes. Aliás, o inciso X, do Capítulo II, do Código de Ética Médica, aprovado pela Resolução do Conselho Federal de Medicina, tombada sob o nº 2.217, de 27 de setembro de 2018, garante ao médico o direito de estabelecer "seus honorários de forma justa e digna".

Uma vez estabelecida a relação entre o profissional e o paciente, o médico deve dar continuidade à assistência e, aqui, surge, mesmo que com possibilidade de relativização[19], a natureza de trato sucessivo do vínculo obrigacional.

Todos esses elementos podem ser materializados em instrumento escrito, como podem ganhar eficácia, de forma verbal e, como já se afirmou, de maneira tácita ou expressa.

---

19 A continuidade de assistência ou a sua perspectiva principal, o dever de assistência, é uma questão complexa na prestação de serviços médico. Para o enfrentamento dessa questão, desde logo se afirma: o dever de assistência não é absoluto. O Código de Ética Médica, aprovado pela Resolução CFM 2.217/18, prevê, em seus princípios fundamentais, que "O médico exercerá sua profissão com autonomia, não sendo obrigado a prestar serviços que contrariem os ditames de sua consciência ou a quem não deseje, excetuadas as situações de ausência de outro médico, em caso de urgência ou emergência, ou quando sua recusa possa trazer danos à saúde do paciente)". Além disso, é vedado ao médico deixar de atender paciente que procure seus cuidados em casos de urgência ou emergência quando não houver outro médico ou serviço médico em condições de fazê-lo" (art. 33), bem como, é vedado abandonar paciente, inclusive terminal, salvo motivo justificado e comunicado ao sujeito de tratamento ou seus representantes, assegurando-se da continuidade do tratamento (art. 36). Portanto, salvo nas hipóteses restritivas da liberdade de escolher entre prestar ou não assistência, o médico pode recusar um processo de assistência ou renunciar ao atendimento já iniciado. Aplicam-se, aqui, as objeções de consciência ou de ciência. A primeira deve ser entendida como a recusa de atendimento ou a continuidade de uma assistência considerando convicções pessoais e a segunda, a recusa baseada em razões técnicas para a prática de um ato médico (reconhecimento de suas limitações, inclusive decorrentes de especialização (cada vez mais comum) ou até de agenda profissional.

Esses elementos conferem forma ao contrato de prestação de serviços médicos que pode, então, ser classificado como atípico e necessário, bilateral e sinalagmático, aleatório, normalmente consensual, oneroso e de trato sucessivo e que pode se apresentar de forma tácita ou expressa, bem como, de maneira verbal ou escrita.

A questão agora é saber se esses elementos estão presentes em outras formas de prestação de serviços, ou melhor, se o atendimento prestado através hospitais, seja na esfera da saúde pública, complementar ou suplementar (planos e seguros de saúde), descaracteriza a natureza contratual da relação médico-paciente.

Acreditamos que, embora nesses casos, o paciente não procure um médico em especial e se submete a ser atendido por um plantonista ou por aquele que consta de uma rede credenciada ou referenciada, a natureza contratual da relação não se altera.

O vínculo mantido entre as partes dessa relação continua tendo natureza contratual, inclusive porque a atividade do médico está inserida no contexto daquelas em se tem obrigação de contratar. Aqui, um pequeno recorte para enfocarmos a ideia de contrato necessário considerando a afirmação de que a atividade do médico está inserida no contexto daqueles em que se tem obrigação de contratar.

Gomes (2007, p. 34) leciona que o contrato necessário "resulta do permanente estado de oferta contratual de certos sujeitos de direito". Para Grau (2014, p. 97), a obrigação de contratar pode decorrer da lei ou quando a recusa contraria os bons costumes:

> [...] as obrigações de contratar por imposição dos bons costumes, segundo Larenz, incluem-se as do médico – que não pode se recusar, sem motivos fundados, a atender um enfermo – e a do monopólio – que não pode se recusar a prestar serviços ou bens a um possível competidor; os

> fundamentos do dever de contratar, nos exemplos, estariam na vulneração de um dever profissional e na coibição da concorrência desleal. (GRAU, 2014, p. 97).

Sá e Naves (2018, p. 117) afirmam que "o ordenamento jurídico obriga determinadas pessoas a contratar, em decorrência da indispensabilidade da atividade desempenhada" e, segundo eles, essa é a obrigação do médico que deve estar em "permanente oferta de contratar". Partindo disso, eles concluem que, mesmo quando ausente a liberdade de escolha, como, por exemplo, em uma situação de emergência, a natureza contratual da relação permanece.

Pois bem. Se a relação médico-paciente é sempre ou, como regra, contratual e o contrato pode ser classificado como de espécie, necessário nas hipóteses em que o profissional seja indicado por um plano de saúde ou por uma unidade hospitalar ou de atendimento sem contraprestação pecuniária por qualquer razão, entendemos que a relação não será de consumo.

Partimos da premissa do Superior Tribunal de Justiça (Recurso Especial nº 1.771.169-SC) para essa afirmação. Isso, considerando a relação de consumo, pressupõe a remuneração pelos serviços prestados, uma vez que, de acordo com o Código de Defesa do Consumido: "Serviço é qualquer atividade fornecida no mercado de consumo, mediante remuneração, inclusive as de natureza bancária, financeira, de crédito e securitária, salvo as decorrentes das relações de caráter trabalhista" (§ 2º, do art. 3º).

Aparece, aqui, uma questão importante. Na hipótese de a relação médico-paciente nascer do vínculo do profissional com um estabelecimento de saúde, público ou privado, que já o remunera, os honorários não serão adimplidos diretamente pelo usuário. Essa circunstância, todavia, não altera a natureza onerosa da prestação de serviços.

A gratuidade[20] dos serviços prestados pelos médicos aos usuários, na esfera da saúde pública ou complementar, decorre da universalidade de acesso às ações e serviços de saúde prevista na Constituição Federal (art. 196)[21] e da previsão expressa no artigo 43 da Lei 8.080, de 19 de setembro de 1990, que dispõe sobre as condições para a promoção, proteção e recuperação da saúde, a organização e o funcionamento dos serviços correspondentes: "A gratuidade das ações e serviços de saúde fica preservada nos serviços públicos contratados, ressalvando-se as cláusulas dos contratos ou convênios estabelecidos com as entidades privadas" (BRASIL, 1990b, n.p.).

O Código de Ética Médica, além da previsão do direito aos honorários justos, também cuida da remuneração enfocando a prestação de serviços em instituição pública ou na esfera da saúde complementar, bem como, em estabelecimentos de saúde privados:

É vedado ao médico:

> Art. 65. Cobrar honorários de paciente assistido em instituição que se destinam à prestação de serviços públicos,

20 Cf. Inciso, I, do art. 2º, da Lei Complementar nº 114, de 13 de janeiro de 2012, que regulamenta o § 3º do art. 198 da Constituição Federal para dispor sobre os valores mínimos a serem aplicados anualmente pela União, Estados, Distrito Federal e Municípios em ações e serviços públicos de saúde; estabelece os critérios de rateio dos recursos de transferências para a saúde e as normas de fiscalização, avaliação e controle das despesas com saúde nas 3 (três) esferas de governo; revoga dispositivos das Leis nos 8.080, de 19 de setembro de 1990, e 8.689, de 27 de julho de 1993; e dá outras providências.

21 Art. 196. A saúde é direito de todos e dever do Estado, garantido mediante políticas sociais e econômicas que visem à redução do risco de doença e de outros agravos e ao acesso universal e igualitário às ações e serviços para sua promoção, proteção e recuperação.

> ou receber remuneração de paciente como complemento de salário ou de honorários.
> Art. 66. Praticar dupla cobrança por ato médico realizado.
> Parágrafo único. A complementação de honorários em serviço privado pode ser cobrada quando prevista em contrato. (BRASIL, 2018, n.p.).

Se, nessas situações, a caracterização da realização de consumo é, para considerar o mínimo, controvertida[22], apesar de se reconhecer o vínculo contratual, algumas vezes, essa natureza da relação (e até a existência dela) é passível de discussão.

De fato, podem acontecer situações em que a assistência médica é prestada sem qualquer vínculo anterior entre o profissional e aquele que necessita de seus serviços. O primeiro exemplo consiste na assistência prestada para uma pessoa que sofreu acidente de trânsito e precisa de assistência e, no mesmo sentido, aquela que está inconsciente e que não tenha alguém para lhe prestar auxílio.

O Código de Ética Médica sugere uma outra hipótese de ausência de vínculo contratual. Essa hipótese está prevista no artigo 26, que dispõe:

> Deixar de respeitar a vontade de qualquer pessoa, considerada capaz física e mentalmente, em greve de fome, ou alimentá-la compulsoriamente, devendo cientificá-la

22 A 5ª e 9ª Câmara de Direito Privado do Estado de São Paulo em julgamentos recentes entenderam que ser irrelevante para a caracterização da relação de consumo se tratar de atendimento público ou privado: TJSP; Agravo de Instrumento 2012665-19.2020.8.26.0000; Relator (a): Piva Rodrigues; Órgão Julgador: 9ª Câmara de Direito Privado; Foro de Ribeirão Preto – 9ª Vara Cível; Data do Julgamento: 15/05/2020; Data de Registro: 15/05/202; TJSP; Apelação Cível 1029673-88.2018.8.26.0196; Relator (a): J.L. Mônaco da Silva; Órgão Julgador: 5ª Câmara de Direito Privado; Foro de Franca – 3ª Vara Cível; Data do Julgamento: 02/07/2020; Data de Registro: 02/07/2020.

> das prováveis complicações do jejum prolongado e, na hipótese de risco iminente de morte, tratá-la. (BRASIL, 2018, n.p.).

Nessa situação, o auxílio do médico é prestado contra a vontade daquele que está em greve de fome. Aqui, o médico atua, sob o pretexto, abstratamente considerado, de proteger o bem jurídico de espécie vida, através da preservação da integridade física e mental.

A última hipótese que se enfoca se traduz naquela em que o médico se nega ao tratamento de determinada pessoa e, portanto, o vínculo de natureza contratual não ganhou qualquer contorno.

Para essas situações de inexistência de vínculo anterior entre o paciente e o médico, a responsabilidade civil que será enfrentada é a extracontratual ou aquiliana.

Essa discussão teórica tem reflexos na distribuição da prova atribuída para cada uma das partes em eventual ação indenizatória, além do interesse decorrente dos prazos prescricionais[23] e da incidência de juros e atualização monetária[24].

---

23 Nas relações de consumo, o prazo prescrição é de cinco anos, contados a partir do conhecimento do dano e de sua autoria (art. 27 do Código de Defesa do Consumidor). Não configurada a relação de consumo e não sendo hipótese de prestação de serviços na esfera de interesse da saúde pública ou complementar, o prazo é de 3 anos previsto no art. 206, §3º, inciso V, da Lei 10.406, de 10 de janeiro de 2002, que institui o Código Civil. Na esfera de interesse da saúde complementar, o prazo é de cinco anos nos termos do art. 1º-C, da Lei 9.494, de 10 de setembro de 1997, que disciplina a aplicação da tutela antecipada contra a Fazenda Pública, altera a Lei nº 7.347, de 24 de julho de 1985, e dá outras providências. Já na esfera de interesse dos serviços públicos e prestados diretamente pelos entes da Federação, o prazo é de cinco nos termos do art. 2º, do Decreto nº 10.910, de 06 de janeiro de 1932, que regula prescrição quinquenal.

24 De acordo com a Súmula 54 do Superior Tribunal de Justiça, "os juros moratórios fluem a partir do evento danoso, em caso de responsabilidade extracontratual", e na responsabilidade contratual, é a data da citação (REsp. 1621375/RS, Rel. Min. Nancy Andrighi, STJ-3ª T., j. 19.9.2017, DJe

Na responsabilidade contratual, o objeto da prova é o descumprimento de uma obrigação e a culpa é presumida, enquanto na responsabilidade extracontratual, a parte autora deve demonstrar que houve uma violação de deveres gerais de não causar dano (culpa provada). Já o afastamento da relação de consumo implica a não aplicação das regras de proteção ao consumidor, como, por exemplo, a inversão do ônus da prova[25].

Contudo, tendo em vista que as obrigações derivadas do vínculo mantido entre médico e paciente são de meio e, mesmo que consideradas, em algumas circunstâncias, como de resultado, a responsabilidade desse profissional será verificada mediante a apuração de culpa.

A culpa do profissional de saúde é "uma culpa profissional, a culpa contrarregra técnica (violação de um estandarte consagrado pelas regras e práticas da medicina" (GAMARRA, 1999, p. 37, tradução nossa). Portanto, o que o será objeto de análise na apuração de responsabilidade é o ato médico.

26.9.2017). Já a correção monetária incide a partir do arbitramento em indenização por danos morais e estéticos (Súmula 362 do STJ).

25 Apesar disso, o Código de Processo Civil (Lei 13105, de 16 de março de 2015) prevê a inversão do ônus da prova (carga probatória dinâmica) (art. 373) e, de qualquer forma, a inversão do ônus da prova, mesmo quando estabelecida uma relação de consumo, não é automática. Nesse sentido: "Apelação. Ação de reparação por dano moral. Sentença de improcedência. Recurso do autor. Relação de consumo que, por si só, não autoriza a automática inversão do ônus da prova, ante a ausência de verossimilhança nas alegações do consumidor. Ausência de prova, por parte do autor, dos fatos constitutivos de seus direitos, como lhe competia fazer (art. 373, I, do CPC). Recurso desprovido. (TJSP; Apelação Cível 1012783-53.2019.8.26.0224; Relator (a): Elói Estevão Troly; Órgão Julgador: 15ª Câmara de Direito Privado; Foro de Guarulhos – 5ª Vara Cível; Data do Julgamento: 21/08/2012; Data de Registro: 27/11/2019)".

4. O ATO MÉDICO

O ato médico deve ser entendido como a "totalidade das atividades ou intervenções[26] que realiza o médico em relação a um caso singular submetido aos seus cuidados e atenção profissional" (SESSAREGO; OYAGUE, 2018, p. 107).

E a atenção profissional do médico não necessariamente está voltada para o tratamento de um paciente e, em razão disso, pode-se dividir o ato médico da seguinte maneira[27]: a) atos médicos corpóreos ou extracorpóreos e b) ato médico unitário ou continuado.

O ato médico corpóreo pode ser dividido em direto e indireto. O primeiro está relacionado com a prevenção, diagnóstico, prevenção, tratamento ou reabilitação e o segundo, com transplantes de órgãos, necropsias e pesquisas em seres vivos ou cadáveres. Já os extracorpóreos estão vinculados com condutas voltadas para a pesquisa e experimentação.

Na hipótese de uma conduta isolada, materializa-se o ato médico unitário. Já o ato médico continuado se caracteriza por uma sucessão de atos, o que normalmente acontece.

Em decorrência desses atos, surge o de natureza documental que materializa todos os demais através dos documentos médicos, como, por exemplo, os laudos, as receitas e a história clínica.

Todas essas espécies de ato médico apresentam características que lhe são próprias e que, de acordo com Rospigliosi

---

26 De acordo com a nota explicativa nº 29, da Convenção para a Proteção dos Direitos do Homem e da Dignidade do Serviço face às Aplicações da Biologia e da Medicina, por intervenção, deve-se entender todos os atos médicos, em particular, aqueles praticados com finalidade preventiva, diagnóstica, terapêutica ou de reabilitação, e aqueles realizados no âmbito da pesquisa.

27 Cf. SESSAREGO; OYAGUE (2018, p. 116-117).

(2006), são as seguintes: a) profissionalidade; b) execução típica e c) licitude.

A profissionalidade está relacionada com a qualificação de médico para sua execução e a licitude com a normatização que vincula a atividade na medicina.

A execução típica cuida da observância de métodos e procedimentos, reconhecidos e aceitos, considerando o estado da ciência no momento de sua execução.

E os métodos e procedimentos aceitos devem ser observados considerando as melhores evidências científicas, em todos os atos de intervenção médica, ou seja, prevenção, diagnóstico, prescrição, tratamento e reabilitação.

Aqui, um pequeno recorte. Em mais de uma oportunidade, foi referido que o médico deve observar as melhores evidências (o estado da técnica) no momento em que o ato é executado e isso implica a observância de um importante dever do médico: a obrigação de conhecimento. Por essa obrigação, que remete à ideia de educação continuada, o médico deve se manter atualizado para poder oferecer, ao seu paciente, o melhor de sua capacitação.

Fecha-se esse recorte para se afirmar que o ato médico é, na sua essência, complexo[28], ou seja, encerra diversas condutas

---

28 Como exemplo, pode-se indicar uma consulta que, de acordo com a Resolução do Conselho Federal de Medicina, tombada sob o nº 1.958, de 15 de dezembro de 2010 (BRASIL, 2010b), compreende a anamnese, o exame físico e a elaboração de hipóteses ou conclusões diagnósticas, solicitação de exames complementares, quando necessários, e prescrição terapêuticas como ato médico completo e que pode ser concluído ou não em um único momento. A anamnese, por sua vez, deve ser entendia, sob o ponto de vista técnico, a parte mais importante na elaboração de um diagnóstico e engloba "a identificação do paciente, sua queixa principal, história da doença atual, doenças pré-existentes e medicações em uso, interrogatório sobre os diversos aparelhos e sistemas, antecedentes mórbidos pessoais e familiares e hábitos de vida, condições socioeconômicas e culturais. Este processo é complementado com o exame físico" (Conselho Regional de Medicina do Estado de Santa Catarina, Parecer-Consulta nº 2281/13, Conselheiro

principais ou instrumentais com a mesma importância. Pode-se afirmar que o ato médico se comporta como um sistema, ou seja, ou uma série de atos ordenados e que a não observância de um deles altera a essência do todo.

Partindo disso, é oportuno dizer que não basta ao médico executar bem um procedimento cirúrgico ou fazer um diagnóstico correto, pois ele tem, por exemplo, que informar e esclarecer ao paciente sobre os riscos da conduta, obter o consentimento do que foi informado ao paciente, registrar os atendimentos e as condutas na história clínica, preservar o sigilo do paciente, entregar os documentos médicos quando for caso e observar os limites da publicidade médica, que está relacionada com eventual falha de informação.

Toda essa complexa arquitetura, que conforma um ato médico e está relacionada com a execução típica enquanto sua característica, pode ser resumida na necessária observância, pelo profissional, da "*Lex artis*". Sobre a lei da arte, são importantes as considerações de Sessarego; Oyague (2018, p. 99):

> A lex artis – conjunto de princípios e regras – varia de acordo com os progressos e desenvolvimentos da medicina -, de conformidade com as descobertas ou avanços das ciências assim como, por sua vez, elimina métodos que não reflitam, em determinado momento, o estado de evolução da arte e da ciência médica. (SESSAREGO; OYAGUE, 2018, p. 99, tradução nossa)[29].

Doutor Marcelino Osmar Vieira). A consulta, em especial no momento da anamnese, é importante para que o médico conheça as particularidades culturais, sociais, as crenças do paciente, possibilitando o enfrentamento não só dos sintomas, mas, também, da causa de uma enfermidade, além de oferecer condições para o oferecimento de plano terapêutico efetivamente individualizado.

29 La lex artis – en tanto conjunto de principios y reglas – cambia de acuer-

O médico, portanto, no exercício de sua atividade, conjunta técnicas e conhecimentos em busca de resultado, embora isso não signifique que a atividade seja de resultado, e o ato médico, qualquer que seja ele, deva ser fonte de consequências jurídicas para o profissional.

5. ATO MÉDICO E RESPONSABILIDADE CIVIL

O profissional da medicina compromete-se em disponibilizar, para o paciente, todos os meios ao seu alcance, considerando o estado da técnica no momento da execução do ato médico, visando à melhora de sua condição de saúde, inclusive a reabilitação, ou a manutenção dela, sem, contudo, poder se comprometer com o resultado, além de observar os seus deveres acessórios ou instrumentais.

Partindo dessa premissa, pode-se afirmar que relação médico-paciente comporta obrigações de fazer, por exemplo, uma cirurgia ou não fazer – não revelar informações protegidas por sigilo – bem como, obrigação de dar (entregar) atestados médicos e laudos de exames.

Esse conjunto de obrigações (executadas a partir do ato médico) tem como objeto a prevenção (buscar-se evitar o aparecimento de estados patológicos), o diagnóstico (conclusão médica obtida através da observação direta do paciente, bem como, de exames complementares), as terapêuticas (tratamentos) e a reabilitação do paciente (reinserção do paciente na sociedade com a melhor qualidade de vida possível).

Seja na medicina curativa ou na medicina preventiva, a atividade do médico envolve obrigações de meio e não de re-

do con los progresos y desarrollos de la medicina, de conformidad con los nuevos hallazgos o avances de la ciencia así como, a su vez, elimina métodos que no reflejan en un momento dado el estado de evolución del arte e de la ciencia médica.

sultado, como regra. Nas obrigações de meio, existe uma atividade para ser executada e que deve observar determinados parâmetros (execução típica) sem estar o devedor vinculado a um resultado. Já nas obrigações de resultado, o profissional envolvido se compromete com a obtenção de determinado efeito materialmente específico.

Afirmou-se que a obrigação do médico como regra é de meios e não de resultado e essa premissa leva em consideração a álea que envolve o ato médico. Contudo, aqui, pretende-se fazer, inicialmente, uma outra abordagem.

Da relação mantida entre o médico e o paciente, surgem como de resultado algumas obrigações. A primeira é a obrigação de entregar os documentos médicos. Essa obrigação é intuitivamente de resultado, isto é, ou se entrega ou não se entrega.

A segunda é obrigação de não revelar o segredo médico, com ressalva para aqueles casos de interesse coletivo ou de terceiros observados pela legislação, o que se espera, aqui, é a não revelação.

Todas as outras obrigações, a bem da verdade, são de meio, inclusive aquela que decorre do dever de informar e esclarecer. O que o médico deve observar é a informação qualificada, ou seja, aquela completa e adequada para esclarecer o seu interlocutor. Não se pode esperar que o médico invada o subjetivismo do paciente para apurar se ele entendeu aquilo que lhe foi informado e os esclarecimentos que lhe foram prestados.

Uma zona cinzenta aparece em relação aos resultados de exames. Nesses casos, quando o resultado depender essencialmente dos equipamentos, a obrigação pode ser considerada como de resultado. No entanto, quando a atividade prevalente for a interpretação dos achados, a obrigação será de meios.

Entendemos que a obrigação de meios permanece mesmo nas cirurgias plásticas, independentemente de sua natureza, ou seja, cirurgia reparadora ou estética. E mais vez, justifica-se essa nossa posição com base na aleatoriedade que envolve a intervenção no corpo humano.

Além disso, não acreditamos na cirurgia estética como divorciada de qualquer outro elemento relacionado com a qualidade de vida, visto que uma cirurgia estética pode ter a finalidade de oferecer, ao paciente, uma melhor condição de existência, contribuindo para a sua inclusão, de maneira mais efetiva, na sociedade.

Nas cirurgias plásticas estéticas, contudo, deve-se ponderar, com maior rigor, o cumprimento dos deveres de informação e esclarecimento sobre os riscos dos procedimentos.

Eventual defeito nessa esfera de interesse e até eventual promessa de resultado prevista em contrato, ao nosso sentir, não altera a natureza da obrigação, mas podem ensejar a responsabilização por insuficiência ou inadequação na informação ou abuso na publicidade.

No mais, o que se espera desse tipo de procedimento é que o médico atue com diligência, observando a técnica adequada, de acordo com o estado ciência no momento em que o ato é executado, da mesma maneira que deve agir em todos os outros procedimentos de intervenção no corpo humano.

Antes de encerrar esse enfrentamento, uma questão importante. Seja nas obrigações de meio ou nas obrigações de resultado, a responsabilidade do médico é subjetiva, ou seja, a apuração se dá mediante a verificação da culpa. Portanto, obrigação de resultado não significa que a responsabilidade do médico é objetiva. O que ocorre nas obrigações de resultado é que a culpa é presumida, diferentemente do que acontece nas obrigações de meio.

Pois bem. A atividade médica envolve riscos e danos, mas esses riscos e danos estão mais relacionados com limitações técnico-científicas e com a condição perecível do ser humano[30].

Partindo disso, na análise da adequação da conduta do médico (observância da lei da arte), de acordo Rospigliosi (2006, p. 53), deve-se levar em conta: a) o caso concreto em que o serviço médico é prestado; b) as circunstâncias em que o ato médico é desenvolvido; c) os incidentes que, eventualmente, podem acontecer durante o exercício adequado da profissão; d) as qualidades do profissional que executa o ato médico; e) as características do paciente; f) a influência de fatores endógenos (estado do enfermo, ânimo dos familiares e condições do centro de saúde)[31].

Aqui, uma questão muito importante. A valoração do ato médico deve ser feita tendo como base as circunstâncias, os achados e sintomas no momento da tomada de decisão. A análise retroativa, considerando aquilo que é reclamado, ou seja, o evento adverso indicado, é inadequada. As partes devem olhar os fatos e as circunstâncias e os caminhos possíveis, dentre aqueles reconhecidos e válidos, quando o médico agiu e com os elementos disponíveis naquela ocasião, para apurar se houve um atuar diligente.

30 Cf. VILLARREAL, Hgo Cárdenas; MOLINET, Jaime Moreno. **Responsabilidad médica**: estándares jurisprudenciales de la falta de servicio. Legal Publishing Chile: Santiago, 2011, p. 75.

31 La Lex artis ad hoc es un juicio de valor respecto de la correcta aplicación de lacto médico. En dicha evaluación, debe tomarse en cuenta:
- el caso concreto en el que se desarrolla el acto médico.
- las circunstancias en el que se lleva a cabo.
- los incidentes inesperados en el normal ejercicio profesional.
- las cualidades del autor de acto médico.
- las características del paciente.
- la influencia de factores endógenos (estado del enfermo, ánimo de los familiares, acondicionamientos del centro de salud).

O Código Civil Argentino, ao cuidar da culpa, oferece elementos importantes e em consonância com a proposição acima visando à apuração da responsabilidade civil:

> Art. 1.724. Fatores subjetivos
> São fatores subjetivos para a atribuição a culpa e o dolo. A culpa é a omissão da diligência devida segundo a natureza da obrigação e as circunstâncias das pessoas, do tempo do lugar. Compreende a imprudência, a negligência e a imperícia na arte ou profissional[32]. (ARGENTINA, 2014, n.p.).

Se a culpa profissional é aquela contra as regras técnicas (protocolos, métodos, procedimentos, melhores evidências científicas), a culpa do médico deve ser analisada sob o enfoque da diligência empregada por ele no cumprimento de suas obrigações, observando o estado de saúde do paciente, o estado da técnica quando de sua execução e a disponibilidade técnico-científica no lugar.

Aliás, partindo do pressuposto de que a culpa do profissional decorre da não observância das regras técnicas disponíveis em determinado momento quando em confronto com as necessidades do paciente, pouco importa se o profissional foi imprudente, negligente ou imperito (não executou com perícia aquilo que está habilitado para fazer), mas, sim, se a não observância dos princípios norteadores da atividade causou dano ao paciente.

Não é demais referir que, embora se tenha sob o enfoque a execução de um procedimento, os atos médicos são complexos e a responsabilização do profissional por eventual dano cau-

32 Artículo 1724. Factores subjetivos. Son factores subjetivos de atribución la culpa y el dolo. La culpa consiste en la omisión de la diligencia debida según la naturaleza de la obligación y las circunstancias de las personas, el tiempo y el lugar. Comprende la imprudencia, la negligencia y la impericia en e arte o profesión.

sado ao paciente ultrapassa essa fronteira[33]. A responsabilização do médico pode ter lugar pela não observância do dever de informar, pela não construção da histórica clínica, ou pela sua construção inadequada ou, ainda, sem pretender esgotar as possibilidades, pela violação do segredo médico. Todas essas obrigações nascem do ato médico, que, como já se afirmou, é complexo.

6. CONCLUSÕES

A responsabilidade civil pressupõe uma conduta humana que viola uma norma, seja o contrato, a lei ou o dever geral de não causar dano e que provoca prejuízos para terceiros. Para que seja, então, reconhecido o dever de indenizar, devem estar presentes a conduta (positiva ou negativa), o dano e o nexo causalidade.

Da relação médico-paciente, seja ela considerada contratual ou extracontratual, de natureza civilista ou de consumo, nascem obrigações de fazer ou não fazer, assim como, obrigações dar (entregar).

Tendo em vista a atividade própria da profissão médica, as obrigações são de meio, salvo aquelas de espécie entregar

33 Aliás, sem prejuízo de outras possibilidades, eventual inobservância de regras técnicas, aqui entendidas em sentido amplo (todos os elementos que envolvem a relação médico-paciente), pode se dar: a) na fase de diagnóstico: avaliação superficial do paciente; ausência de exames necessários que provoque indicações terapêuticas equivocadas, diagnóstico tardio; diagnóstico equivocado culpável; ausência de consentimento; informação inadequada; violação de privacidade etc. e b) na fase de tratamento: ausência de consentimento; ausência de informação adequada; prescrição ou execução inadequada de um tratamento; continuidade de tratamento sem observar a evolução do paciente; prolongamento desnecessário de um tratamento; violação de da intimidade e da vida privada; utilização de instrumento inadequados ou utilização inadequada de instrumentos; execução de procedimentos inadequados ou inadequada execução de procedimentos; abandono de paciente etc.

um documento médico ou de preservar o sigilo, bem como as decorrentes de exames em que a prevalência para obtenção da informação em saúde não seja ato intelectual do profissional, que são obrigações de resultado.

Além disso, a responsabilidade do profissional é sempre apurável mediante a verificação da culpa, mesmo nas obrigações de resultado em que aquela é presumida.

Para análise da responsabilidade civil do médico, deve-se enfocar a observância das regras técnicas de conduta (métodos e procedimentos reconhecidos e aceitos) no momento da tomada de decisão.

Considerando a aleatoriedade própria da intervenção no corpo humano, bem como, a impossibilidade de atestar, invadindo o subconsciente do paciente, se ele entendeu as informações prestadas, a apuração da diligência no desempenho das funções e não eventual evento adverso ganha prevalência na análise da responsabilidade do profissional de saúde.

Há que se levar em conta que, entre aquilo que foi prescrito ou aquilo que foi informado e aquilo que foi observado de evolução ou aquilo que foi absorvido pelo paciente, pode se apresentar uma série de imponderáveis que não estão sob a esfera de controle do médico.

Voltar-se exclusivamente para um resultado do serviço de atenção e não para a conduta diligente adotada pelo médico tem como efeito a adoção de condutas que levem os profissionais a visar mais à sua própria proteção do que às necessidades do paciente. É o que se pode chamar de medicina defensiva.

Os efeitos deletérios dessa percepção vão desde a contínua despersonalização da relação médico-paciente até o crescente custo da assistência em saúde.

Considerando as premissas apresentadas, volta-se à pergunta inicial: um médico diligente deve ser responsabilizado pelos eventos adversos decorrentes dos atos praticados no exercício de sua atividade?

A resposta para essa pergunta, ao nosso sentir, é negativa. O médico que observa as regras técnicas e utiliza dos equipamentos disponíveis em benefício do seu paciente, considerando os achados e sintomas no momento da tomada de decisão, não é responsável por sequelas ou pela morte de seu paciente.

REFERÊNCIAS BIBLIOGRÁFICAS

ARGENTINA. Ley nº 26.994, de 1º de outubro de 2014, aprova o Código Civil y Comercial. Disponível em: http://www.saij.gob.ar/docs-f/codigo/Codigo_Civil_y_Comercial_de_la_Nacion.pdf. Acesso em: 18 jul. 2020.

BARCELLOS, Carlos Alberto Kastein. **Direito sanitário**: diretivas antecipadas de vontade sob o enfoque dos direitos fundamentais. Jundiaí: Paco, 2015.

BARROSO, Luís Roberto. **A judicialização da vida e o papel do supremo tribunal federal**. Belo Horizonte: Editora Fórum, 2018.

BRASIL. Decreto nº 20.931, de 11 de janeiro de 1932, que regula e fiscaliza o exercício da medicina, da odontologia, da medicina veterinária e das profissões de farmacêutico, parteira e enfermeira, no Brasil, e estabelece penas. **Diário Oficial da União**, Brasília, DF, 1932. Disponível em: http://www.planalto.gov.br/ccivil_03/decreto/1930-1949/D20931.htm. Acesso em: 17 jul. 2020.

_____. Lei nº 3.268, de 20 de setembro de 1957. Dispõe sobre os Conselhos de Medicina, e dá outras providências. **Diário Oficial da União**, Brasília, DF, 1957. Disponível em: http://www.planalto.gov.br/ccivil_03/LEIS/L3268.htm. Acesso em: 17 jul. 2020.

_____. Constituição da República Federativa do Brasil de 1988. **Diário Oficial da União**, Brasília, DF. Disponível em: http://www.planalto.gov.br/ccivil_03/_ato2004-2006/2006/lei/l11350.htm. Acesso em: 17 jul. 2020.

_____. Lei nº 8.078, de 11 de setembro de 1990. Dispõe sobre a proteção do consumidor e dá outras providências. **Diário Oficial da União**,

Brasília, DF, 1990a. Disponível em: http://www.planalto.gov.br/ccivil_03/leis/l8078.htm. Acesso em: 17 jul. 2020.

_____. Lei nº 8.080, de 19 de setembro e 1990. Dispõe sobre as condições para a promoção, proteção e recuperação da saúde, a organização e o funcionamento dos serviços correspondentes e dá outras providências. **Diário Oficial da União**, Brasília, DF, 1990b. Disponível em: http://www.planalto.gov.br/ccivil_03/leis/l8080.htm. Acesso em: 17 jul. 2020.

_____. CONSELHO FEDERAL DE MEDICINA. Resolução nº 1.451, de 10 de março de 1995. Estabelece estruturas para prestar atendimento nas situações de urgência-emergência, nos Pronto-Socorros Públicos e Privados. **Diário Oficial da União**, Brasília, DF, 1995. Disponível em: https://sistemas.cfm.org.br/normas/visualizar/resolucoes/BR/1995/1451. Acesso em: 27 jul. 2020.

_____. Lei nº 9.656, de 3 de junho de 1998. Dispõe sobre os planos e seguros privados de assistência à saúde. **Diário Oficial da União**, Brasília, DF, 1998. Disponível em: http://www.planalto.gov.br/ccivil_03/leis/l9656.htm. Acesso em: 17 jul. 2020.

_____. CONSELHO FEDERAL DE MEDICINA. Resolução nº 1.627, de 23 de outubro de 2001. Define ato médico. **Diário Oficial da União**, Brasília, DF, 2001. Disponível em: https://sistemas.cfm.org.br/normas/visualizar/resolucoes/BR/2001/1627. Acesso em: 27 jul. 2020.

_____. Lei nº 10.406, de 10 de janeiro de 2002. Institui o Código Civil. Diário Oficial. **Diário Oficial da União**, Brasília, DF, 2002. Disponível em: http://www.planalto.gov.br/ccivil_03/leis/2002/l10406.htm. Acesso em: 17 jul. 2020.

_____. STJ, REsp. 1104655/RS, Relator Ministro Uyeda, 4ª Turma, j. 09.06.2009. Disponível em: https://tinyurl.com/stjacordao2. Acesso em: 17 jul. 2020.

_____. Resolução da Diretoria Colegiada da Agência Nacional de Vigilância Sanitária nº 2, de 2 de janeiro de 2010, que dispõe sobre o gerenciamento de tecnologias em saúde de estabelecimentos em saúde. **Diário Oficial da União**, Brasília, DF, 2010a. Disponível em: http://bvsms.saude.gov.br/bvs/saudelegis/anvisa/2010/res0002_25_01_2010.html. Acesso em: 26 jul. 2020.

_____. CONSELHO FEDERAL DE MEDICINA. Resolução nº 1.958, de 15 de dezembro de 2010. Define e regulamenta o ato da consulta médica, a possibilidade e de sua complementação e reconhece que deve ser do médico assistente a identificação das hipóteses tipificadas nessa resolução. **Diário Oficial da União**, Brasília, DF, 2010b. Disponível em: https://sistemas.cfm.org.br/normas/visualizar/resolucoes/BR/2010/1958. Acesso em: 27 jul. 2020.

_____. Lei nº 13.105, de 16 de março de 2015. Institui o Código de Processo Civil. Diário Oficial. **Diário Oficial da União**, Brasília, DF, 2015. Disponível em: http://www.planalto.gov.br/ccivil_03/_ato2015-2018/2015/lei/l13105.htm#art373. Acesso em: 17 jul. 2020.

_____. STJ, REsp. 1621375/RS, Rel. Min. Nancy Andrighi, STJ-3ª T., j. 19.9.2017, DJe 26.9.2017. Disponível em: https://tinyurl.com/y4hj3rph. Acesso em: 17 jul. 2020.

_____. CONSELHO FEDERAL DE MEDICINA. Resolução nº 2.217, de novembro de 2018. Aprova o Código de Ética Médica. **Diário Oficial da União**, Brasília, DF, 2018. Disponível em: https://sistemas.cfm.org.br/normas/visualizar/resolucoes/BR/2018/2217. Acesso em: 27 jul. 2020.

_____. STJ, REsp. 1.540.580-DF, Relator Ministro Luis Felipe Salomão, 4ª Turma, j. 02.08.2018. Disponível em: https://tinyurl.com/stjacordao. Acesso em: 24 jul. 2020.

_____. STJ, REsp. 1771169/SC, Rel. Ministra NANCY ANDRIGHI, TERCEIRA TURMA, julgado em 26/05/2020, DJe 29/05/2020. Disponível em: https://tinyurl.com/y63zzjqm. Acesso em: 17 jul. 2020.

_____. STJ, Súmulas. Disponível em: http://www.stj.jus.br/docs_internet/SumulasSTJ.pdf. Acesso em: 17 jul. 2020.

CONSELHO DA EUROPA. **Convenção para a Proteção dos Direitos do Homem e da Dignidade do Ser Humano face às Aplicações da Biologia e da Medicina**. Disponível em: https://tinyurl.com/yxnnypdr. Acesso em: 17 ago. 2020.

DEMO, Pedro. **Argumento de autoridade x autoridade do argumento**: interfaces da cidadania e da epistemologia. Rio de Janeiro: Tempo Brasileiro, 2005.

GAMARRA, Jorge. **Responsabilidad civil médica**. v. 1. Montevideo: Fundación de Cultura Universitária, 1999.

GOMES, Orlando. **Contratos**. 26ª ed. Rio de Janeiro: Forense, 2007.

GRAU, Eros Roberto. **A ordem econômica na constituição de 1998**. 16. ed. ver. atual. São Paulo: Malheiros, 2014.

ROSPIGLIOSI, Enrique Varsi. **Derecho médico peruano**. 2ª ed. Editorial Grijley: Lima, 2006.

SÁ, Maria de Fátima Freire de; NAVES, Bruno Torquato de Oliveira. **Manual de biodireito**. 4. ed. Belo Horizonte: DelRey, 2018.

SANTA CATARINA. Conselho Regional de Medicina do Estado de Santa Catarina. Parecer-Consulta nº 2281/13, Conselheiro Doutor Marcelino Osmar Vieira. Disponível em: https://tinyurl.com/parecersc. Acesso em: 17 jul. 2020.

SÃO PAULO. TJSP; Apelação Cível 0740140-37.1997.8.26.0100; Relator (a): Cesar Ciampolini; Órgão Julgador: 10ª Câmara de Direito Privado; Foro Central Cível – 20ª Vara Cível; Data do Julgamento: 21/01/2014; Data de Registro: 22/01/2014. Disponível em: https://tinyurl.com/y3mzr5en. Acesso em: 16 jul. 2020.

_____. TJSP; Apelação Cível 1029673-88.2018.8.26.0196; Relator (a): J. L. Mônaco da Silva; Órgão Julgador: 5ª Câmara de Direito Privado; Foro de Franca – 3ª Vara Cível; Data do Julgamento: 02/07/2020; Data de Registro: 02/07/2020. Disponível em: https://tinyurl.com/y3qejdzj. Acesso em: 28 jul. 2020.

_____. TJSP; Agravo de Instrumento 2012665-19.2020.8.26.0000; Relator (a): Piva Rodrigues; Órgão Julgador: 9ª Câmara de Direito Privado; Foro de Ribeirão Preto – 9ª Vara Cível; Data do Julgamento: 15/05/2020. Disponível em: https://tinyurl.com/yy8n57bp. Acesso em: 28 jul. 2020.

_____. TJSP; Apelação Cível 1012783-53.2019.8.26.0224; Relator (a): Elói Estevão Troly; Órgão Julgador: 15ª Câmara de Direito Privado; Foro de Guarulhos – 5ª Vara Cível; Data do Julgamento: 27/11/2019; Data de Registro: 27/11/2019. Disponível em: https://tinyurl.com/yy983ts2. Acesso em: 28 jul. 2020.

SESSAREGO, Carlos Fernandes; OYAGUE, Olenka Woolcott. **De las nociones fundamentales y la responsabilidad médica**. Tomo I. Breña (PE): Instituto Pacífico, 2018.

VILLARREAL, Hugo Cárdenas; MOLINET, Jaime Moreno. **Responsabilidad médica**: estándares jurisprudenciales de la falta de servicio. Legal Publishing Chile: Santiago, 2011.

DANO MORAL DECORRENTE DE OFENSAS À HONRA DO MÉDICO

Clayton Reis
Guilherme Alberge Reis

1. INTRODUÇÃO

Estamos habituados ao ajuizamento de ações judiciais por pacientes em face de médicos e suas respectivas clínicas. Os motivos são diversos: insatisfação com cirurgias plásticas, acusações de conduta culposa (imprudente, negligente ou imperita), ocorrência de danos estéticos, violação ao consentimento livre e informado, diagnósticos equivocados, dentre outros procedimentos. Assim, em regra, o médico assume uma posição de defesa quando se depara com uma ação judicial promovida em razão de sua prática profissional.

Entretanto, é certo que há casos completamente infundados de *malpractice*, propagados indiscriminadamente por pacientes insatisfeitos, que maculam a honra do profissional de saúde e que ensejam, sem sombra de dúvidas, o ajuizamento de ação indenizatória por danos morais e, conforme o caso, materiais.

É sobre tais hipóteses que nos debruçaremos no presente artigo, visando responder às seguintes perguntas: quais tipos de ofensas autorizam que o médico promova ação indenizatória em face dos pacientes? As ofensas precisam ser públicas? Elas necessariamente precisam ser infundadas? Em caso de condenação, qual o valor arbitrado, em média, a título de danos morais? Apenas a pessoa física do médico estaria habilitada a pleitear indenização, ou também a pessoa jurídica (clínica ou hospital)?

A discussão não é tão simples quanto à primeira vista possa parecer, uma vez que conflita com a livre manifestação do pensamento, cláusula pétrea de nossa Lei Maior. Dessa forma, caso o paciente efetue a crítica dentro de limites e que não sejam manifestamente contrários à ordem jurídica, estará acobertado pela liberdade Constitucional de expressão.

Assim, tentaremos nos debruçar sobre a zona limítrofe entre a ocorrência de ato ilícito, mediante a ofensa à honra[1] do médico, e o exercício regular de direito, ou seja, a liberdade constitucionalmente garantida ao paciente criticar abertamente um profissional da saúde em razão de uma fundada insatisfação em face da sua atuação profissional. Por fim, serão analisados alguns precedentes que terão por objetivo ilustrar o que os tribunais brasileiros consideram preponderante para averiguar se o paciente cometeu excessos em sua linguagem, que resultam na ilicitude do ato em face do abuso do direito[2].

2. O ATO ILÍCITO POR PARTE DO PACIENTE – LIBERDADE DE EXPRESSÃO QUE ENCONTRA LIMITES NO DIREITO À HONRA DO MÉDICO

É comum, especialmente em casos de procedimentos estéticos (cirúrgicos ou não), que o paciente fique insatisfeito com

1 Segundo De Plácido e Silva, em seu livro Dicionário Jurídico, 27ª edição, Rio de Janeiro, Editora Forense, 2006, p. 687: "HONRA, do latim *honor*, de se formou o verbo honrar (de *honorare*), indica a própria dignidade de uma pessoa, que vive com honestidade, pautando seu modo de vida nos ditames da moral. Equivale ao valor moral da pessoa, consequente da consideração geral em que é tida". E, na sequência, o autor ainda alude ao fato de que: "Assemelha-se à própria fama, visto que nela se funda a reputação. É a *existimatie* romana, dita de honra civil, opondo-se à infâmia ou ignominia. E é dita como a virtude no procedimento, de que decorre o respeito a si mesmo e o conhecimento do direito à estima dos outros, desde que na expressão de Cícero, *honor praemium virtutis*".

2 CARLOS ROBERTO GONÇALVES, em seu livro Direito Civil Brasileiro – Responsabilidade Civil, vol. 4, 13ª edição, São Paulo, Editora Saraiva, 2018, p. 67 ensina que, "Entre os romanos havia um princípio – *nemine laedit qui jure suo utitur* (**aquele que age dentro de seu direito a ninguém prejudica**) – de caráter individualista e que, durante muitos anos, foi utilizado como justificador dos excessos e abusos de direito".

o resultado atingido. Em outros casos, não necessariamente relacionados a procedimentos estéticos, familiares do paciente mostram-se ansiosos com a recuperação de seu ente querido, buscando atribuir as causas de sua frustração ao profissional que o atendeu.

É possível, igualmente, que ocorram reclamações quanto ao tempo de espera ou qualidade dos serviços prestados durante um atendimento ou período de internamento. Em qualquer dos casos, ao invés de buscar o exercício regular de seus direitos, através do diálogo com o médico ou mesmo da via judicial, o paciente ou seu familiar se sentem habilitados a relatar publicamente o ocorrido, sob a sua ótica, muitas vezes expondo o profissional a situações que maculam sua honra e que causam irreversíveis prejuízos, diante da perda de clientes.

Tais relatos depreciativos são publicados, em regra, no ambiente virtual, especialmente em redes sociais, conferindo contornos mais complexos na medida em que a viralização de tais mensagens tem potencial ilimitado e pode ser realizada sob o véu do anonimato (expressamente vedado pelo art. 5º, inciso IV, da CF/88[3]), sendo muito difícil identificar a fonte original e criadora do conteúdo da mensagem.

Ainda que estejamos diante de uma fonte identificável, a simples menção e mesmo exposição pública, por parte do paciente, que relata a sua versão dos fatos que leva à insatisfação com o médico ou o consultório, não será suficiente para ensejar a responsabilização civil. Isso porque a regra absoluta é que há liberdade de manifestação do pensamento, nos termos do dis-

3 Art. 5º Todos são iguais perante a lei, sem distinção de qualquer natureza, garantindo-se aos brasileiros e aos estrangeiros residentes no País a inviolabilidade do direito à vida, à liberdade, à igualdade, à segurança e à propriedade, nos termos seguintes: (...)
IV - é livre a manifestação do pensamento, sendo vedado o anonimato; (...)

positivo mencionado no parágrafo anterior e do art. 220[4], também da Carta Magna.

As pessoas são livres, segundo a nossa Ordem Jurídica Constitucional, para manifestar sua opinião publicamente acerca de profissionais, políticos, veículos de comunicação e empresas prestadoras de produtos e serviços. Essa liberdade se configura como um dos pilares indissociáveis do Estado Democrático de Direito e, não pode ser tolhida a menos que ocorram casos extremos através de atos manifestamente contrários à Ordem Jurídica.

Para que se configure o dever de indenizar, devem estar presentes simultaneamente três requisitos: 1) o ato ilícito por parte do ofensor (que pressupõe conduta culposa ou dolosa); 2) a existência de dano à vítima; 3) o nexo causal entre os primeiros (relação de causa na conduta ilícita que resulta no efeito "dano"). Ausentes qualquer deles, não haverá obrigação de indenizar.

Primeiramente, se o relato do paciente sobre a situação vivenciada junto ao profissional médico ocorrer de forma comedida, sem o *animus injuriandi*, ou seja, sem qualquer intenção de ofender, seria afastado, assim, o ato ilícito, o que não autoriza o médico a pleitear judicialmente reparação de danos. Neste sentido, o paciente que queira expor publicamente sua situação deverá fazê-lo sem a utilização de linguagem ofensiva ou depreciativa, limitando-se a narrar o fato nas circunstâncias em que ocorreu.

Por sua vez, ainda que o paciente pretenda fornecer sua opinião sobre a situação, poderá fazê-lo desde que com a cautela de não ofender direitos de personalidade do profissional, caso contrário, poderá violar direito alheio. Nesse sentido,

4 Art. 220. A manifestação do pensamento, a criação, a expressão e a informação, sob qualquer forma, processo ou veículo não sofrerão qualquer restrição, observado o disposto nesta Constituição.

Carlos Roberto Gonçalves[5] proclama que, "A doutrina do abuso do direito não exige, para que o agente seja obrigado a indenizar o dano causado, que venha a infringir culposamente um dever preexistente. Mesmo agindo dentro do seu direito, pode, não obstante, em alguns casos, a ser responsabilizado".

É certo, entretanto, que a análise deve ser casuística. Apenas para ilustrar quando a manifestação do paciente estará acobertada pela liberdade de expressão, faremos uma breve análise de alguns precedentes que afastaram o dever de indenizar em ações ajuizadas por médicos/hospitais.

O primeiro caso trata de pleito indenizatório ajuizado por médicos legistas do IML de Londrina, no Paraná, contra um advogado que acompanhou uma série de clientes para se submeterem a laudos de lesões corporais. Insatisfeito com o teor de tais laudos, o advogado teria dito que seus signatários eram "burros" e que os laudos eram "uma merda, uma porcaria, não prestam para nada". Contudo, a sentença de improcedência foi mantida pelo tribunal, decidindo-se que os médicos não foram citados direta e nominalmente, e que muitos deles sequer se encontravam no prédio do IML naquele momento, além das expressões utilizadas terem sido genéricas. Dessa forma, entendeu-se a situação como um desabafo em um contexto de revolta, ausência de recursos, e descaso do Poder Público, mas "sem a intenção de ofender, injuriar ou difamar a classe dos profissionais atuantes"[6]. A mera crítica, ainda que exarada de maneira grosseira, portanto, não foi suficiente para configurar o dever de indenizar, sobretudo porque os profissionais potencialmente atingidos não foram nominados e nem individualizados pela ofensa.

5 GONÇALVES, Carlos Roberto, op. cit., p.67.

6 TJPR – APL: 00609919320118160014 PR 0060991-93.2011.8.16.0014 (Acórdão), Relator: Juíza Elizabeth de Fátima Nogueira, Data de Julgamento: 08/11/2018, 10ª Câmara Cível, Data de Publicação: 21/11/2018.

O segundo caso de improcedência de pleito indenizatório por ofensas sofridas foi julgado pelo Tribunal de Justiça do Rio Grande do Sul. A ação foi ajuizada pelo hospital e pela médica em razão de alegadas ofensas e acusações proferidas pela filha do paciente, em redes sociais, e por sua esposa, em uma rádio local. Com relação à pessoa jurídica do hospital, a decisão do TJRS, que confirmou a sentença de primeiro grau, afirmou que não houve prova de que o episódio tenha atingido a honra objetiva (reputação) da parte, condição imprescindível para que emane o dever de indenizar em tal caso. Por sua vez, com relação à médica, a Corte gaúcha entendeu que "a mera exteriorização da insatisfação por parte das demandadas não acarretou qualquer sorte de prejuízos à autora, capazes de atingir a sua esfera psicológica, porquanto, repito, sequer foi mencionado o nome da médica/autora nas publicações via rede social ou na fala dada à rádio local"[7]. Mais uma vez, prevaleceu a livre manifestação do pensamento, em razão de ser plenamente possível exteriorizar insatisfação com um atendimento médico prestado, julgado insatisfatório.

De comum, ambos os casos possuem o seguinte destaque: apesar de veementes e até mesmo grosseiras, as críticas deixaram de nominar o profissional específico, fazendo menções genéricas sob o formato de desabafo, contrariedade e ou insatisfação, motivo pelo qual prevaleceu o princípio Constitucional de livre manifestação do pensamento.

Por outro lado, não podemos olvidar que direitos personalíssimos são igualmente tuteláveis, já que, nos termos do art. 5º, inciso X, da Constituição, "São invioláveis a intimidade, a vida privada, a honra e a imagem das pessoas, assegurado o direito a indenização pelo dano material ou moral decorrente de

7 TJRS – AC: 70080656200 RS, Relator: Marcelo Cezar Muller, Data de Julgamento: 30/05/2019, Décima Câmara Cível, Data de Publicação: Diário da Justiça do dia 14/06/2019.

sua violação". É dizer, havendo fatos ofensivos à honra e à imagem de um médico através de um relato do paciente, surgirá, conforme o caso, o dever à reparação de danos e o consequente direito do profissional em obter indenização.

Primeiramente, apesar da independência relativa entre as esferas cível e criminal, caso exista ação penal condenatória transitada em julgado, em razão da apuração dos crimes de calúnia (art. 138/Código Penal[8]), difamação (art. 139/CP[9]) ou injúria (art. 140/CP[10]), não há dúvidas de que, nos termos dos artigos 935 do Código Civil[11][12] e 63 do Código de Processo Penal[13], restará ao juízo cível unicamente estipular o valor da indenização (*quantum indenizatório*), partindo-se do pressuposto que restaram demonstrados no juízo criminal a ocorrência do ato ilícito e sua autoria, a existência de dano, e o nexo de causalidade entre eles. Isso ocorre porque, se houver condena ção no juízo criminal transitada em julgado, no qual o *standard*

8 Art. 138. Caluniar alguém, imputando-lhe falsamente fato definido como crime:
Pena – detenção, de seis meses a dois anos, e multa.

9 Art. 139. Difamar alguém, imputando-lhe fato ofensivo à sua reputação:
Pena – detenção, de três meses a um ano, e multa.

10 Art. 140. Injuriar alguém, ofendendo-lhe a dignidade ou o decoro:
Pena - detenção, de um a seis meses, ou multa.

11 Art. 935. A responsabilidade civil é independente da criminal, não se podendo questionar mais sobre a existência do fato, ou sobre quem seja o seu autor, quando estas questões se acharem decididas no juízo criminal.

12 Segundo Carlos Roberto Gonçalves, em sua obra citada, p. 61, "Começa o dispositivo (art. 953 CC) dizendo, no caso de injúria, difamação ou calúnia, há obrigação de reparar o dano. É o dano patrimonial que aí se cogita". E, adiante o autor conclui que: "A maioria dos doutrinadores já vislumbrava, no referido dispositivos (art. 953 CC), um caso em que se concedia indenização por dano moral".

13 Art. 63. Transitada em julgado a sentença condenatória, poderão promover-lhe a execução, no juízo cível, para o efeito da reparação do dano, o ofendido, seu representante legal ou seus herdeiros.

probatório aplicável é o "além de qualquer dúvida razoável"[14], portanto, mais rigoroso que o vigente no juízo cível, não há necessidade de instrução, restando pendente apenas o arbitramento do *quantum* da indenização por parte do julgador.

Entretanto, a existência de prévia ação penal não é condição imprescindível para que se intente a demanda cível. Nos casos em que restar demonstrado que o paciente ou seu familiar se excederam, ofendendo a honra do profissional, não há como se argumentar que a sua manifestação ofensiva estaria acobertada pela liberdade de expressão e pela livre manifestação do pensamento. Rui STOCCO bem delineia a solução para as hipóteses em que houver colisão entre princípios constitucionais:

> As pessoas têm, no Brasil, a liberdade de pensamento e de Expressão garantidos constitucionalmente, todavia, a liberdade de um indivíduo termina quando começa a do próximo, portanto, ao ofender a honra e a imagem de alguém, mesmo sendo livre o direito de expressão nada impede que seja movido um processo contra tais declarações.[15]

Em consonância com tal posicionamento, a Ministra Nancy Andrighi, do STJ, em voto paradigmático, estabeleceu claramente os limites da livre manifestação do pensamento (no caso específico, da liberdade de imprensa) no âmbito das Cortes Superiores:

> O direito à informação não elimina as garantias individuais, porém encontra nelas os seus limites, devendo atentar ao dever de veracidade, ao qual estão vinculados os órgãos de imprensa, pois a falsidade dos dados divulgados manipula em vez de formar a opinião pública, bem como ao

14 MARANHÃO, Clayton de Albuquerque. Standards de prova no processo civil brasileiro. Revista Judiciária do Paraná, Curitiba, v. 17, 2019. p. 224.

15 STOCO, Rui. Doutrinas Essenciais: dano moral. Volume I, 1ª ed. São Paulo: Revista dos Tribunais, 2015, p. 522.

interesse público, pois nem toda informação verdadeira é relevante para o convívio em sociedade[16].

A tese defendida neste trabalho e nos excertos trazidos acima, se encontra alinhada com a máxima doutrinária francesa segundo a qual *le droit cesse où l'abus commence* ("o direito cessa onde começa o abuso"), uma vez que, nos dizeres de Gisele ASTURIANO, "não há liberdade de expressão que subsiste calcada em ofensa à dignidade da pessoa humana, em ofensa da imagem - atributo de um profissional"[17].

Nesta linha de intelecção, é inequívoco, nos termos do art. 187 do Código Civil, que "também comete ato ilícito o titular de um direito que, ao exercê-lo, **excede manifestamente os limites impostos pelo seu fim econômico ou social, pela boa-fé ou pelos bons costumes[18]**" (destaque dos autores). Este dispositivo demonstra de forma insofismável que não há direito que seja absoluto e, em que ultrapassados os limites do exercício regular a partir de critérios subjetivos, como o da "boa-fé" e dos "bons costumes", restará devidamente configurado o ato ilícito, a ensejar reparação de danos[19]. Consentâneo com esse

16 REsp 1414004/DF, Rel. Ministra NANCY ANDRIGHI, TERCEIRA TURMA, julgado em 18/02/2014, DJe 06/03/2014.

17 ASTURIANO, Gisele. Direito à Imagem na internet e a Responsabilidade Civil: a (re)significação do homo virtualis. 1ª ed. Birigui: Boreal Editora, 2017, p. 91.

18 Segundo leciona Carlos Roberto Gonçalves, em sua obra citada, p. 69: "Como se pode ver, a teoria do abuso de direito ganhou autonomia e se aplica a todos os campos do direito, extravasando, pois o campo da responsabilidade civil, e gerando consequências outras que não apenas a obrigação de reparar, pecuniariamente, o prejuízo experimentado pela vítima. E, ainda, que o critério usualmente adotado é o de que a ilicitude do ato abusivo se caracteriza sempre que o titular do direito se desvia da finalidade social para a qual o direito subjetivo foi concedido".

19 THEODORO Junior, Humberto. Comentários ao Novo Código Civil. Volume III, 2ª ed. Rio de Janeiro: Forense, 2003. pp. 135/136.

entendimento Fernando Augusto Cunha de Sá[20] pontifica que, "O abuso de direito surge quando seu titular o exerce com prejuízo para outrem, sem nenhum interesse para si e só por emulação, e portanto, sendo tal teoria a expressão da grande regra da relatividade dos direitos quem exerce um direito tem que se conformar com a sua razão de ser e permanecer dentro da instituição, pois, caso contrário, desvia o direito do seu destino e incorre em culpa, que é motivo de responsabilidade".

A delimitação de tais premissas, quando houver colisão entre a liberdade de expressão e o direito à honra, contudo, não é facilmente apurada por meio de uma simples fórmula. A contrário *sensu*, há grande dose de subjetividade que somente será dirimida mediante a análise do caso concreto. Como a apuração do dever de indenizar é indissociável da realidade, analisaremos alguns casos em que o médico ou hospital obteve êxito na pretensão indenizatória em face do paciente, a fim de analisar os requisitos mínimos necessários para a propositura do pedido indenizatório.

No caso em comento, julgado pelo Tribunal de Justiça do Rio de Janeiro, uma blogueira publicou em seu Instagram relatando que sua tia sofrera queimaduras em razão de tratamento com uma conhecida médica dermatologista. Contudo, tal como informado pela profissional, "as manchas desapareceram no prazo estimado". O Tribunal, mantendo a sentença condenatória, entendeu que "a publicação carece de fundamento técnico", derivando "exclusivamente da vontade de ofender, de macular a honra profissional com lastro em seu juízo leigo e por seu interesse destruidor e irresponsável", destacando que a foto do rosto da paciente era de "procedimento recém efetuado, antes de alcançado o resultado definitivo"[21].

---

20 SÁ, Fernando Augusto de, Abuso de Direito – 2ª reimpressão da edição de 1974, Coimbra, Editora Almedina, 2005, p.246.

21 TJRJ – APL: 00180463420168190014, Relator: Des(a). HENRIQUE CARLOS DE ANDRADE FIGUEIRA, Data de Julgamento: 12/05/2020, QUINTA CÂMARA CÍVEL, Data de Publicação: 2020-05-18.

Outra situação concreta trata de paciente atendida na UTI por um médico plantonista, autor da ação. O marido da paciente afirmou que o médico plantonista teria sigo negligente ao submeter sua mulher, portadora de esclerose lateral amiotrófica, a procedimento de traqueostomia, sustentando que seria suficiente a utilização de aparelho de ventilação e que o procedimento era desnecessário e produto de imperícia e negligência. O marido da paciente passou, então, a empreender verdadeira campanha difamatória em face do médico, propagando para outros médicos e pacientes que a conduta do plantonista teria sido antiética. Formalizou ainda denúncia no respectivo Conselho Regional de Medicina que, após a abertura de sindicância, foi arquivada. Mesmo com o arquivamento, publicou carta aberta assinada por si e por sua esposa em jornal. O Tribunal de Justiça de São Paulo sustentou, em relação ao réu da ação, que, em razão da doença grave e sem cura que acometia à sua esposa, "a forte emoção até mesmo o imunizaria de, no calor do momento, desconfiar dos procedimentos adotados pelo médico, não tivesse se propagado no tempo e através de vários veículos de divulgação"[22]. Levou-se em consideração, ainda, que a carta aberta em jornal, mesmo após o arquivamento de sindicância ético-disciplinar, teve grande repercussão entre os demais profissionais do hospital e entre pacientes, gerando inegáveis prejuízos à reputação do médico. Foi mantida, assim, a condenação já fixada em primeiro grau.

Em ambos os casos resta notório que foram excedidos limites não acobertados pela liberdade de expressão: no primeiro, do TJRJ, houve críticas precipitadas à médica dermatologista antes do período de cicatrização do procedimento, que estava dentro do que havia sido informado à paciente. No preceden-

22 TJSP – APL: 9130849682004826 SP 9130849-68.2004.8.26.0000, Relator: Luiz Ambra, Data de Julgamento: 23/02/2011, 8ª Câmara de Direito Privado, Data de Publicação: 02/03/2011.

te do TJSP, por sua vez, o abuso reside na insistência da ampla campanha difamatória – não se tratou de mero inconformismo com o procedimento adotado para preservar a saúde de sua esposa, mas de excessos, mediante a publicação de críticas que se mostraram infundadas em jornal mesmo após o arquivamento de procedimento administrativo disciplinar movido perante o CRM em face do médico.

Para além de tais situações, se o relato público do paciente ou de seu familiar não corresponder à realidade devidamente demonstrada por meio do conjunto probatório, emanará o dever de reparar o dano. A necessidade de análise casuística é evidente, já que para apuração da ilicitude da conduta do ofensor devem ser sopesados os motivos que levaram à crítica. Assim, comete abuso de Direito, aquele que macule a imagem do médico por não ter paciência para esperar a cicatrização, ou ainda, em casos nos quais tenha concorrido ou seja exclusivamente culpado pelo resultado insatisfatório, por meio do desatendimento a recomendações médicas pós-procedimentais. A ansiedade pelo resultado ou pela melhora do ente querido convalescente é comum, fato que não autoriza a exposição infundada do profissional médico. Observa-se, portanto, que a análise probatória ganha especial relevância nessas demandas indenizatórias.

Para ilustrar, em precedente comentado pela doutrina temos um "Paciente condenado a indenizar médico por dano material e moral, em decorrência de acusação leviana e infundada por dano causado por automedicação e uso de medicamento sabidamente vedado ao caso"[23].

Por tal motivo, é imprescindível que o médico sempre mantenha os prontuários e registros de atendimento, documentando o consentimento prévio e informado sobre as con-

---

23 GIOSTRI, Hildegard Taggesel. Erro Médico: à luz da jurisprudência comentada. 2ª ed. Curitiba: Juruá, 2004, p. 277.

sequências e riscos do procedimento[24], assim como documente as orientações pós-procedimentais (medicamentos prescritos, restrições de exercício físico *etc.*), mantendo-os arquivados por, no mínimo, cinco anos, que corresponde ao prazo prescricional previsto no art. 27 do Código de Defesa do Consumidor[25].

No entanto, é certo que alguns pacientes/familiares, ao invés de manifestarem publicamente sua insatisfação, optam por formalizar denúncias ou pleitear a instauração de procedimentos ético-disciplinares junto aos Conselhos Regionais de Medicina. Diante de tais condutas, impõe-se indagar: há ato ilícito por parte do paciente?

Embora não se negue que o enfrentamento de um procedimento junto ao CRM possa gerar prejuízos patrimoniais, mediante a contratação de um possível advogado, sob o enfoque estrito da responsabilidade civil, entendemos que, tecnicamente, não haveria ato ilícito hábil a ensejar a responsabilização do paciente, isso porque se trata de exercício regular de direito, bem como, relatam meros aborrecimentos que devem ser suportados. Por evidente, há que se apurar a existência de abuso, como por exemplo, uma denúncia formalizada sem qualquer respaldo na realidade.

Em igual sentido, o ajuizamento de uma ação judicial questionando a conduta médica e/ou os resultados atingidos pela intervenção, apesar de trazer transtornos ao profissional, igualmente não se configura, por si só, como fundamento para um pedido indenizatório por parte do médico. Isso porque a to-

24 KFOURI Neto, Miguel. Responsabilidade Civil do Médico. 9ª ed. São Paulo: Revista dos Tribunais, 2018. p. 55.

25 O prazo prescricional para pleitos indenizatórios em relações não consumeristas é de 3 (três) anos, nos termos do art. 206, §3º, inciso V, do Código Civil. Entretanto, em razão da grande possibilidade de incidência do Código de Defesa do Consumidor, a cautela determina que tais documentos sejam mantidos por, no mínimo, cinco anos após a realização dos procedimentos.

dos é garantido o Direito de Ação, previsto no art. 5º, XXXV[26], da Constituição Federal, que se enquadra como exercício regular de direito ainda que posteriormente a demanda judicial ajuizada pelo paciente venha a ser julgada improcedente.

Destaca-se que a apuração de inexistência de infração ético-administrativa junto ao Conselho Regional de Medicina e a improcedência de demanda indenizatória ajuizada pelo paciente poderão servir como elementos probatórios para uma pretensão por parte do médico, caso venham acompanhadas de ofensas à sua honra. Entretanto, sua simples ocorrência, ainda que infrutífera, não será suficiente para sustentar pleito indenizatório.

Ainda que brevemente, buscamos delinear os limites da configuração de ato ilícito por parte do paciente, sendo necessário avaliar os parâmetros que serão adotados no momento da apuração e quantificação do dano.

3. MODALIDADES DE DANO E O *QUANTUM* DA INDENIZAÇÃO POR DANOS EXTRAPATRIMONIAIS

Estipuladas as situações em que resta configurado ato ilícito por parte do paciente, cabe indagar se, por parte da vítima (médico), haveria dano indenizável, e, se houver, qual o valor a ser apurado no processo indenizatório – *quantum debeatur*.

O art. 953 do Código Civil prescreve que "A indenização por injúria, difamação ou calúnia consistirá na reparação do dano que delas resulte ao ofendido". Em sentido complementar, o art. 20 do Código Civil determina que "Salvo se autorizadas, ou se necessárias à administração da justiça ou à manutenção da ordem pública, a divulgação de escritos, a transmissão da palavra,

26 Art. 5. (...)
XXXV - a lei não excluirá da apreciação do Poder Judiciário lesão ou ameaça a direito; (...)

ou a publicação, a exposição ou a utilização da imagem de uma pessoa poderão ser proibidas, a seu requerimento e sem prejuízo da indenização que couber, se lhe atingirem a honra, a boa fama ou a respeitabilidade, ou se destinarem a fins comerciais". Os dispositivos supra citados asseguram com precisão o direito à indenização à fatos ofensivos aos direitos da personalidade – imagem, honra, boa fama e respeitabilidade, desde que tenham sido ilicitamente violados.

Isso significa que, qualquer dano, seja de ordem material ou extrapatrimonial, poderá ser pleiteado diante de ofensas à honra do médico. Tal entendimento está em perfeita consonância com a Súmula 37 do STJ, segundo a qual "são cumuláveis as indenizações por dano material e dano moral oriundos do mesmo fato".

Embora o dano moral da pessoa física seja, em regra, *in re ipsa*, ou seja, decorrente do próprio fato, os danos materiais pleiteados em razão do abuso de direito por parte do paciente devem necessariamente ser demonstrados, sob pena de improcedência do pedido. Suponhamos que após tomar ciência de relato depreciativo de ex-paciente veiculado em rede social, um outro paciente potencial liga ao médico cancelando consulta ou cirurgia eletiva, em razão do fato veiculado publicamente. Contanto que tal comportamento seja devidamente demonstrado, ao médico será assegurado o direito de pleitear reparação do dano decorrente (lucros cessantes). De toda sorte, caso a repercussão a partir da divulgação de condutas depreciativas do médico seja muito extensa e grave, com impactos profundos no fluxo de pacientes, nada impede que apresente relatório de faturamento/ingressos antes do ato ilícito e após, com a ressalva de que, neste caso, deve restar devidamente comprovado o nexo de causalidade entre o evento lesivo e a redução dos ganhos.

Sem prejuízo de todas as verbas indenizatórias cabíveis, o médico que se sinta lesado ainda poderá postular judicialmente a retirada do conteúdo ofensivo do ar. Tal pleito encontra amparo no art. 19[27] do Marco Civil da Internet. Em linha com a determinação inserta no dispositivo legal mencionado, caso a rede social descumpra ordem judicial para exclusão do conteúdo ofensivo, resultará em sua própria responsabilização, autorizando que o médico demande diretamente da empresa.

Por sua vez, especificamente com relação ao pedido de indenização por danos morais, seu fundamento se sustenta na ocorrência de ofensas a direitos personalíssimos do médico, em especial sua honra, nome, imagem e reputação perante a sociedade. Neste quesito, a doutrina especializada enumera que a "honra" é um conceito amplo, que abrange diversos atributos íntimos e externos de uma pessoa:

> A honra, em sentido amplo, inclui também o bom *nome* e a *reputação*, enquanto síntese do apreço social pelas qualidades determinantes da unicidade de cada indivíduo e pelos demais valores pessoais adquiridos pelo indivíduo no plano moral, intelectual, sexual, familiar, profissional ou político.[28]

Devidamente delimitadas as hipóteses de cabimento de indenização, resta perquirir se apenas a pessoa física do médico estará habilitada a encabeçar o procedimento indenizatório ou também se a pessoa jurídica (clínica ou hospital) poderia pleitear reparação civil. O Superior Tribunal de Justiça já consolidou o entendimento de que, nos termos da Súmula nº 227,

---

27 Art. 19. Com o intuito de assegurar a liberdade de expressão e impedir a censura, o provedor de aplicações de internet somente poderá ser responsabilizado civilmente por danos decorrentes de conteúdo gerado por terceiros se, após ordem judicial específica, não tomar as providências para, no âmbito e nos limites técnicos do seu serviço e dentro do prazo assinalado, tornar indisponível o conteúdo apontado como infringente, ressalvadas as disposições legais em contrário.

28 SOUSA, Rabindranath V. A. Capelo de. O Direito Geral de Personalidade. Reimpressão. Coimbra: Coimbra Editora, 2011, p. 304.

"a pessoa jurídica pode sofrer dano moral". Não existe a menor dúvida de que podem figurar como demandantes, simultaneamente, tanto a clínica quanto o profissional liberal que a representa, contanto que a conduta ilícita do paciente tenha atingido a ambos.

Contudo, há dois pontos que não podem deixar de ser observados caso se pretenda pleitear reparação por danos extrapatrimoniais também em nome da clínica ou do hospital. Primeiramente, as pessoas jurídicas podem sofrer máculas unicamente em sua honra objetiva (reputação, conceito, credibilidade), haja vista que, por razões óbvias, não padecem de sentimentos inerentemente humanos como a vergonha (esfera subjetiva).

O segundo ponto, não menos relevante, é que se entende, em regra, que não há *danum in re ipsa* para as pessoas jurídicas, o que significa dizer que ele não é presumido e nem decorre da simples ocorrência do fato, como soe ocorrer como regra geral com pessoas físicas. Neste caso, devem, necessariamente, ser demonstrado. Esta comprovação pode se dar através de comentários depreciativos por parte de outros pacientes ou de um inegável reflexo patrimonial (como uma redução abrupta no faturamento não vinculada a qualquer outro fator aparente) decorrente do ato ilícito.

Neste sentido, caberá à vítima dentro do possível, reunir provas qualitativas (comentários depreciativos de leitores que tiveram acesso à "notícia" ou relatos testemunhais de conversas expondo o médico a um constrangimento, por exemplo) e quantitativas (número de compartilhamentos, *likes*, pessoas atingidas e números absolutos/percentual de decréscimo do faturamento), a fim de pleitear um valor indenizatório compatível com a extensão do dano, nos termos do art. 944/Código Civil. Apesar disso, ainda que ausentes tais provas, resulta o dever de indenizar no que tange ao dano moral, pela simples verificação de lesões à honra subjetiva e objetiva da vítima, em se tratando de pessoa física.

Deve-se considerar, no momento do arbitramento do *quantum* indenizatório que, nos termos do texto constitucional, precisamente de seu art. 5º, inciso V, a indenização deve ser sempre "proporcional" ao agravo, de maneira que, apesar da análise jurisprudencial auxiliar ao estabelecer parâmetros, é imprescindível uma cuidadosa análise casuísta, na qual o advogado do médico possui papel fundamental reunindo provas hábeis a demonstrar a extensão dos prejuízos sofridos e a repercussão do dano, de forma a suportar o pleito de majoração indenizatória.

Em caso recente, o Tribunal Regional do Trabalho da 5ª Região condenou o Município de Casa Nova/BA ao pagamento de indenização por danos morais arbitrada em R$40.000,00 (quarenta mil reais). Segundo consta, uma preposta do réu, para quem a médica autora da demanda trabalhava, relatou no Facebook que a profissional destratava pacientes do hospital, acusando-a de lhes atender inadequadamente. Em razão da publicação ter sido efetuada em página muito visualizada na região, o comentário gerou diversas mensagens pejorativas de outros usuários, o que ensejou o aumento da indenização originalmente arbitrada em R$20.000,00 (vinte mil reais) pelo juízo de origem[29].

Voltando ao precedente da médica dermatologista do Rio de Janeiro que ajuizou demanda indenizatória em face de blogueira, a qual propagou no Instagram que sua tia estaria com queimaduras no rosto (posteriormente cicatrizadas dentro do período esperado), a indenização foi majorada pelo Tribunal de Justiça do Rio de Janeiro de R$10.000,00 (dez mil reais) para R$20.000,00 (vinte mil reais). Dentre os fatores considerados para aumento do valor estão o "grande número de seguidores

29 Disponível em < https://m.migalhas.com.br/quentes/329718/medica-sera-indenizada-por-denuncia-falsa-no-facebook-de-que-destratava-pacientes >. Acesso em 29 jul. 2020.

[da requerida] (o que deveria levá-la a ter mais cuidado e responsabilidade com suas postagens)"[30].

No outro precedente mencionado no capítulo anterior, do TJSP, em que o esposo da paciente mostrou-se insatisfeito com o atendimento prestado pelo médico plantonista da UTI, a indenização foi mantida em um elevado patamar de 200 (duzentos) salários mínimos (embora a decisão seja de 2011, atualmente este valor corresponde a mais de R$200.000,00 – duzentos mil reais).

Levou-se em consideração uma campanha difamatória propagada pelo réu em conversas particulares com diversas pessoas, a apresentação de denúncia junto ao CRM e, mesmo após seu arquivamento, a publicação de carta aberta em jornal, o que levou a graves repercussões na comunidade. Neste mesmo caso, é importante destacar que houve também condenação ao pagamento de danos materiais, "diante da grave repercussão em sua esfera profissional dos fatos narrados nestes autos, devendo-se apurar a existência de decréscimo no faturamento de seu consultório, a partir da data da publicação da matéria ofensiva, que extrapolou eventual exercício regular do direito de apuração da conduta do profissional, encerrada a sindicância"[31]. Como se não bastasse, o réu foi compelido a publicar a sentença em jornal, na forma de retratação.

Como visto, mais uma vez, há elevado grau de subjetividade no arbitramento dos valores indenizatórios, decorrentes do *arbitrium boni viri* do magistrado. Embora os entendimentos jurisprudenciais sobre casos semelhantes forneçam elementos norteadores, a estimativa será possível apenas após a análise

30 TJRJ – APL: 00180463420168190014, Relator: Des(a). HENRIQUE CARLOS DE ANDRADE FIGUEIRA, Data de Julgamento: 12/05/2020, QUINTA CÂMARA CÍVEL, Data de Publicação: 2020-05-18.

31 TJSP – APL: 9130849682004826 SP 9130849-68.2004.8.26.0000, Relator: Luiz Ambra, Data de Julgamento: 23/02/2011, 8ª Câmara de Direito Privado, Data de Publicação: 02/03/2011.

do conjunto probatório. No momento do arbitramento, como vimos ao analisar a *ratio decidendi* dos precedentes acima, leva-se em consideração, sobretudo, a proporção que o dano tomou e o grau de culpabilidade do ofensor (que será maior se o réu insistir na conduta difamatória).

Por fim, temos que rememorar que, em caso de condenação ao pagamento de indenização por danos morais, a correção monetária sobre ela incidente começará a correr a partir da data do arbitramento, ou seja, desde a decisão condenatória, nos termos da Súmula 362/STJ[32]. Os juros de mora de 1% ao mês, em razão da responsabilidade do paciente por ofensas ao médico ser extracontratual, por sua vez, incidirão desde o evento danoso (considerado, por exemplo, o dia da publicação do conteúdo ofensivo na internet, ou a data do comentário depreciativo), por força do disposto na Súmula 54/STJ[33].

4. CONSIDERAÇÕES FINAIS

Em regra, as pessoas têm o direito constitucionalmente assegurado de manifestar sua insatisfação com políticos e serviços públicos, além de produtos e serviços prestados por profissionais liberais e empresas. Restará configurado o exercício regular de direito contanto que não sejam ultrapassados os limites de razoabilidade (boa-fé e bons costumes).

O paciente ou seu familiar que se exceder em tal relato, seja apresentando versão dos fatos que não corresponda à realidade, utilizando-se de vocabulário baixo/depreciativo ou empreendendo verdadeira campanha difamatória contra o médico, violará direitos personalíssimos, maculando a honra (ob-

32 Súmula 362/STJ. A correção monetária do valor da indenização do dano moral incide desde a data do arbitramento.

33 Súmula 54. Os juros moratórios fluem a partir do evento danoso, em caso de responsabilidade extracontratual.

jetiva e subjetiva) do profissional, ficando sujeito, portanto, ao pagamento de indenização por danos materiais e morais, sem prejuízo da retirada do conteúdo do ar (caso seja publicado) e de retratação pública, conforme a situação particular. Nada impede que a indenização seja pretendida também pela pessoa jurídica lesada (clínica ou hospital), desde que demonstrados de forma inequívoca os danos à sua honra objetiva (reputação).

Como os limites entre a liberdade de expressão e o abuso são tênues e subjetivos, o médico que se sinta ofendido por conduta de seu paciente deverá munir-se de provas que demonstrem o dano sofrido, mormente através da juntada de *prints*, atas notariais, gravações e oitiva de testemunhas. Não raro estará em discussão, em tais demandas indenizatórias, sua conduta como profissional, razão pela qual é igualmente necessário que estejam munidos de documentos comprobatórios de sua atuação com relação ao paciente (prontuários, termos de consentimento esclarecido, orientações pós-procedimentais, dentre outros).

A apuração do dano, em tais casos, se caracteriza por seu elevado grau de subjetividade, já que deve avaliar valores íntimos da pessoa e muitas vezes imensuráveis – nem poderia ser diferente, já que devem ser levados em consideração especialmente a extensão do dano (com a demonstração de sua repercussão social) e o grau de culpabilidade do agente ofensor.

O *quantum* indenizatório deverá acompanhar as provas da extensão do dano no caso concreto, sendo a análise de precedentes em casos semelhantes necessária não apenas para se apurar que parâmetros são utilizados na apuração do dano, como também os fatores que levam, eventualmente, à majoração de uma indenização.

Conclui-se, portanto, que não existe direito absoluto, sendo perfeitamente admitido ao médico que se sinta lesado por comentários depreciativos buscar reparação civil em face do paciente ou familiar que tenha abusado de seu direito de liberdade de expressão. Afinal, não raro valores indissociáveis do médico como a sua honra, sua competência técnica e sua reputação, construídos ao longo de décadas de árduo trabalho, constituem seus bens mais preciosos.

REFERÊNCIAS BIBLIOGRÁFICAS

ASTURIANO, Gisele. **Direito à Imagem na internet e a Responsabilidade Civil: a (re)significação do homo virtualis**. 1ª ed. Birigui: Boreal Editora, 2017.

FESTAS, David de Oliveira. **Do conteúdo Patrimonial do Direito à Imagem**, 1ª ed. Coimbra: Coimbra Editora, 2009.

FONSECA, Pedro H. C; FONSECA, Maria Paula. **Direito do Médico.** De acordo com o novo CPC. Belo Horizonte: D´Plácido, 2016.

FRANÇA, Genival Veloso de. **Direito Médico.** Doutrina, legislação e jurisprudência atinentes a profissão médica. 14ª ed. Rio de Janeiro: Forense, 2017.

GIOSTRI, Hildergard Taggesell. **Responsabilidade Médica**. As obrigações de meio e de resultado: avaliação, uso e adequação. 7ª Reimpressão. Curitiba: Juruá, 2011.

GIOSTRI, Hildegard Taggesel. **Erro Médico: à luz da jurisprudência comentada**. 2ª ed. Curitiba: Juruá, 2004.

GONÇALVES, Carlos Roberto. **Direito Civil Brasileiro - Responsabilidade Civil**. vol. 4, 13ª ed. São Paulo: Saraiva, 2018.

KFOURI Neto, Miguel. **Culpa médica e ônus da prova**. São Paulo: Revista dos Tribunais, 2001.

KFOURI Neto, Miguel. **Responsabilidade Civil do Médico**. 9ª ed. São Paulo: Revista dos Tribunais, 2018.

KFOURI Neto, Miguel. **Responsabilidade Civil dos Hospitais.** 3ª ed. São Paulo: Revista dos Tribunais, 2018.

MARANHÃO, Clayton de Albuquerque. Standards de prova no processo civil brasileiro. **Revista Judiciária do Paraná**, Curitiba, v. 17, 2019.

MELO, Nehemias Domingos de. **Responsabilidade civil por erro médico**. Doutrina e Jurisprudência. 2ª ed. São Paulo: Atlas, 2013.

REIS, Clayton. **Dano Moral**. São Paulo: Thomson Reuters Brasil, 2019.

SÁ, Fernando Augusto Cunha de. **Abuso de Direito**, 2ª Reimpressão da Edição de 1973. Coimbra: Almedina, 2005.

SILVA, Oscar José de Plácido e. **Dicionário Jurídico**. Rio de Janeiro: Forense, 2006.

SOUSA, Rabindranath V. A. Capelo de. **O Direito Geral de Personalidade**. Reimpressão. Coimbra: Coimbra Editora, 2011.

STOCO, Rui. **Doutrinas Essenciais: dano moral**. Volume IV, 1ª ed. São Paulo: Revista dos Tribunais, 2015.

THEODORO Junior, Humberto. **Comentários ao Novo Código Civil.** Volume III, 2ª ed. Rio de Janeiro: Forense, 2003.

DEONTOLOGIA MÉDICA E MÍDIAS SOCIAS: BREVES CONSIDERAÇÕES SOBRE O ATUAR ÉTICO DOS PROFISSIONAIS DA MEDICINA FRENTE ÀS NOVAS FORMAS TECNOLOGICAS NA PUBLICIDADE DA SOCIEDADE CONTEMPORANEA

Cínthia Ayres Holanda
Maria Luísa Vieira Matos

1. INTRODUÇÃO

Uma das artes mais antigas desenvolvidas pelos homens, a medicina, nasceu com o surgimento do próprio homem. Desde que o ser humano existe sobre a superfície da terra, ele tem padecido de enfermidades e, com a existência da dor e das doenças, houve a necessidade de busca pela cura e tratamento de tais males. Como a atuação dessa ciência evoluiu até os dias atuais? As mudanças nessa relação ocasionaram o surgimento de várias formas de apresentação e desenvolvimento do exercício da medicina. Como o médico deve exercer de maneira ética sua atividade com as novas tecnologias existentes e o uso redes sociais?

Este artigo buscará demonstrar a evolução da ética médica, com o desenvolvimento da medicina, de modo a evidenciar que a relação médico-paciente se desenvolveu em consonância com o pensamento da sociedade. Toda essa transformação social e antropológica ocasionou o surgimento de diversos conflitos e questionamentos éticos, relacionais, comportamentais e questionamentos no âmbito jurídico-legal que devem ser debatidos e analisados para que se possa pensar em como regulamentarmos, evitá-los ou como gerenciá-los.

1.1. Processo histórico de evolução da relação médico-paciente e a deontologia médica

Tão antiga quanto à dor e o seu humanismo, a medicina surgiu da empatia que o homem teve por seu par, tendo como fundamento a piedade humana. Sua finalidade é a investigação das mais diversas entidades nosológicas, de forma que se possa recuperar a saúde e o bem-estar dos indivíduos.

As primeiras atividades nesse campo não tinham como preocupação o estudo das patologias, mas, principalmente, encontrar meios de cura, o que se fazia através do empirismo. Assim, algumas pessoas, como curiosas e observadoras, receitavam determinadas ervas como remédio para curar uma dor ou, diante de uma fratura, determinavam o modo pelo qual se deveria imobilizar a região para solidificar a fratura, fazendo surgir, assim, através da experiência concreta, aqueles que na comunidade se destacavam como os expertos ou os taumaturgos, qualidades que lhe eram conferidas pela comunidade ou eles próprios assim se autorrotulavam (KFOURI NETO, 2001, p. 28).

Na zona geográfica compreendida entre o rio Tigres e Eufrates, na antiga Mesopotâmia, encontram-se registros de culturas, entre 4000 anos a.C., que atualmente estão totalmente extintas, mas que, desde o período Neolítico, utilizavam rituais de cura e tratamento de enfermidades humanas (ENTRALGO, 1978, p. 08).

Desenvolvida, então, sobre rigorosos conceitos de moral, a sua arte foi, ao longo dos tempos, executada por feiticeiros e por sacerdotes, como algo religioso. Em razão disso, a figura do médico estava intimamente relacionada a uma visão dogmática, que o remetia à condição de um "ser superior" em relação ao paciente.

Nesse contexto, desarrazoado seria responsabilizar o médico, que apenas participava de um ritual, talvez útil, mas exclusivamente dependente das vontades divinas (AGUIAR JUNIOR, 2000, p. 135).

Essa aura em muito fazia com que aqueles curandeiros magos ou sacerdotes fossem vistos como dotados de poderes sobrenaturais, distinguindo-se dos demais, tendo em vista que eles não podiam ser iguais aos outros homens, nem podiam ter uma rotina semelhante, eis que o respeito e a confiança na sua atividade, bem como a eficácia, dependiam de estar envoltos nessa aura de mistério que muito impressionava o grupo social. Por essas razões, as suas roupas, as comidas, o modelo de vida e os pensamentos eram, e precisavam ser, diferentes dos demais integrantes da comunidade (CASTRO, 2005, p. 20).

Neste período, não se falava em ética do médico, que tomava sua atitude com base na prudência. Muitas vezes, a doença colocava-se no nível de um castigo para aquele enfermo, e era comum se questionar se cabia aos médicos se opor a tais desígnios.

O médico e filósofo grego Hipócrates foi o grande responsável pelo abandono das tradições babilônicas e egípcias, de caráter religioso e mágico, para a adoção de uma medicina pautada nas ciências biológicas e naturais.

W.A. Ribeiro Jr., em sua obra Aspectos reais e lendários da biografia de Hipócrates, o "pai da medicina", traz um resumo da origem de Hipócrates:

> Hipócrates de Cós, médico, filho de Heraclides. Que ele seja mencionado também antes do avô, o pai de Heraclides (se ele era seu homônimo), pois se tornou astro e luz daquela medicina mais útil à vida. Descendente de um tal Criso e de seu filho Élafo, médicos eles também, tornou-se primeiramente discípulo de seu pai; depois disso, de Heródico de Selúmbria e de Górgias de Leontinos, retor e filósofo. Segundo alguns, foi discípulo de Demócrito de Abdera.

Hipócrates, que viveu durante o século V a.C. (460-377a.C.), foi um dos primeiros mestres na ilha grega de Cos, tendo impulsionado decisivamente a escola médica, que floresceu no sul da Itália durante os últimos cinco séculos da época pré-cristã. O célebre "Juramento de Hipócrates", comumente reputado como o primeiro código de ética médica ocidental, deve ter sido escrito entre os séculos IV e I a.C., e constitui uma produção de diferentes membros daquela escola. Devido a circunstâncias de várias ordens, nomeadamente a da compatibilidade com o cristianismo, o "Código de Hipócrates" tornou-se um normativo universal para a prática médica no Ocidente, sobretudo a partir do século XI. O "Código de Hipócrates" é parte do "corpus hippocraticus" (NEVES, 2009).

Para a teoria hipocrática, o homem está sujeito às mesmas forças físicas que o cosmos e um entendimento do corpo, na relação com ele mesmo e com o meio ambiente, provê os meios para controlá-lo quando algo acontece de errado. A racionalidade e a objetividade para a explicação das doenças no *Corpus Hipocraticum* são substanciais, pois, na mesma época, a medicina religiosa era muito estimada e nela dominavam as concepções mágicas das doenças e das terapêuticas.

O Gênio de Cós conduzia a medicina dentro de um alto conceito ético. O diagnóstico deixava de ser uma inspiração celestial para se constituir um juízo sereno e um processo lógico, dependendo da observação cuidadosa dos sinais e sintomas. Era o decesso da medicina mágica e o nascimento da medicina clínica. Foi em Juramento que a doutrina hipocrática logrou maior relevo e maior transcendência. Mesmo não se assentando em fundamentos jurídicos, seu postulado ético-moral continua sendo lembrado pelo seu conteúdo dogmático, que faz da medicina merecedora do aplauso e da consagração que o tempo não conseguiu apagar (FRANÇA, 2013).

Em toda a história da humanidade, o homem viu-se obrigado, por conveniências e necessidade, a viver socialmente. Essa vida em comum exige formas de conduta que orientem o caminho do bem (FRANÇA, 2013). A partir do Século XV, desenvolveu-se a necessidade de um conjunto de normas para balizar o comportamento do profissional da medicina, com base em uma orientação moral e jurídica das suas relações com os doentes, com os seus pares e com a sociedade, hoje denominada deontologia médica.

Mudando toda a forma de atuação do médico, foi com Hipócrates que a atenção do médico passou a ser totalmente voltada para o doente, e não para os deuses. Fez ver a necessidade da experimentação curativa, intervindo nas fases mais prematuras das moléstias, evitando a sua evolução. Trouxe à tona o exame acurado, razão deste ato ser judicioso, solene e mediato. Segue trecho do Juramento de Hipócrates (FRANÇA, 2013):

> Eu juro, por Apolo médico, por Esculápio, Hígia e Panacea, e tomo por testemunhas todos os deuses e todas as deusas, cumprir, segundo meu poder e minha razão, a promessa que se segue:
> (....)
> Aplicarei os regimes para o bem do doente segundo o meu poder e entendimento, nunca para causar dano ou mal a alguém. A ninguém darei por comprazer, nem remédio mortal nem um conselho que induza a perda. Do mesmo modo não darei a nenhuma mulher uma substância abortiva. Conservarei imaculada minha vida e minha arte. (...)

Este tem como norte um sentido social e de coletividade, de atenção total ao enfermo, em uma vida profissional irretocável, no respeito ao segredo médico e no benefício incondicional ao doente. Assim, a tradição hipocrática continuou seu trabalho frente ao profissional médico, o que se mantém até a atualidade, mas com algumas modificações em decorrência da própria transformação da sociedade.

O Cristianismo também veio a influenciar a prática médica. Com fundamentos e princípios, como a caridade e o amor ao próximo, um número considerável de instituições foi fundado pelas ordens religiosas, que exerciam a caridade cuidando dos doentes, feridos, chagados, peregrinos, desvalidos e miseráveis. Desta forma, no Sec. XXVII, as interações entre os médicos cristãos e os pacientes se regeram da seguinte forma: os pacientes devem honrar os médicos, porque sua autoridade provém de

Deus; os pacientes devem ter fé em seu médico e prometer obediência aos seus cuidados e orientações (ROSEN, 1994).

Com o iluminismo, no século XVIII, houve um movimento de emancipação do indivíduo e o início de debates e lutas pelos primeiros direitos humanos, dentre eles o de liberdade, o que iniciou um tímido movimento de surgimento do consentimento informado, elemento fundamental da relação médico e paciente.

No final dos Séculos XIX e XX, quatro homens foram responsáveis pelo desenvolvimento da sociologia na Europa: Os alemães A. Schaffte (1831-1903) e F. Tönnies (1855-1936) e dois franceses, G. Tarde (1843-1904) y E. Durkheim (1858-1917). Schaffte eleva ao extremo a concepção organicista de uma, Tönnies contrapõe dialeticamente o modo comunitário e tradicional das relações humanas (ENTRALGO, 1978).

Do enlace dessas considerações sociológicas e com o tratamento das enfermidades pelos médicos, começam a surgir os primeiros passos para a construção da chamada sociologia médica. Somando-se a isso, a implementação de políticas públicas sanitaristas e a descoberta de medicamentos fundamentais, como a penicilina e as sulfamidas, fizeram surgir à chamada revolução terapêutica, que aliada a outros fatores, como o progresso tecnológico, implicaram no enfraquecimento de uma conduta paternalista do médico.

Pela percepção da evolução histórica da medicina, conclui-se que esta conferiu ao médico, autonomia técnica para a tomada de decisão perante o paciente, autonomia baseada tanto no domínio de um conhecimento específico quanto em sua legitimidade social. O questionamento dessa relação autônoma paternalista do médico com o paciente somente surgiu a partir do impacto ocasionado pelas experiências envolvendo seres humanos.

Após a Segunda Guerra, tomou-se conhecimento de práticas experimentais em seres humanos. Médicos e cientistas nazistas praticaram experimentos buscando a eugenia, através de práticas de hipotermia, aplicação de gás mostarda e sulfonamida, dentre outros, em pacientes judeus que se encontravam em campos de concentração.

Ainda de acordo com a obra Os cientistas de Hitler, Cornwell (2003, p. 315):

> Nesses campos, infligiam-se ferimentos nas vítimas e infeccionavam-se as lesões com gás de mostarda, o gás venenoso largamente usado na Primeira Guerra Mundial. Outros eram forçados a inalar o veneno, ou a bebê-lo em forma líquida. Em alguns, injetava-se a substância. O objetivo dos testes era descobrir um antídoto.

Foi com o Código de Nuremberg, em 1947, que se firmaram os primeiros sistemas de normatização sobre os direitos dos pacientes, em decorrência dos debates gerados após os julgamentos de crimes de guerra realizados pelo Tribunal de Nuremberg.

Na década de 1980 do século passado, foi-se vendo que a relação médico-paciente-sociedade deveria se fazer com base em princípios, de modo que cada caso deveria ser tratado de forma própria. A partir daí o discurso médico tradicional sofreu uma mudança bem significativa e foi se transformando pouco a pouco, premido pelas exigências do conjunto da sociedade, com acentuada conotação econômica e social. Assim, a ética médica contemporânea foi se ajustando pouco a pouco às ânsias da sociedade e não respondendo tanto às imposições da moralidade histórica da medicina. Tem-se mais significação nos dilemas e nos reclamos de uma moralidade fora de sua tradição. A ética fundada na moralidade interna passa a ter um sentido secundário (FRANÇA, 2013).

Sabe-se que a medicina de agora não é a mesma de antes. Sua prática avança em suas conquistas e investigações. É indiscutível que não houve nas últimas décadas uma ciência que experimentasse uma transformação maior de desenvolvimento do que a ciência médica. Como consequência, a relação médico-

-paciente começa a buscar um ajustamento na fase contemporânea (FRANÇA, 2004).

O ritmo crescente de inovação tecnológica e as prioridades, novidades e mercantilização terapêuticas criam uma medicina que evolui para uma sustentação cada vez mais difícil, sobretudo em um contexto onde se verifica um grave quadro de desigualdades sociais, em particular, no que diz respeito ao acesso às inovações tecnológicas do campo biomédico por parte da maioria da população.

Ramo da Filosofia que estuda uma forma de experiência humana na sua forma comportamental, a ética médica busca encontrar um comportamento firmado por normas e a explicação do que consiste o comportamento moral. Decidir é uma questão moral. Investigar é a competência da ética e uma medicina paternalista a uma medicina cujo poder de decisão na terapêutica é compartilhado com o paciente, pressupondo veracidade, confidencialidade, privacidade e autonomia (FRANÇA, 2004). Assim, não se pode confundir o comportamento prático moral da época.

Quando se fala em ética na saúde, trata-se de uma dupla necessidade: tentar diminuir uma distância que se abriu, na modernidade, entre ética e conhecimento e, de outro lado, procurar instrumentos para recolocar questões pertinentes à relação entre a ciência médica e o valor.

1.2. A ética médica contemporânea e pós-moderna

Nos tempos modernos, a medicina continua a ser uma profissão liberal, porém sofre algumas restrições que, em sua antiguidade, não existiam. Nos Estados civilizados, a deontologia médica obedece a um código de ética profissional, com um programa mínimo de conduta imposto pelo Estado, sob sanções jurídicas a que cada profissional enobrece na medida de sua consciência ética.

Na relação médico-paciente contemporânea, a autonomia do paciente acaba por ser um dos principais fatores de decisão na tomada de condutas do profissional. Deixa-se de lado o paternalismo médico, característica marcante da ética hipocrática.

O paternalismo médico pode ser definido como a conduta que tem por intenção beneficiar o paciente sem o seu consentimento. Sendo "a desconsideração intencional das preferências ou atitudes conhecidas de alguém por outra pessoa, onde aquele que desconsidera justifica sua ação pela intenção de propiciar um benefício ou de evitar um risco à pessoa que foi alvo de sua ação" (BEAUCHAMP; CHILDRESS, 1994, p. 274).

Um ato paternalista pode, também, estar relacionado à omissão ou mesmo à distorção das informações, com o objetivo de não causar ao paciente sofrimento psicológico. O paternalismo pode, ainda, envolver o uso da força ou da coerção.

Isso é reflexo das sociedades capitalistas modernas, onde o paciente entende que cabe a ele decidir individualmente sobre seus assuntos, principalmente os privados. Como consequência, ocorre uma subordinação ética e uma fragmentação do saber médico.

Com o desenvolvimento do princípio da autonomia ou da liberdade, fruto do avanço dos direitos humanos de primeira dimensão, o ato médico só alcança sua dimensão com a obtenção do chamado consentimento informado do paciente.

Consentir, segundo Houaiss, é não por obstáculo, dar consentimento, permitir. É também demonstrar concordância, aprovar, concordar (HOUAISS, 2011). Para o paciente, este consentimento se dá de uma forma dupla, primeiramente a de que ele vai fazer o tratamento com aquele profissional, e em um segundo momento, o consentimento para o tratamento a ser aplicado.

Por ser a expressão máxima do princípio da autonomia, para que um consentimento seja livre e esclarecido, devem-se observar algumas questões relacionadas ao ato do paciente ou de seu representante legal.

Primeiramente, a capacidade de consentir, a qual é atribuída, segundo o ordenamento jurídico atual, a pessoa de direito, previstas no art. 1ª do Código Civil, que está vinculada à aptidão para ser sujeito de uma relação de direitos e deveres, ou seja, uma relação jurídica. Essa capacidade deve ser de direito e de fato, e o seu sujeito deve ter condições adequadas para discernir e expressar sua vontade.

Em algumas situações envolvendo a relação médico-paciente, existem casos nos quais o paciente acaba não exercendo sua capacidade de discernimento de maneira plena, uma vez que possa estar sob efeito de dor, medicamentos ou, ainda, sem as condições mentais plenas ocasionadas pela moléstia. A avaliação da capacidade decisória de um paciente, por seu médico, é uma questão complexa do ponto de vista ético e jurídico (MUÑOZ; FORTES, 1998, p. 59).

Entretanto, nenhum indivíduo, em regra, está completamente livre de influências externas, como da família, religião, cultura ou comunidade moral à qual pertence. O próprio contexto de padecer traz limites, em diferentes graus, ao exercício pleno da vontade autônoma. Todavia os indivíduos não deixam de ser autônomos, pois "podem exercitar sua autonomia ao escolher aceitar e se submeter a demandas autoritárias de uma instituição, de uma determinada tradição ou comunidade que eles entendam como legítima fonte de orientação" (BEAUCHAMP; CHILDRESS, 1994, p. 124).

Nesse contexto, a relação médico-paciente pode se submeter a conflitos éticos importantes, pois quando se relaciona o conceito de respeito à autonomia do paciente à prática do paternalismo médico, um choque ideias e condutas pode surgir, ocasionando um embate principiológico que se verá a seguir.

Além disso, atualmente, exige-se que este consentimento não seja apenas livre, como também seja esclarecido.

França (2004) elucida de maneira clara como deve ser o esclarecimento:

> O esclarecimento não pode ter um caráter estritamente técnico em torno dos detalhes de uma enfermidade ou de uma conduta. A linguagem própria dos técnicos deve ser descodificada para o leigo, senão ele tende a interpretações duvidosas e temerárias. É correto dizer ao doente não só os resultados normais, senão ainda os riscos que determinada intervenção pode trazer, sem, contudo, a minuciosidade dos detalhes mais excepcionais. É certo que o prognóstico mais grave pode ser perfeitamente analisado e omitido em cada caso, embora não seja correto privar a família desse conhecimento. (...)

Dessa forma, as informações precisam ser repassadas ao paciente ou ao seu representante de forma compreensível, clara, de modo a satisfazer sua expectativa de compreensão. Não deve, portanto, ser feita através de um documento pronto, entregue no dia do procedimento ou de uma cirurgia, para que o paciente assine, sem compreender seu conteúdo.

Ressalta-se que sempre que houver mudanças significativas nos procedimentos terapêuticos, deve-se obter novamente o consentimento informado do paciente, obedecendo-se ao princípio da temporalidade. Além disso, o paciente também poderá revogar o consentimento anterior, por não ser um ato irretratável e permanente, obedecendo-se ao princípio da revogabilidade (FRANÇA, 2004).

Assim, o paternalismo, outrora existente na ética hipocrática, foi sendo substituído pelo consentimento informado, expressão do reconhecimento no processo de autonomia de um paciente.

Portanto, a ausência deste requisito, na ética pós-moderna, acaba caracterizando infrações ao código de ética médica.

O médico contemporâneo enfrenta situações novas, tecnologias que antes não existiam como as redes sociais. As fórmulas, condutas e orientações antigas acabam por não trazer uma segurança na tomada de decisões, uma vez que as condutas morais e a responsabilização do médico ante os seus pacientes estão em constante evolução.

Na era pós-moderna, as escolhas de magnitude sem precedentes são confrontadas. As consequências de suas escolhas podem ser potencialmente desastrosas. Na modernidade e na pós-modernidade, não se espera mais dos legisladores e dos filósofos a sabedoria para responder aos quesitos e conflitos impostos. Zigmunt Bauman, em sua obra Ética Pós-Moderna, demonstra de maneira precisa como os conflitos surgem na pós-modernidade.

> A verdade provável é que escolhas morais sejam de fato escolhas, e dilemas sejam de fato dilemas, e não os efeitos temporais e corrigíveis de fraqueza, ignorância ou estupidez humana. Os temas não têm soluções predeterminadas nem as encruzilhadas direções intrinsicamente preferenciais (BAUMAN, 1997, p. 50).

Dessa forma, a medicina como ciência necessita não só do seu desenvolvimento técnico, mas também de um objetivo determinante e norteador de suas condutas. Este objetivo é imposto pela deontologia médica.

Enfrentar dilemas e situações conflitantes, ponderando suas escolhas, é uma característica habitual da condição do homem. Esses dilemas podem surgir de princípios e regras morais divergentes. Para que se possa pensar em qual caminho seguir dentro do campo da medicina, premissas são utilizadas. A essas premissas denominamos dentro da deontologia de princípios.

Os princípios derivam de juízos ponderados no interior da modalidade comum e da tradição médica, para encaixar a moralidade comum em uma estrutura coerente.

1.3. As redes sociais e a deontologia médica

É evidente, que assim como as mudanças de paradigmas na relação médico-paciente, os meios de comunicação atuais são diferentes das sociedades anteriores. Atualmente, estamos conectados por meio da rede mundial de computadores, a internet.

O crescimento da "web", com o intuito de conectar, compartilhar informações e conhecimentos em comum, fez surgir o que denomina-se de *"boom"* das redes sociais, atingindo o cotidiano das pessoas de forma impactante a até mesmo drástica, onde aqueles que não estiverem conectados serão vistos como excluídos.

Com a utilização em massa das redes sociais, vivenciamos o surgimento de novas tecnologias e de novas profissões, e a extinção de algumas. As que sobrevivem precisam adaptar aos novos conceitos, métodos e mídias. Com a medicina, não está sendo diferente.

A busca por estar presente nas redes trouxe uma temática que acompanha os médicos desde o início: A publicidade. Seja para divulgar novas práticas ou novos métodos de tratamento, como para informar os pacientes.

É importante salientar que a Constituição Federal de 1988 assegura em seu art. 5º, XII, a liberdade do *"exercício de qualquer trabalho, ofício ou profissão, atendidas as qualificações profissionais que a lei estabelecer".*

Com efeito, o exercício das profissões é livre, porém, essa liberdade deve ser interpretada nos limites da lei federal, nos termos do art. 22, XVI, da Carta Magna.

Dessa forma, o profissional médico submete-se à disciplina legal e, também, à regulamentação *infralegal*, inclusive ao Código de Ética Médica, estabelecido pelo Conselho Federal de Medicina e aplicados pelos Conselhos Regionais de Medicina, nos termos dos artigos 5º, "g", 21 e 30 da Lei Federal nº 3.268, de 30 de setembro de 1957, e seu regulamento baixado pelo Decreto nº 44.045, de 19 de junho de 1958. Ademais, a relação médico-paciente é considerada uma relação consumerista, sendo regida à incidência do Código de Proteção e Defesa do Consumidor, aprovado pela Lei Federal nº 8.078, de 11 de setembro de 1990, e, também, da Lei Federal nº 9.294, de 15 de julho de 1996 que dispõe de maneira categórica sobre a publicidade e propaganda.

Retomando, a publicidade médica tem sua regulamentação no Decreto-lei nº 4.113 de 14 de fevereiro de 1942, no qual se encontra em vigência e recepcionado pela Constituição Federal, e sua definição já prevista na Resolução nº 1.036/80 do Conselho Federal de Medicina, que prevê que publicidade médica "é a comunicação ao público por qualquer meio de divulgação, de atividade profissional de iniciativa, participação e anuência do médico".

O Conselho Federal de Medicina é ao mesmo tempo, julgador e disciplinador da classe médica, cabendo-lhes zelar e trabalhar, por todos os meios ao seu alcance, pelo perfeito desempenho ético da medicina, pelo prestígio e bom conceito da profissão e dos que a exerçam legalmente, sendo de sua competência a deontologia médica.

Como citado anteriormente, a medicina como ciência, necessitando de um objetivo determinante e norteador de suas condutas somado a outros fatores como a sociedade moderna consumista, e a preocupação com a mercantilização da medicina, levou o CFM a publicar sobre o tema a Resolução 1.974/11, que posteriormente teve alterações pela Resolução 2.126/2015.

Este conjunto de normativas sobre publicidade médica é pautado em dois pilares: De um lado o cuidado com o sensacionalismo e autopromoção e de outro a publicidade com caráter cientifico e informativo.

Assim, os médicos se encontram envolvidos com a liberdade de expressão garantida pelo texto constitucional, com o direito de informação da sociedade e com os preceitos éticos da profissão em relação aos pacientes, como direito à privacidade, à confidencialidade e à tutela da dignidade humana, o que por vezes põem ocasionar conflitos éticos.

1.4. Utilização das redes sociais em conformidade com a ética médica

O Conselho Federal de Medicina estabelece critérios norteadores da publicidade e propaganda médica, tendo como sua finalidade promover o desempenho ético da profissão, evitando práticas sensacionalistas e de autopromoção.

Para evitar conceitos subjetivos, na Resolução do CFM nº 1.974/11 encontra-se a definição de cada prática, além de conceituar os termos e proibições referentes à matéria.

Dessa forma, podemos definir autopromoção como sendo a utilização nos meios de comunicação que visam captar clientela; fazer concorrência desleal; pleitear exclusividade de métodos diagnósticos e terapêuticos; auferir lucros de qualquer espécie e na divulgação de endereço e telefone de consultório, clínica ou serviço.

O sensacionalismo, por sua vez, define-se com a apresentação de técnicas e meios científicos que possam causar intranquilidade, pânico ou medo à sociedade, bem como, usar de forma abusiva, enganosa e segura representações visuais que possam induzir a promessas de resultados.

Nesse contexto, o Código de Ética Médica, em seu capítulo XIII dispõe que a participação na divulgação de assuntos médicos, seja em qualquer meio de comunicação de massa, deve ser pautado no caráter exclusivamente de esclarecimento e educação da sociedade, sempre sendo assegurando a divulgação de conteúdo cientificamente comprovado, válido, pertinente e de interesse público.

Dentro do contexto da publicidade, a deontologia não demonstra apenas a preocupação com a mercantilização da medicina, como também, a preservação da relação médico-paciente, que deve ser pautada na confidencialidade e confiança sempre.

Cotidianamente, observamos a publicações de imagens do "antes e depois", prática que expõe o paciente, sendo este protegido pela Constituição Federal, em sua vida privada, honra e imagem, como também, pela Declaração Universal sobre Bioética e Direito Humano, que dispõe em seu artigo 9º, que a privacidade dos indivíduos e a confidencialidade de suas informações devem ser respeitadas, com o máximo de proteção. Tal como, induz a promessa de resultado perante um número indeterminado de pessoas, logo, sendo vedada expressamente pelo CFM, na resolução 2.126/2015.

Logo, o grande dilema vivido com as mídias sociais é: Como o médico deve exercer de maneira ética sua atividade com frente às novas tecnologias existentes e o uso das redes sociais?

Os princípios deontológicos devem ser sempre preservados e o médico deverá sempre atentar-se a publicidade com discrição, verdade, zelo e respeito a privacidade, não devendo, ter como objetivo central auferir o lucro, e sim, ter escopo no princípio bioético da beneficência e da informação, pilar da boa-fé objetiva. Desta forma, será permitido ao médico divulgar em redes sociais informações, entrevistas, vídeos e postagens sobre artigos com assuntos médicos, sempre com finalidade educativa, divulgando cursos e atualizações realizadas, desde que relacionados a especialidades ou área de atuação, sempre com as exigências estabelecidas pelo Conselho de Medicina , como as informações nas páginas das instituições médicas, constar nome do Diretor Técnico e seu respectivo número do CRM, bem como, outras citadas nas normativas do Conselho Federal de Medicina, realizando e constituindo uma prática de publicidade saudável e ética e legal.

1.5. Conselhos regionais de medicina frente às novas redes sociais

Durante o período pandêmico do Covid-19 viralizou a rede social "TikTok" e a ferramenta *Reels* do Instagram, onde é possível ser feito vídeos curtos, sejam eles informativos ou virais.

Assim, muitos médicos utilizam dessas ferramentas para divulgar atividade e informações médicas. Porém, é vedada pelo Conselho a prática de autopromoção e sensacionalismo. Cabendo a ele, zelar pelo desempenho ético da medicina.

Preocupados com a exposição excessiva da profissão e o empenho com os benefícios diretos e indiretos aos pacientes, os Conselhos Regionais estão tendo a iniciativa e posicionando-se frente às novas ferramentas, como, por exemplo, o CRM-TO, que tratou especificamente sobre a veiculação de vídeos médicos em todos os meios de comunicação, alertando para que os preceitos éticos sejam cumpridos.

Assim também, o CRM-PI, que destacou de maneira clara que anúncios, fotos, vídeos e outras publicações em situações indecorosas simulando apresentações artísticas, fantasiando-se de personagens, por exemplo, contrariam o Código de Ética Médica, alertando que os médicos não devem utilizar de quaisquer canais pessoais de comunicação para publicar fotos ou vídeos em contextos vexatórios e autopromocionais sob pena de sanção.

Importante ressaltar, que os Conselhos Regionais de Medicina por meio da Comissão de Divulgação de Assuntos Médicos, objetivam esclarecer eventuais dúvidas referentes à publicidade e os dispositivos legais e éticos, além de propor instauração de sindicâncias em casos de potenciais infrações ao Código de Ética Médica.

Os Conselhos Regionais e o Conselho Federal estão acompanhando a evolução das mídias sócias, cumprindo seu papel de zelar e resguardar a ética profissional, preservando seus princípios.

1.6. Considerações finais

Observa-se que a relação médico-paciente, junto com a evolução da medicina, se desenvolveu em consonância com o pensamento da sociedade fazendo-se necessário o acompanhamento e uma nova forma de pensar e discutir da deontologia médica.

A dessacralização da atividade médica, com uma mudança de paradigma hipocrático-paternalista, a evolução constante da tecnologia, o aumento da capacidade humana-interventista, a valorização do direito do paciente ao recebimento de informações bem como, a participação ativa dos pacientes nas decisões sobre sua saúde foram algumas das grandes mudanças percebidas nos últimos anos. Juntamente com toda essa modificação do quadro os meios de comunicação também mudaram, fazendo com que o médico contemporâneo enfrente situações novas e tecnologias que até pouco tempo não existiam, como as redes sociais.

E foi com o avanço e a massificação das redes sociais que o dilema da publicidade médica veio à tona, gerando os grandes dilemas e conflitos de como utilizá-las de maneira ética e dentro dos ditames legais.

O médico, no exercício da profissão deve acompanhar as evoluções tecnológicas e também sociais. Em relação as mídias sociais as normas e condutas estabelecidas pelos conselhos precisam ser seguidas até que haja uma modificação, por meio de uma conduta saudável e ética, não cabendo portanto o sensacionalismo e a autopromoção, posturas vedadas pela deontologia mas que são fundamentadas a preservar e zelar a medicina a sociedade em geral.

Embora este artigo analise a evolução da ética médica, com o desenvolvimento da medicina, onde a transformação social e antropológica ocasionou o surgimento de diversos conflitos e questionamentos éticos, relacionais, comportamentais no âmbito jurídico-legal, buscou-se também entender como evitar os novos conflitos, com o advento das redes sociais cuja prática que está em constante evolução, sendo necessária uma reflexão e análise do Conselho Federal de Medicina, dos médicos e da sociedade para que os princípios éticos sejam preservados e as novas demandas e necessidades sejam atendidas.

Portanto é imprescindível e necessário conhecimento das normativas éticas pelos profissionais médicos e do direito que estão dispostos a preservar os princípios deontológicos e bioéticos, bem como compreender a importância da relação entre médicos e pacientes e suas devidas peculiaridades, objetivando sempre uma prática médica saudável, atual, e compatível com a evolução do digital e com os tempos modernos.

REFERÊNCIAS BIBLIOGRÁFICAS

AGUIAR JUNIOR, Ruy Rosado de. Responsabilidade civil do médico. In: TEIXEIRA, Sálvio de Figueiredo (coord.). **Direito e medicina:** aspectos jurídicos da medicina. Belo Horizonte: Del Rey; 2000, p. 135

ALMEIDA, José Luiz Telles de. **Respeito à autonomia do paciente e consentimento livre esclarecido**. 1999. Tese (Doutor em Ciências da Saúde) - Fundação Oswaldo Cruz. Escola Nacional de Saúde Pública Sergio Arouca. Rio de Janeiro, 1999.

BAUMAN, Zygmunt. Ética pós-moderna. Tradução: João Rezende Costa. São Paulo: Paulus, 1997.

BEAUCHAMP, Tom L.; CHILDRESS, James F. **Principles of biomedical ethics**. Trans. Luciana Pudenzi. 4ª ed. New York: Oxford University Press, 1994

BEAUCHAMP, Tom L.; CHILDRESS, James F. **Principles of biomedical ethics**. Trans. Luciana Pudenzi. 6ª ed. New York: Oxford University Press, 2009.

BRASIL. Constituição da república federativa do Brasil. Brasília: Senado, 1988.

BRASIL. Decreto-Lei nº 2.848, de 7 de dezembro de 1940. Dispõe sobre o Código Penal. **Diário Oficial da República Federativa do Brasil**, Brasília, 1940.

BRASIL. Lei nº 10.406, de 10 de janeiro de 2002. Institui o Código Civil. **Diário Oficial da República Federativa do Brasil**, Brasília, v. 11, 2002.

BRASIL. Lei nº 3.268, de 30 de setembro de 1957. Dispõe sobre os Conselhos de Medicina, e dá outras providências. **Diário Oficial da República Federativa do Brasil**, Brasília, v. 5, 1957.

BRASIL. Resolução CFM nº 2.145/2016. **Diário Oficial da República Federativa do Brasil**, 27 out. 2016, Seção I, p. 329.

BRASIL. **Constituição da República Federativa do Brasil,** Brasília, 1988.

BRASIL. **Decreto-Lei nº** 4.113, de 14 de fevereiro de 1942. Regula a propaganda de médico, cirurgiões dentistas, parteiras, massagistas, enfermeiros, de casas de saúde e de estabelecimentos congêneres, e a de preparados farmacêuticos. Diário Oficial da União, Brasília, DF, 18 fev. 1942 e 4 abr. 1942.

BRASIL. Lei nº 8.078, de 11 de setembro de 1990. **Código de proteção e defesa do consumidor.** Disponível em: http://www.senado.gov.br/legbras/ Acesso em: 23 set. 2020.

CODAME. **Manual de publicidade médica**. Brasília: Conselho Federal de Medicina, 2011.

CONSELHO FEDERAL DE MEDICINA (CFM -BRASL). **Código de Ética Médica. Resolução 2.217/2018.** Brasília,2018.

CANAL, Raul. **O pensamento jurisprudencial brasileiro no terceiro milênio sobre erro médico**. Anadem, 2016.

CORNWELL, John. **Os Cientistas de Hitler**. Rio de Janeiro: Imago, 2003

DANTAS, Eduardo; COLTRI, Marcos Vinicius. **1973-Comentários ao Código de Ética Medica:** Resolução CFM nº 1.931, de 17 de setembro de 2009. Rio de Janeiro: GZ Ed., 2010.

FRANÇA, Genival Veloso. **A velha e a nova ética médica**. 7ª ed. Guanabara e Koogan, 2013. p. 433.

FRANÇA, Genival Veloso. **Direito médico**. 9ª ed. Rio de Janeiro: Forense, 2007.

FRANÇA, Genival Veloso. **Medicina Legal**. 7ª ed. Guanabara e Koogan, 2004.

KFOURI NETO, Miguel. **Responsabilidade Civil do Médico**. 3ª ed. rev. ampl. e atual. São Paulo: Editora Revista dos Tribunais,1998

MUÑOZ, Daniel Romero; FORTES, Paulo Antonio Carvalho. O princípio da autonomia e o consentimento livre e esclarecido. In: **Iniciação à bioética**. 1998. p. 53-70.

ARGUMENTOS EM DEFESA DA INAPLICABILIDADE DA TEORIA DA PERDA DE UMA CHANCE EM CASOS DE RESPONSABILIDADE CIVIL MÉDICA NO DIREITO BRASILEIRO

Eduardo Dantas

1. INTRODUÇÃO

Não se nega a importância de utilizar-se do Direito Comparado como uma forma de lançar novas luzes sobre velhos problemas, e como um caminho válido para propor soluções a novos desafios existentes no sistema legal de um país. Mas este objetivo não pode ser atingido sem adequada reflexão, e adaptação à realidade legal, social e cultural daquele local.

Em linhas gerais, é o que acontece no Brasil com a Teoria da Perda de uma Chance. Desenvolvida em França e Itália, e adotada pela Inglaterra, Estados Unidos e Espanha, esta teoria vem sendo acolhida pelos tribunais brasileiros, sem a apropriada discussão sobre a validade da aplicação da doutrina ao direito nacional.

O conceito de perda de chance foi originalmente discutido durante julgamento ocorrido na *Cour de Cassation* francesa, em 1965, que revisou um caso que envolvia responsabilidade médica, no qual o médico fora considerado culpado, em razão de diagnóstico equivocado que impediu paciente de obter cura de sua doença.[1]

Talvez o mais famoso caso francês a tratar sobre a perda da possibilidade de obter tratamento médico tenha sido o Caso Perruche. Em 1982, Josette Perruche, grávida, descobriu sintomas que indicavam que sua filha de quatro anos estava

---

1 De acordo com BIONDI, *in* Teoria da perda de uma chance na responsabilidade civil.

infectada com rubéola. Ela contou ao seu médico que, caso estivesse ela também infectada, preferiria abortar a correr o risco de dar à luz uma criança com severas limitações provenientes dos efeitos da doença. Seu médico solicitou a realização de dois exames de sangue em um laboratório local, e após receber os resultados, informou à paciente que ela estava imunizada contra a doença, e portanto, imune aos efeitos da rubéola.

Ambos, médico e laboratório, por diversas razões, estavam equivocados. Cerca de um ano após seu nascimento, Nicolas Perruche começou a manifestar sérios déficits neurológicos: surdez, cegueira parcial, e danos cerebrais severos. Seus pais, Josette e Christian, iniciaram um processo contra o médico e o laboratório em virtude do erro no diagnóstico da condição de Josette que a impediu de exercer seu direito ao aborto.

A dúvida, à época, se dava no sentido de saber se os autores poderiam buscar reparação de danos, utilizando-se da recente lei de 1974 que legalizava o aborto em certas condições naquele país. Os tribunais estavam equipados para indenizar mulheres na mesma condição de Josette pela perda da chance. Mas Josette e Christian Perruche foram mais longe, primeiro buscando compensação em seu próprio nome em razão da responsabilidade médica decorrente da condição de seu filho Nicolas, e depois agindo também em nome de seu filho, buscando para ele também uma compensação/indenização direta. Ao escolher este caminho, entretanto, se depararam com um imenso empecilho jurídico: o princípio de respeito à dignidade da pessoa humana.

O caso (e a causa) dos Perruche obteve grande destaque em meados da década de 1980, quando decisões do Conselho de Estado e da Corte de Cassação estabeleceram a possibilidade teórica de distinguir entre a existência da criança – que claramente não poderia ser objeto de compensação – e os danos causados à criança, que poderiam ser indenizados. Neste ponto, o processo entrou em um novo nível de discussão.

Os réus já haviam sido condenados a indenizar Josette e Christian. Mas ampliar sua responsabilidade para Nicolas, argumentaram, era ampliar o conceito de responsabilidade além dos limites do razoável. Seus déficits, afinal de contas, não eram decorrência direta da atuação do médico ou do laboratório. Ambos, Josette e Nicolas, de fato, haviam contraído rubéola antes da atuação tanto do médico quanto do laboratório. O verdadeiro responsável pela trágica situação de Nicolas era, na verdade, a própria natureza. De fato, os equívocos cometidos na realização do diagnóstico em verdade acabaram por (mesmo inadvertidamente) salvar sua vida. Poderiam eles então ser penalizados, em seu nome, em razão disso?

O desfecho deste drama judicial ocorreu em 2000, quando então a Corte de Cassação, em sessão plenária, acolheu o relatório do conselheiro Pierre Sargos e confirmou o direito à indenização também por parte de Nicolas Perruche, em razão dos danos por ele suportados.

Após a grande repercussão pública causada por este processo, o parlamento francês aprovou, em 04 de março de 2002, nova lei reconhecendo que ninguém teria direito a ser indenizado por danos ocasionados pelo fato de ter nascido.

No Brasil, a teoria da perda da chance fez sua estreia em um caso julgado perante o Tribunal de Justiça do Rio Grande do Sul, em 1990, em uma situação originada a partir de uma cirurgia de correção de miopia, que resultou em 2 graus de hipermetropia e manchas na visão do olho operado, ao invés da correção do problema original[2]. Os desembargadores decidiram em favor do médico, julgando que a teoria da perda da chance não se aplicava àquela situação em particular.

2 Conforme descrito em detalhes por Sérgio Savi, *in* Responsabilidade civil por perda de uma chance, 2006, p. 45

O propósito em trazer à baila estes casos é demonstrar a relevância da teoria da perda da chance em processos que envolvam responsabilidade no campo da atividade médica. Não é o objetivo deste breve comentário discutir outras áreas de aplicação da teoria, mas apenas suas implicações médicas, e suas relações com o direito brasileiro, que não provê nenhum conceito específico de perda de chance.

A perda de chance não pode ser considerada como dano moral, nem como dano, especificamente. Não se enquadra também na ideia e no conceito de lucros cessantes (uma vez que aqui haveria uma forma de mensuração objetiva, tangível probabilidade esperada, acaso ocorrido um determinado evento). Ao contrário, se apresenta como uma forma autônoma de indenização derivada de uma inegável - ainda que aleatória - perda de uma oportunidade, a partir da qual o resultado almejado não pode ser garantido, apesar do dano ou da inação de um terceiro.

Segundo Igor de Lucena Mascarenhas e Adriano Marteleto Godinho, "trata-se de uma espécie de escapismo ao dilema judicial da regra do ´tudo ou nada´, uma vez que a aplicação da teoria acarreta uma espécie de procedência parcial do pedido e, portanto, "dissolveria" o erro cometido por todos os envolvidos, aparentando ser a medida menos injusta, ante a falta de certeza do determinismo da conduta médica para o resultado danoso"[3].

Nesta situação, a assim chamada chance é a possibilidade de um provável benefício futuro integrar o patrimônio (material ou imaterial) de um determinado sujeito, considerando-se o dano, mesmo quando exista a dificuldade de estimar a amplitude e o alcance do dano. Neste balanço entre fatores passados e futuros, entre o necessário e o contingente, existiria uma consequência certa e presente.

3 Em seu artigo "A utópica aplicação da teoria da perda de uma chance no âmbito do direito médico: uma análise da jurisprudência do TJRS, TJPR e TJPE", p. 175.

A ideia de perda de uma chance, então, estaria mais próxima do conceito de dano material que do conceito de dano moral. E isso leva à seguinte questão: seria esta teoria capaz de ser adotada como forma de compensação de dano autônoma, diante do ordenamento jurídico brasileiro: E mais: em um campo de atividade tão aleatório e incerto quanto as ciências médicas, existiria espaço para mensurar consequências tão incertas quanto imprevisíveis?

2. O SISTEMA JURÍDICO BRASILEIRO DE COMPENSAÇÃO DE DANOS

Sem uma adequada definição legal, há que se recorrer à analogia para construir uma doutrina legal adequada aos casos que envolvam responsabilidade médica. Neste propósito, três diplomas legais hão de ser levados em consideração: o Código Civil, o Código de Defesa do Consumidor, e o Código de Ética Médica.

O artigo 186[4] do Código Civil Brasileiro estabelece que aquele que, por ação ou omissão, negligência ou imprudência, violar a lei, causando dano a terceiro, ainda que exclusivamente moral, comete um ato ilegal.

O artigo 927[5], por sua vez, determina que aquele que cometa o ato ilegal (artigos 186 e 187) estará obrigado a repará-lo.

Outra importante orientação se extrai do artigo 944[6], que determina diretamente que a indenização deverá ser calculada

4 **Art. 186.** Aquele que, por ação ou omissão voluntária, negligência ou imprudência, violar direito e causar dano a outrem, ainda que exclusivamente moral, comete ato ilícito.

5 **Art. 927.** Aquele que, por ato ilícito (arts. 186 e 187), causar dano a outrem, fica obrigado a repará-lo.

6 **Art. 944.** A indenização mede-se pela extensão do dano.

pela extensão do dano. Complementando esta noção, o artigo 951 estabelece que o disposto nos artigos 948, 949 e 950 aplica-se ainda no caso de indenização devida por aquele que, no exercício de atividade profissional, por negligência, imprudência ou imperícia, causar a morte do paciente, agravar-lhe o mal, causar-lhe lesão, ou inabilitá-lo para o trabalho.

O Código de Defesa do Consumidor, por sua vez, estabelece como regra geral a responsabilidade objetiva, ao reconhecer que o provedor de serviços responde, independentemente da existência de culpa, pela reparação dos danos causados aos consumidores pelos defeitos na prestação dos serviços, bem como pela inadequada ou insuficiente informação sobre sua fruição e riscos[7].

O parágrafo quarto do mesmo artigo[8], entretanto, exclui expressamente a responsabilidade objetiva dos provedores de serviços de saúde que sejam profissionais liberais, ao reconhecer que sua responsabilidade é pessoal, e deve ser verificada a partir da existência da culpa, rejeitando o conceito de dano presumido.

Mesmo o Código de Ética Médica, que em teoria deveria estar mais preocupado com o comportamento ético no exercício da profissão, dá especial atenção aos danos causados ao paciente, mesclando deontologia e direito civil de uma maneira um pouco confusa, estabelecendo em seu artigo primeiro ser proibido ao médico *causar dano* ao paciente, por ação ou omissão, caracterizável por negligência, imprudência ou imperícia.

Considerando todos estes aspectos, a inegável conclusão a que se chega é a de que o ordenamento jurídico brasileiro

7 Art. 14. O fornecedor de serviços responde, independentemente da existência de culpa, pela reparação dos danos causados aos consumidores por defeitos relativos à prestação dos serviços, bem como por informações insuficientes ou inadequadas sobre sua fruição e riscos.

8 § 4º. A responsabilidade pessoal dos profissionais liberais será apurada mediante a verificação de culpa.

segue o modelo clássico de indenização por responsabilidade civil, tendo por foco o dano real, o ato ilícito em si, caracterizado pela culpa, estando distante do conceito de indenização ou compensação a partir da perda de uma probabilidade hipotética ou estatística.

A própria existência da teoria da perda de uma chance é baseada na incerteza hipotética, que não encontra lugar no conjunto de regras baseada na indenização do dano, especialmente em uma atividade tão aleatória quanto a medicina.

3. A INADEQUAÇÃO DA TEORIA DA PERDA DE UMA CHANCE À ATIVIDADE MÉDICA

Aceitar a ideia de indenização a atos médicos ocorridos a partir de eventos baseados na perda de uma chance seria aceitar a ideia de uma semi-responsabilidade, absolutamente parcial, na qual uma indenização poderia ser concedida considerando não apenas o grau de incerteza, mas também a possibilidade de que um evento hipotético poderia ocorrer, mesmo sem a interferência ou participação do médico, como parte do desenvolvimento natural ou consequência de um tratamento, intervenção ou doença.

O único elemento presente neste tipo de relação é o dano. Nenhum nexo causal pode ser efetivamente estabelecido, nem o agente pode ser responsabilizado por um evento que poderia ou não acontecer. É, portanto, um tipo autônomo de indenização que não pode ser considerado dano moral, nem dano material.

A perda da chance pode ser dividida em dois tipos aqui: a perda de oportunidades futuras, e uma futura perda de oportunidades. A primeira, é uma ameaça presente. a Segunda, um exercício de futurologia. Eis portanto o busílis: se um dano é presente, real, tangível e mensurável, não há necessidade de indenização por perda de chance. A indenização pode ser calculada a partir da determinação da real existência do dano causado.

Recorre-se mais uma vez aos ensinamentos de Igor de Lucena Mascarenhas e Adriano Marteleto Godinho, que asseveram: "Logo, para a aplicação da teoria da perda de uma chance é imperioso que se aponte uma possibilidade e se mensure tal possibilidade. A responsabilização civil do médico pautado na Teoria da Perda de uma Chance deve ser precedida do apontamento do *quantum* de probabilidade perdido. A condenação sem esse lastro argumentativo é mera responsabilização civil, não se justificando o ressarcimento em função da teoria apontada"[9].

E complementam:

> "Sem a indicação da chance, não há que se falar em indenização de acordo com a Teoria da perda de uma chance. Ou seja, são necessárias três etapas para fixação da indenização: 1ª - indicação do dano integral; 2ª - indicação da chance; 3ª - aplicação do percentual ao dano total. Caso ausente qualquer uma das etapas, nula a aplicação da referida teoria".

E é justamente esse o problema aqui enfrentado: em nenhum caso médico - nenhum deles - há possibilidade de se indicar certeza de chance de sucesso ou de cura em um tratamento ou intervenção, independentemente doo estágio em que se encontre o problema, seja pelo imenso número de variáveis, seja pela singularidade da fisiologia humana (somados a fatores tão imponderáveis como o "acaso" ou "destino"), que transforma cada situação enfrentada, cada paciente, em um caso único, ainda que aparentemente siga um padrão minimamente estabelecido de comportamento.

Não se está aqui advogando pela extinção da teoria da perda de uma chance. É sim uma forma válida de resolução de um

9 Op. Cit., p. 176.

conflito, e até mesmo necessária em diversas outras situações, mas todas elas fora do espectro da atividade médica.

Não se pode negar, entretanto, que ela não provê resposta apropriada para responder aos dilemas que exsurgem das situações decorrentes da prática médica, natural e intrinsecamente incertas e sem qualquer garantia de resultado, não importando o quão cedo a doença foi descoberta, em que momento o tratamento fora iniciado, a qualidade e presença de equipamentos de ponta das instalações hospitalares, ou o quão adequado era a conduta adotada, de acordo com a literatura especializada, ou mesmo o quão habilidoso seja o profissional.

Pode-se alegar que a perda de chance pode ser mensurada em casos em que um diagnóstico equivocado ou tardio cause danos a um paciente, tornando impossível o tratamento de determinada condição ou doença que atingiu um ponto de irreversibilidade, ou mesmo que tenha causado seu falecimento. Novamente, entretanto, o que há de ser considerado aqui é o fato de que o diagnóstico equivocado pode ser dividido entre aqueles que são evidentes e aqueles difíceis de serem realizados.

Mas mesmo quando um diagnóstico é "fácil" ou evidente, permanece virtualmente impossível predizer ou determinar o quanto foi influenciado o resultado da situação. A medicina não é uma ciência exata, e mesmo que o dano possa ser mensurado em relação ao erro de diagnóstico, é caso de compensação por dano material.

Se o dano for hipotético (a chance "perdida"), e não existir maneira de estabelecer o nexo de causalidade entre a falha do profissional médico e o indesejado desenvolvimento da situação, não existe base legal (no ordenamento brasileiro) para a condenação a indenizar baseado em perda de chance.

O mesmo vale para a hipótese em que exames ou intervenções cirúrgicas sejam adiados. Se desta inação resultar dano real, este deve ser indenizado, e o ordenamento jurídico já prevê as regras e condições para tanto. Se o dano não é mensurável, ou pior, se o que existe é apenas a possibilidade de um dano futuro, este não pode ser garantido – dado o grau de incerteza a envolver a atividade médica, não se podendo prever se não ocorreria, ou se ocorreria da mesma maneira, independentemente da inércia do médico. Assim, em um ordenamento que requer a existência do dano para estabelecer o direito à indenização, não existe espaço para condenação baseada na teoria da perda de uma chance.

Outra situação é quando a falta de informação contribui para um mau resultado. O paciente é convencido de que não existe alternativa ou possibilidade e concorda em se submeter ao tratamento proposto pelo médico, e perde a oportunidade de tentar algo menos invasivo (ainda que eventualmente mais caro), ou mesmo um tratamento experimental que venha apresentando resultados otimistas em outros pacientes (ainda que a percentagem de sucesso seja inconclusiva, em razão do caráter experimental).

Ainda assim, não seria o caso de condenação por perda de chance. Mais que isso, configurar-se-ia aí negligência informacional, que pode ser adequadamente examinada em um processo que analise a falta de (ou inadequado) cumprimento do dever de informação.

O Código de Defesa do Consumidor estabelece, em seu artigo, que é direito básico do consumidor a informação adequada e clara sobre os diferentes produtos e serviços, com especificação correta de quantidade, características, composição, qualidade, tributos incidentes e preço, bem como sobre os riscos que apresentem.

A informação, para ser "adequada", não precisa se adequar ao entendimento do médico sobre a situação, mas sim ao entendimento, à capacidade cognitiva do paciente. Todos os dados relevantes, as alternativas (mesmo aquelas que o médico pense não serem as mais recomendadas ao caso, baseado em sua experiência) e os riscos devem ser informados e apresentados ao paciente, de maneira compreensível, para que lhe possam ser providos elementos suficientes para sua decisão e escolha.

Um tratamento ou procedimento pode ser considerado bem sucedido, do ponto de vista clínico, mas ser visto como inapropriado quando confrontado com resultados esperados acaso um método terapêutico tivesse sido informado ao – e escolhido pelo – paciente.

A falta de informação não significa necessariamente negligência. Pode representar a expressão das crenças do médico, baseadas em sua própria experiência ou na literatura especializada, de que a solução proposta fora a mais adequada, em face da hipótese existente no momento.

O problema é que este comportamento vai de encontro aos princípios éticos e comandos legais que consideram obrigatória a apresentação de toda a informação disponível. Reter a informação sobre alternativas pode ser considerado – em um processo judicial ou procedimento ético-disciplinar – uma interferência indevida no tratamento, quebrando assim a confiança, e contrária aos princípios de boa-fé e autonomia.

Em caso correlato, no Brasil, o Superior Tribunal de Justiça decidiu em favor do requerente, considerando um banco de sangue responsável pela ausência de informação adequada quanto ao resultado de testes. (REsp nº 1.071.969/PE).

Em 2007, em outro caso envolvendo cirurgia plástica (AgRg no Ag 818.144/SP) houve resultado similar, com o tribunal determinando que "o médico que não informa seu paciente sobre os riscos de uma cirurgia é negligente, sendo responsável por todos os danos resultantes desta intervenção".

Em direção oposta, um processo julgado em 2009 (REsp 1.051.674/RS) isentou o médico de responsabilidade por um resultado inesperado, uma vez que este provou ter cumprido com o dever de informação sobre possíveis riscos do procedimento.

Outro caso recente, originário do Tribunal de Justiça do Estado de Minas Gerais (Apelação Cível nº. 1.0223.08.246703-4/001), julgado em 2013, auxilia na definição das consequências da negligência informacional. Trata do litígio entre um paciente e seu dentista. O cirurgião-dentista foi forçado a pagar ao paciente uma indenização por danos morais, em virtude de fratura causada em seu maxilar durante a extração de um dente. A indenização não foi concedida em razão da fratura em si, que se mostrou ser um risco potencial inerente ao próprio procedimento, mas sim em razão de o cirurgião-dentista ter deixado de cumprir com seu dever de informar sobre o risco inerente ao ato.

E por que isto é intrinsecamente diferente, em se tratando de responsabilidade do profissional de saúde, não se pode indenizar por dano parcial. Trata-se de um outro tipo de dano: a chance perdida. Uma oportunidade que foi perdida e *não* o benefício esperado em si próprio.

Imagine-se, outra vez, uma situação em que uma cirurgia tenha sido adiada, um exame deixou de ser solicitado, ou informação apropriada deixou de ser fornecida no momento pertinente. Todos estes fatos podem gerar dano real e mensurável, plenamente capazes de serem analisados e indenizáveis em um processo judicial. Mas isso com base em outros argumentos, com outros fundamentos que não a chance perdida, simplesmente porque inexiste maneira segura de garantir, ou até mesmo estabelecer, que mesmo que o procedimento cirúrgico tivesse ocorrido, o exame tivesse sido realizado, a informação apresentada e entregue de maneira correta no momento indicado, seriam estes atos responsáveis pelo eventual sucesso do tratamento, dada à pletora de casualidades e circunstâncias imprevisíveis, tão vívidas e onipresentes na prática médica.

Em outras palavras, nenhum nível de responsabilidade pode subsistir a partir de tais incertezas hipotéticas. Um tribunal não está preparado para determinar se um mau resultado, ou um resultado indesejado, ocorreu em virtude de uma oportunidade perdida, ou se foi natural consequência da doença ou patologia. As variáveis são imensas – algumas delas inclusive desconhecidas ao próprio médico ou ao paciente – para que se possa inferir e colocar tal responsabilidade sobre os ombros do profissional de saúde.

A responsabilidade médica exsurge a partir da prática de um ato ilícito, negligência, imprudência ou imperícia. E estes são mensuráveis (e puníveis) por outras formas e meios de compensação e indenização de danos no direito civil. Uma circunstância aleatória, a perda da possibilidade de cura ou chance de tratamento não pode ser controlada pelo médico, e não implica responsabilidade civil. Condição básica para a responsabilidade no campo da atividade médica é a culpa. Incerteza e cenários hipotéticos não são suficientes para substituí-la.

Por certo, nem todas as situações oriundas da atividade médica podem ser excluídas da análise sob a ótica da teoria da perda de uma chance, mas estas são relacionadas à *atividade,* e não à *prática* médica.

Observe-se, por exemplo, a hipótese de um banco de células estaminais, responsável pela estocagem de cordão umbilical. Por alguma razão, estes cordões umbilicais desaparecem, são trocados, ou mesmo descartados, restando inúteis aos fins para os quais fora contratado o congelamento e armazenamento.

Neste caso, seria possível estabelecer a amplitude dos danos pecuniários, calcular uma indenização adicional por dano moral, e mesmo determinar uma indenização autônoma pela perda da oportunidade de utilização das células-tronco ali contidas em um tratamento futuro, considerando existir uma relação causal direta entre a oportunidade perdida e a negligência na execução do serviço contratado.

Este exemplo ilustra perfeitamente nosso ponto de vista, contra a possibilidade de se indenizar a chance. Do ponto de vista estritamente científico, a eficácia e as possibilidades de uso das células-tronco ainda são desconhecidos em sua totalidade e amplitude. E ainda assim, uma indenização fundamentada na chance perdida estaria compensando não apenas algo hipotético, mas talvez (outra incerteza aqui) algo inexistente ou impossível.

O instituto da responsabilidade civil já lida com o problema, considerando-o a partir da quebra do contrato, o que tem uma abordagem inteiramente diferente, promovendo a indenização pelo dano causado de uma maneira muito mais eficiente, e com fronteiras muito mais bem delineadas.

Outra possibilidade ocorre quando relatórios médicos, prontuários ou exames médicos de um paciente são equivocadamente intercambiados pelo de um terceiro, impedindo assim aquele primeiro de seguir em um concurso público, competir em um torneio, ou ser aceito em uma seleção de emprego, ou até mesmo de iniciar um tratamento, baseado na errônea assunção do histórico médico de um estranho.

Entretanto, estes são casos limítrofes. E não há aqui direta intervenção médica, apenas má gestão e administração de serviços e documentos, resultando em uma prestação defeituosa de um serviço ligado à atividade, e não diretamente à prática médica. O fato de estas situações ocorrerem em um ambiente de cuidados de saúde é meramente incidental, e não invalidam as análises anteriormente aqui realizadas. Os melhores esforços empreendidos, a *expertise,* e a diligência do profissional de saúde sempre encontrarão um inimigo natural nas limitações da ciência, e na imprevisibilidade da fisiologia humana.

4. UMA ANÁLISE SOBRE OS RECENTES DESENVOLVIMENTOS JURISPRUDENCIAIS

Exemplos sobre o que pode acontecer quando conceitos legais são empregados de maneira inapropriada em processos judiciais não são difíceis de encontrar. A narrativa seguinte concentrar-se-á em quão perigoso é quando decisões judiciais produzem instabilidade jurídica e conceitual.

Em 2003, o Tribunal de Justiça do Estado do Rio de Janeiro[10] julgou um processo onde os autores processaram a maternidade alegando que a morte de seu filho recém-nascido era resultado direto de negligência. O menino, enquanto ainda na enfermaria, e apenas 18 horas após o nascimento, apresentou sinais de apneia e parada cardiorrespiratória, e foi deixado sem atendimento adequado por quase duas horas antes de ser encaminhado a uma UTI neonatal, comprometendo de maneira significativa suas chances de sobrevivência.

O tribunal reconheceu que o hospital errou em não prover cuidado médico atempado e apropriado, que o bebê perdera suas melhores chances de sobrevivência, e que sua morte poderia ter sido evitada acaso a equipe médico-hospitalar tivesse atuado com mais agilidade e com menos negligência no primeiro momento de resposta. Após a perda da chance ter sido estabelecida, o tribunal julgou em favor dos autores, concedendo indenização a ambos os pais por dano moral.

A falta de técnica é evidente, uma vez que a perda da chance e os danos morais representam dois tipos diferentes e autônomos de indenização, e um não pode ser concedido sob o argumento de reconhecimento da existência do outro. Há clara distorção dos conceitos de ambos os institutos.

---

10 TJRJ Embargos Infringentes nº 00446/2002 Embargantes: Valter Franco Braga e Dulce Rodrigues Ribas. Embargada: Casa de Saúde e Maternidade São José Ltda. Rio de Janeiro, 03.06.2003. Disponível em www.tjrj.jus.br

Há um segundo caso, julgado perante o mesmo tribunal[11] em 2007. Depois de notar uma anormalidade na visão de seu olho direito, um paciente buscou atendimento em um hospital, onde foi diagnosticado deslocamento de retina, o que requereria uma urgente intervenção médica.

O hospital, público, não possuía os recursos necessários, e uma consulta foi marcada para dois dias depois em uma outra unidade hospitalar. Uma vez que no dia marcado não havia médico disponível, a consulta foi remarcada para mais cinco dias após a primeira data. O tratamento foi iniciado, confirmando a necessidade de intervenção cirúrgica imediata, mas que só foi autorizada quatro meses depois, quando então o paciente já havia perdido a visão de seu olho direito.

O tribunal reconheceu que o atraso na realização do procedimento foi responsável por torna-lo inútil, sem a menor possibilidade de sucesso, aplicando, assim, a teoria da perda da chance de cura, e condenando o hospital ao pagamento de danos morais, mas apenas parcialmente porque, decidiu a corte, era impossível dar certeza de sucesso quanto à intervenção cirúrgica, acaso realizada no momento apropriado.

Novamente, dois institutos de responsabilidade civil erroneamente manejados no caso concreto, criando uma indenização baseada em argumentos e fundamentos diferentes daqueles pleiteados na ação.

Em 2009, o Superior Tribunal de Justiça[12], ao reexaminar um caso oriundo do Tribunal de Justiça do Estado do Rio Grande do Sul, no qual um paciente morrera devido a compli-

---

11 TJRJ Apelação Cível nº 2006.001.08137. Apelantes: Guaraciaba Barbosa e Hospital do Olho. Apelados: os mesmos. Rio de Janeiro, 2007. Disponível em www.tjrj.jus.br

12 STJ – REsp 1104665 RS 2008/0251457-1, Brasília, julgado em 09.06.2009, pela Terceira Câmara, e publicada no DJe em 04.08.2009. Disponível em www.stj.jus.br

cações cirúrgicas, decidiu em favor do réu, reconhecendo em sua decisão que a teoria da perda da chance era aplicável apenas aos caso em que o dano fosse real, atual e certo, dentro de uma análise de probabilidades, e não apenas uma mera possibilidade, uma vez que o dano potencial, ou incerto, não era indenizável[13].

Outro caso julgado em 2013 pelo Tribunal de Justiça do Estado do Rio Grande do Sul[14] analisou a situação de um menino de sete anos de idade que sofrera um traumatismo craniano após cair de uma altura de cinco metros, e fora medicado sem a realização de exames de imagem capazes de determinar a extensão do dano. Mesmo tendo a criança permanecido sob observação por 17 horas, a falta de tratamento adequado a deixou com lesões permanentes.

O tribunal, apesar de reconhecer a possibilidade de aplicar a teoria da perda da chance, condenou os médicos e o hospital ao pagamento de indenização por danos morais, e ao pagamento das despesas com o tratamento.

Há ainda um último caso para breve análise, também de 2013[15], no qual o Superior Tribunal de Justiça decidiu reexaminar um caso originário do Tribunal de Justiça do Estado do

---

13 Extraído do julgamento original: "...III - A chamada "teoria da perda da chance", de inspiração francesa e citada em matéria de responsabilidade civil, aplica-se aos casos em que o dano seja real, atual e certo, dentro de um juízo de probabilidade, e não de mera possibilidade, porquanto o dano potencial ou incerto, no âmbito da responsabilidade civil, em regra, não é indenizável; IV - In casu, o v. acórdão recorrido concluiu haver mera possibilidade de o resultado morte ter sido evitado caso a paciente tivesse acompanhamento prévio e contínuo do médico no período pós-operatório, sendo inadmissível, pois, a responsabilização do médico com base na aplicação da ´teoria da perda da chance´."

14 TJRS Apelação Cível nº 70052376779, 9ª Câmara Cìvel, julgado em 27.02.2013. Disponível em www.tjrs.jus.br

15 STJ REsp 1254.14 - PR, julgado em 04.12.2012 e publicado em 20.02.2013. Disponível em www.stj.jus.br

Paraná, onde se decidiu ser válida a aplicação da teoria da perda da chance.

O caso dizia respeito a um tratamento oncológico inadequado, que reduziu as possibilidades de cora para o paciente, e que esta chance perdida, reconhecia-se, constituía um dano autônomo. Apesar destas conclusões, o tribunal julgou que havia incerteza quanto à participação da atitude do médico no resultado, e que o dano havia sido causado pela doença, e não pelo tratamento inadequado

Estes sinais divergentes, e os julgamentos contraditórios não contribuem para o desenvolvimento de uma teoria sólida, adaptada ao ordenamento jurídico nacional relativo à responsabilidade civil, em suas variadas nuances. Ao contrário, aumentam a incerteza ao permitir que cada tribunal estadual desenvolva e adote um entendimento particular, igualmente dissociado da boa técnica legal.

5. CONCLUSÕES

A ideia conceitual relativa à responsabilidade civil não se comunica com aquela expressa pela teoria da perda da chance.

Na prática médica, a ocorrência de uma ofensa, de um dano, de culpa ou má-prática, já é punida pelo arcabouço legal existente, que serve de alicerce à responsabilidade estabelecida pela legislação federal.

Por todos os argumentos acima, resta claro que a teoria da perda da chance não encontra abrigo neste arcabouço, que já possui mecanismos adequados para estabelecer indenizações para os danos oriundos da prática médica.

Os tribunais acolheram a ideia conceitual da citada teoria, utilizando-a de maneira equivocada, reconhecendo sua existência e validade, e portanto abraçando-a, mas a utilizando de maneira a justificar condenações em outros tipos de indenização, por danos morais, ou mesmo danos materiais.

Responsabilidade civil e *perda da chance* são, portanto, elementos contraditórios. O primeiro trata de danos reais, enquanto o último lida com a zona cinzenta e nebulosa das ciências médicas, as características únicas e peculiares de cada doença, e a idiossincrasia de cada paciente, o que impede o estabelecimento de dúvida razoável, suficientemente palpável para determinar se o ato médico (ou sua inexistência) contribuiu para a ocorrência do mal resultado, ou se o que houve foi resultado de mera iatrogenia.

Se os tribunais brasileiros desejam tratar a perda da chance como uma modalidade autônoma de dano no campo da atividade médica, devem estar preparados para desenvolver argumentos suficientemente convincentes para reconhecer a existência de uma indenização autônoma, separada dos danos morais, com maneira própria de ser calculada: não uma indenização parcial, mas na exata medida da oportunidade (chance) perdida.

Sem estas precauções, uma inusitada situação poderá ocorrer: aquela na qual uma doutrina estrangeira foi adotada, mas permanece órfã.

6. REFERÊNCIAS BIBLIOGRÁFICAS

ALCOZ, Luis Medina. *Hacia una nueva teoría general de la causalidad en la responsabilidad civil contractual (y extracontractual): La doctrina de la pérdida de oportunidades. In*, Revista de Responsabilidad Civil y Seguro, nº 30, Madrid, 2009, pp. 31-74.

BÉNÉJAT, Murielle. *L'autonomie de la responsabilité médicale pour défaut* d'*information (À propos de quelques arrêts rendus em 2010), in* Revue Générale de Droit Médical, 38, Les Études Hopitaliéres, Bordeaux, 2011.

BIONDI, Eduardo Abreu. Teoria da perda de uma chance na responsabilidade civil. 24.06.2008. Disponível em http://direitonet.com.br/artigos/exibir/3988/teoria-da-perda-de-uma-chance-na-responsabilidade-civil

BRASIL, Lei 8.078/90. Código de Defesa do Consumidor. Diário Oficial da União, 12.09.1990.

BRASIL, Lei 10.406/02. Código Civil Brasileiro. Diário Oficial da União, 11.01.2002.

BRASIL, STJ - REsp 1104665 RS 2008/0251457-1, Brasília, julgado em 09.06.2009, pela Terceira Câmara, e publicada no DJe 04.08.2009. Disponível em www.stj.jus.br

BRASIL, STJ REsp 1254.14 - PR, Brasília, julgado em 04.12.2012 e publicado em 20.02.2013. Disponível em www.stj.jus.br

BRASIL, TJRJ Apelação Cível nº 2006.001.08137. Apelantes: Guaraciaba Barbosa e Hospital do Olho. Apelados: os mesmos. Rio de Janeiro, 2007. Disponível em www.tjrj.jus.br

BRASIL, TJRJ Embargos Infringentes nº 00446/2002 Embargantes: Valter Franco Braga e Dulce Rodrigues Ribas. Embargada: Casa de Saúde e Maternidade São José Ltda. Rio de Janeiro, 03.06.2003. Disponível em www.tjrj.jus.br

BRASIL, TJRS Apelação Cível nº 70052376779, 9ª Câmara Cìvel, julgado em 27.02.2013. Disponível em www.tjrs.jus.br

CARNAÚBA, Daniel Amaral. Responsabilidade civil pela perda de uma chance - A álea e a técnica. Método, São Paulo, 2013.

CONSELHO FEDERAL DE MEDICINA, Resolução CFM nº 2217/2018. Código de Ética Médica.

DANTAS, Eduardo. Les différences entre le consentement informé et le choix éclairé *comme causes d´exclusion de responsabilité civile dans la relation médecin-patient. L´autonomie du patient face au droit brésilien, in* Revue générale de droit medical, nº 29, Les Études Hospitalières, Bordeaux, pp. 125-147, 2008.

FRANCE. *L´Affair Perruche.* Cour de Cassation, Assemblée plénière, du 17 novembre 2000, 99-13.701, acessada em 01/11/20 no endereço

https://www.legifrance.gouv.fr/affichJuriJudi.do?idTexte=JURITEXT000007041543&dateTexte=

MASCARENHAS, Igor de Lucena e GODINHO, Adriano Marteleto. *A utópica aplicação da teoria da perda de uma chance no âmbito do Direito Médico: uma análise da jurisprudência do TJRS, TJPR e TJPE. In,*

Revista Direito e Liberdade – RDL, ESMARN, v. 18, nº 3, p. 159-192, set/dez 2016.

PALLARÉS, Eduardo Asensi; CLARES, Iñigo Cid-Luna. *La evolución de la doctrina de la pérdida de oportunidade em responsabilidade médica, in* Revista CESCO de Derecho de Consumo, nº 8/2013, pp. 228-239, acessada em 01/11/20 no endereço https://www.revista.uclm.es/index.php/cesco/article/viewFile/416/358.

RAPOSO, Vera Lúcia. Do ato médico ao problema jurídico. Almedina, Coimbra, 2013.

_______. *Em busca da chance perdida. O dano da perda de chance, em especial na responsabilidade médica. In,* Revista do Ministério Público, 138: Abril: Junho 2014 (pp. 09-61). Portugal.

ROCHA, Nuno Santos. A perda da chance como uma nova espécie de dano. Almedina, Coimbra, 2015.

ROSÁRIO, Grácia Cristina Moreira do. A perda da chance de cura na responsabilidade civil médica. Lúmen Juris, Rio de Janeiro, 2009.

SAVI, Sérgio. Responsabilidade civil por perda de uma chance. Atlas, São Paulo, 2006.

SILVA, Rafael Peteffi da. Responsabilidade civil pela perda de uma chance. Atlas, São Paulo, 2007.

YONG, Samuel; YONG, Camilo A. Rodríguez. *Perdida de Oportunidad, in* Revista Virtual Via Inveniendi Et Iudicandi. Edición 12, Vol. 6, nº 2, julio – diciembre, 2011

O RESPEITO À CAPACIDADE COGNITIVA DO PACIENTE NO TERMO DE CONSENTIMENTO

Felippe Abu-Jamra Corrêa
Osvaldo Simonelli

1. INTRODUÇÃO

Não há dúvida que nosso direito de decidir deve sempre ser preservado.

Qualquer influência mesmo que indireta em nossas decisões mais importantes são indevidas e podem até carregar um aspecto de tirania.

Sem livre arbítrio para decidir, nos falta tudo. Não somos sequer humanos na plenitude.

E não poderia ser diferente quando da relação que se estabelece entre médico e paciente.

Tal vínculo é calcado, antes de razões puramente médicas, em uma percepção de pura e verdadeira confiança. Evidente que alguns casos se excetuam, como em urgências e emergências, ou casos de real risco à vida, nos quais o médico vai apenas agir.

Mas nos demais casos, especialmente aqueles eletivos, a relação deve se calcar no pilar da confiança.

A partir de então deve existir um diálogo, franco e aberto, no qual o profissional deve primeiro ouvir seu paciente e então expor seu possível diagnóstico, todas as possibilidades de um eventual tratamento, os riscos, benefícios e complicações dele inerentes, enfim, fornecer todas as informações necessárias para que esse possa, então, de forma livre e esclarecida tomar sua decisão.

A esse processo convencionamos chamar de consentimento. Sim, porque antes de mais nada – e muito diferente do que vulgarmente se diz – o consentimento não se reduz a um mero termo escrito.

Não estamos dizendo que não deva ser formalizado, mas repelimos a ideia de que seja um mero 'papel'.

Não é. É muito mais.

É um direito do paciente e um dever do médico enquanto profissional, não apenas pelo teor informativo, mas também por força do artigo 22 do Código de Ética Médica ou mesmo visando se resguardar do ponto de vista jurídico.

Contudo, o presente artigo, muito mais do que impor condições ou regra, objetiva provocar a reflexão perceptiva quanto a exageros que estão tomando nosso meio jurídico e judicial de intensa forma.

Existe na atualidade verdadeiros excessos sobre o que é o consentimento e como esse deve ser feito (e provado), o que leva a decisões judiciais extremamente rigorosas e a uma preocupação muito grande dos profissionais em como elaborar esse "documento".

Repetimos que não é um documento a ser desconsiderado, e tampouco entendemos que não deva ser feito. Porém, se está esquecendo de todo o processo informativo e se considerando, no mais das vezes, a simples existência e/ou validade de um termo escrito.

Portanto, a nosso sentir é fundamental fomentarmos a discussão sobre o que é de fato, o consentimento, o quanto o paciente pode ser informado ao longo do relacionamento que estabelece com seu médico, e especialmente, que é essencial respeitar o aspecto cognitivo desse "novo" paciente do século XXI.

2. A AUTODETERMINAÇÃO ENQUANTO UM DE NOSSOS DIREITOS MAIS VALIOSOS

O direito à autodeterminação é um dos aspectos mais fundamentais enquanto seres humanos. Limitar ou restringir, de alguma maneira este direito, é reduzir o ser humano à uma condição de incapacidade que beira à uma forma severa de escravidão: a da sua consciência.

E na relação médico paciente não é diferente.

O paciente somente estará apto a se decidir livremente pelo melhor caminho terapêutico, baseado na transparência e na maior quantidade possível de boas informações que lhe forem disponibilizadas.

O CFM, na Recomendação 01/2016 que trata de consentimento, conceitua que "na área da saúde, a dignidade do ser humano, entre outros princípios, encontra efetividade no esclarecimento, por parte do médico, dos procedimentos a que a pessoa se sujeitará, aos quais a pessoa deve dar seu consentimento, livre de qualquer influência ou vício. É o que se convencionou denominar consentimento livre e esclarecido."

Eduardo Dantas[1], após pontual análise legislativa e histórica sobre o tema conclui ser:

> "Necessário entender que o processo de consentimento se constitui, concomitantemente, em um direito do paciente e um dever do médico. O paciente deve ser informado, de maneira compreensível à sua capacidade cognitiva, a respeito de seu diagnóstico, riscos, prognósticos e alternativas existentes para seu tratamento. Importante destacar que o simples fato de ler e assinar um papel, um documento, não é suficiente para desoneração do ônus de informar adequadamente (ainda que a assinatura de um documento seja importante para a comprovação da conduta diligente)."

1 DANTAS, Eduardo. **Direito Médico**. 4. ed. Salvador: JusPodivm, 2019, p. 111.

Como destacam, ainda, Maria Paula e Pedro Fonseca[2] "o paciente deve ter conhecimento de todas as informações possíveis sobre seu estado de saúde, para tomar a decisão que lhe seja mais conveniente, diante do quadro apresentado pelo agente informador, ou seja, para usar do seu direito de autodeterminação, diante da fotografia do seu caso".

E no campo do estudo bioético, a autodeterminação é um dos mais valiosos e caros princípios, com destaque especial na Declaração Universal sobre Bioética e Direitos Humanos, conforme previsto em seu artigo 5º., *in verbis:*

> Artigo 5. Autonomia e Responsabilidade Individual
> Deve ser respeitada a autonomia dos indivíduos para tomar decisões, quando possam ser responsáveis por essas decisões e respeitem a autonomia dos demais. Devem ser tomadas medidas especiais para proteger direitos e interesses dos indivíduos não capazes de exercer autonomia.

A obtenção do consentimento não se configura em um ato único, muito menos unilateral do médico, sendo que a muito mais relevante do que o próprio documento é o diálogo que o precede.

Nesta senda, a própria mencionada Declaração Universal prevê a obtenção do consentimento para intervenções médicas, sob a seguinte redação:

> Artigo 6. Consentimento
> a) Qualquer intervenção médica preventiva, diagnóstica e terapêutica só deve ser realizada com o consentimento prévio, livre e esclarecido do indivíduo envolvido, baseado

---

2 FONSECA, Pedro H. C; FONSECA, Maria Paula. **Direito do Médico.** De acordo com o novo CPC. Belo Horizonte: D'Plácido, 2016, p. 172.

> em informação adequada. O consentimento deve, quando apropriado, ser manifesto e poder ser retirado pelo indivíduo envolvido a qualquer momento e por qualquer razão, sem acarretar desvantagem ou preconceito.

Muñoz e Fortes[3], destacam, a respeito da autonomia, que:

> "Respeitar a autonomia é reconhecer que ao indivíduo cabe possuir certos pontos de vista e que é ele quem deve deliberar e tomar decisões segundo seu próprio plano de via e ação, embasado em crenças, aspirações, valores próprios, mesmo quando divirjam daqueles dominantes na sociedade ou daqueles aceitos pelos profissionais de saúde. O respeito à autonomia requer que se tolerem crenças inusuais e escolhas das pessoas desde que não constituam ameaça a outras pessoas ou à coletividade. Afinal, cabe sempre lembrar que o corpo, a dor, o sofrimento, a doença são da própria pessoa.
> O respeito pela autonomia da pessoa conjuga-se com o princípio da dignidade da pessoa humana, aceitando que o ser humano é um fim em si mesmo, não somente um meio de satisfação de interesses de terceiros, comerciais, industriais, ou dos próprios profissionais e serviços de saúde. Respeitar a pessoa autônoma pressupõe a aceitação do pluralismo ético-social, característico do nosso tempo."

Decidir autonomamente exige dois pressupostos, portanto: liberdade e possibilidades de escolha.

O indivíduo autônomo possui capacidade para decidir livre de pressões ou coações externas, exceto às de sua própria consciência, ao passo que a sua predileção somente se afigura

3 MUÑOZ, Daniel Romero; FORTES, Paulo Antonio de Carvalho Fortes. **O Princípio da Autonomia e o Consentimento Livre e Esclarecido.** Obra Coletiva "Iniciação à Bioética". Conselho Federal de Medicina. Brasília/DF, 1998 p. 58.

plena quando lhe são concedidas alternativas sendo que, sem elas, não há autonomia.

E tal capacidade depende, de maneira direta e visceral, das informações que lhe são repassadas, a fim de que sua decisão possa decorrer de um silogismo verdadeiro e perfeito, à luz de suas próprias convicções e consciência.

3. OS EXAGEROS ATUAIS EM RELAÇÃO AO "DEVER DO MÉDICO EM INFORMAR"

Como exposto não se dúvida do importantíssimo dever de informar que permeia a relação médico paciente.

Mas com perplexidade temos percebido exageros que não se justificam, e mais do que isso, transformam o dito "dever de informar" em algo tão complexo ou abstrato que se torna tarefa instransponível, ou em caso de processo judicial, em verdadeira prova "diabólica".

Esse fato nos faz lembrar do artigo redigido pela professora Hildegard Giostri em 2018 sobre obrigação de meio e resultado em cirurgias plásticas na obra "Estudos da Comissão Especial de Direito Médico da OAB/TO".

Muito embora o enfoque seja diferente, a eminente professora, ao discorrer sobre o equívoco no entendimento de que cirurgias plásticas estéticas encerrariam uma obrigação de resultado, concluiu que o grande problema seria a adoção de um "*standard*" que vem sendo repetido sem muita reflexão ou estudo, muito embora totalmente inadequado ao momento atual.

E nos parece ser esse o caso do dever de informar.

Apenas por cautela cumpre dizer que não se está generalizando.

Há situações específicas que sempre irão demandar maior zelo do profissional no processo de informação, seja por determinação legal[4] ou ainda por questões sociológicas, *verbi gratia*, quando o médico percebe que está diante de um paciente com dificuldades de entendimento ou reduzida capacidade cognitiva quanto às suas explicações. E tampouco se desconsidera que alguns profissionais, pelos mais diversos motivos, agem de forma negligente no que tange a este dever.

Mas também não se pode admitir a generalização em sentido inverso, presumindo sempre que houve falha informacional, ou pior, mesmo quando a informação ocorre e é provada no processo, com a apresentação de um termo escrito, esse seja desconsiderado sob algum fundamento que coloque em cheque sua validade.

Partindo da premissa de que na grande maioria dos casos há realmente uma relação estabelecida e calcada na confiança entre o médico e paciente, é quase perverso se duvidar da troca de informações.

Troca esta que, ao longo dos anos, sempre foi pautada pela oralidade, em privilégio à confiança que existia - a qual esperamos possa ainda ser retomada em algum momento, dada sua essencialidade à essa sagrada relação - bastando-se a anotação em prontuário quanto as informações transmitidas e a autorização do paciente para a realização do procedimento.

Contudo, tem se tornado ordinário em processos judiciais envolvendo supostos erros médicos observarmos nas petições o questionamento quanto ao processo de informação, a ausência ou incompletude de um termo, ou ainda pior, mesmo com todos esses elementos presentes, se alegar simplesmente que

---

4 Como exemplo a Lei 9.263/1996 que dispõe sobre o planejamento familiar e expressamente consigna em seu artigo 10, II, parágrafo 1º: "É condição para que se realize a esterilização o registro de expressa manifestação da vontade **em documento escrito** e firmado, após a informação a respeito dos riscos da cirurgia, possíveis efeitos colaterais, dificuldades de sua reversão e opções de contracepção reversíveis existentes."

o paciente por motivos vários, não compreendeu corretamente todas as possibilidades e riscos inerentes ao seu tratamento.

Talvez por adotar o dito "*standard*", muitas vezes as decisões judiciais aceitam esse argumento e prejudicam enormemente a defesa do profissional.

E, por vezes, há decisões que criam verdadeiros paradoxos: deve-se informar à exaustão, trazendo todas as informações possíveis e registrando tudo isso em um termo de grande extensão e, invariavelmente, incompreesíveis? Ou essas seriam informações demasiadas invalidando o termo?

Dever-se-ia, então, estabelecer-se um termo com as principais informações já concatenadas, o complementando apenas com os pontos fundamentais relativos ao meu paciente e o caso concreto?

Será que posso provar que informei ao meu paciente plenamente ao longo de todo o tratamento, mesmo na ausência de um termo escrito?

O Superior Tribunal de Justiça já julgou casos nos quais alguns indicativos apontam para esse excesso quanto a exigência de informação. Não entraremos sequer na discussão sobre a adequação ou não da aplicação do CDC aos casos envolvendo médicos e pacientes, por não ser o cerne do artigo e por parecer momentaneamente superada (quem sabe seja esse mais um standard!).

Ainda que tratando de situação um tanto diversa, o REsp 1144840/SP, ao analisar a rede conveniada de plano de saúde e suas alterações consignou que "o comando do art. 6º, III, do CDC, somente estará sendo efetivamente cumprido quando a informação for prestada ao consumidor de forma adequada, assim entendida como aquela que se apresenta simultaneamente completa, gratuita e útil, vedada, neste último caso, **a diluição da comunicação efetivamente relevante pelo uso de informações soltas, redundantes ou destituídas de qualquer serventia para o consumidor**".

Portanto talvez um primeiro obstáculo seja entender quais informações precisam efetivamente ser entregues ao paciente, e ainda mais, quais realmente merecem ser transportadas ao respectivo termo de consentimento sob pena de serem entendidas como redundantes ou destituídas de qualquer serventia.

A situação posta aos profissionais atualmente é absolutamente kafkaniana: escreve-se demais e incorre-se em nulidade do documento por excesso; escreve-se de maneira reduzida, anula-se pela negligência informacional.

Igualmente quanto a padronização dos termos, é importante a reflexão.

É obvio e evidente que todo e qualquer procedimento que vai exigir consentimento (e portanto, informação prévia) apresenta características similares.

Como exemplo, pensemos em um termo de consentimento que fale sobre determinado procedimento cirúrgico: nos parece absolutamente normal que várias características sejam comuns, até por conta do que descreve a melhor literatura médica! Portanto um termo que contemple riscos como hemorragias, hematomas, questões ligadas a anestesia, etc. nos parece absolutamente adequado.

Valem as ressalvas já feitas anteriormente: de nada adianta tal termo se não houve uma conversa previa e franca entre médico e paciente indicando todas essas possibilidades. Consentimento e informação não se resumem a um simples "papel".

Ainda assim e uma vez que o termo contemple os pontos principais, deve então o médico com zelo e atenção, individualizar, se for o caso, pontos específicos daquele paciente em particular. Como exemplo, se observada uma comorbidade muito específica, evidentemente que essa deve ser complementada no termo.

Ocorre que em alguns casos se entende pela ocorrência do chamado "*blanket consent*" ou seja, o consentimento "genérico" que não atingiria seu dever de informar, como aliás, já fora consignado em alguns julgados do STJ, a exemplo do REsp 1540580/DF.

Não estamos afirmando que um termo completamente genérico e incompleto atinja ao mister de informar! Nosso pensamento já ficou evidente nas linhas anteriores.

De outro lado nos parece demasiadamente exagerado desconsiderar integralmente um termo pelo simples fato de que esse apresente informações um tanto quanto abertas em algum momento.

Não se pode desconsiderar o processo prévio de contato que existiu entre o médico e o paciente. Será mesmo que ao longo das consultas não houve espaço algum para debate? Teria o paciente condições de se informar em outros meios o que não deixa de ser, igualmente, "acesso à informação"?

Tal fato majora ainda mais a dificuldade da defesa judicial (senão inviabilizando-a por completo) considerando que em casos que envolvem a relação médico paciente, invariavelmente, decreta-se a denominada "inversão do ônus da prova". Uma vez anulado o termo, a condenação por falta de informação afigura-se como inevitável.

Tanto é assim que em emblemático caso de 2018 o mesmo Tribunal da Cidadania decidiu, por robusta condenação, caso no qual, apesar de não se reconhecer qualquer equívoco na conduta assistencial médica, declarou-se a chamada "negligência informacional", pela ausência do termo de consentimento livre e esclarecido.

Desconsiderou-se por completo a relação havida previamente e as consultas realizadas ao longo do tratamento, elementos aliás que haviam sido considerados pelas Instâncias inferiores como suficiente prova de informação.

Em referido REsp 154058-0 se expôs que a existência do termo de consentimento provaria *"o estabelecimento de uma relação de negociação, na qual o médico compartilha os seus conhecimentos técnicos e garante ao paciente a tomada de decisões a partir de seus próprios valores, no exercício de sua autonomia"*, o que acabou não evidenciado.

Como efeito colateral imediato destas decisões – e que aqui cabe uma ponderação que não envolve a correição ou justeza diante do caso concreto - vislumbramos cada vez mais médicos preocupados muito mais em 'formalizar' um termo do que de fato, explicar todos os detalhes relevantes ao paciente, caminhando para um câmbio entre a saudável medicina baseada em evidências para a complexa medicina defensiva.

4. O PROCESSO DE OBTENÇÃO DO CONSENTIMENTO

Uma vez mais na esteira da professora Hildegard, mais um standard a ser mitigado é o do famoso "termo de consentimento".

Se generalizou em nosso meio, e por consequência em decisões judicias, que o termo é um documento obrigatoriamente "escrito", e que na sua ausência não há prova de informação.

Evidente que não estamos desconsiderando – do ponto de vista processual – o instituto muitas vezes aplicado de inversão do ônus *probandi.*

Ou seja, nesses casos, deverá o médico provar que informou e colheu o consentimento de forma esclarecida.

Contudo, na ausência desse documento, obrigatoriamente se está comprovado que não houve nenhum tipo de informação?

Certamente que não, pois o consentimento, antes de mais nada, é um processo.

Como já relatado anteriormente não é apenas um papel chancelado pelas partes envolvidas.

Até porque se de fato o médico apenas apresentar um calhamaço ao paciente já no momento próximo de sua cirurgia ou procedimento, então seguramente não o terá informado. E esse é o ponto para o qual chamamos a atenção.

O dito processo de consentimento é longo, e passa em primeiro pelo real estabelecimento de uma relação de confiança entre o profissional e o enfermo. Com base nesse princípio é que se desdobrará a conversa, o exame, a exposição de possibilidades, e após a devida análise, a opção do paciente pelo tratamento proposto. Ou, quem sabe, até sua legítima recusa!

Apenas pela leitura do parágrafo anterior fica evidente que toda a informação necessária é passada de forma contínua, em um processo dialético e bilateral, motivo de nossa insistência de que se está atualmente resumindo esse processo a algo menor. Ao simples fato da existência ou não de folhas rubricadas e assinadas.

Salvo algumas exceções nas quais de fato vai existir exigência - inclusive legal - de que o termo seja escrito, nos demais casos não é essa a realidade.

A já citada Recomendação CFM 1/2016 que dispõe sobre o processo de obtenção de consentimento livre e esclarecido, deixa manifesta a ideia de que esse é um processo e não um ato isolado. Esse se concretiza por meio de um diálogo constante para além de dados técnicos, de modo a dar segurança nas decisões do paciente diante de uma relação que é, inegavelmente, dinâmica.

Sendo assim essa deve ser a forma de encarar o consentimento e a autonomia de vontade, fato que nem sempre, ou na quase maioria dos casos, não ocorre em nosso Judiciário.

Diversos são os julgados - inclusive na esteira de precedentes do STJ - que confirmam a condenação em decorrência da falha no dever de informar, como exemplo abaixo:

> (...)
> Neste aspecto, é importante ressaltar que, não importando tratar-se de obrigação de meio ou de resultado, o ponto fundamental da responsabilidade do cirurgião plástico diz

> respeito com o dever de bem informar previamente a paciente da ocorrência de eventual complicação pós- cirúrgica que poderiam vir a acontecer.
> Cabia, portanto, ao cirurgião plástico o dever de bem informar sua paciente acerca de todos os riscos inerentes, especialmente em se tratando de paciente portadora de gigantomastia, em que há 20% de probabilidade de complicação (necrose do complexo aréolo-mamilar), conforme já esclarecido pelo perito.
> Entretanto, nenhuma prova há nos autos neste sentido, a não ser a autorização e informação relativa às complicações decorrentes de cicatrização
> No caso dos autos, embora não envidenciada a ocorrência de erro médico propriamente dito, pois informou o perito que a complicação da necrose aréolo-mamilar é descrita em literatura científica e passível de ocorrência em casos de gigantomastia em até 20% das cirurgias, (independente de técnica cirúrgica e/ou habilidade do cirurgião), a autora não fora previamente informada a respeito desta complicação que poderia advir, o que deveria ter sido informada de forma clara e adequada, para que então a paciente pudesse realizar a melhor escolha. Faltou, portanto, ao cirurgião da clínica ré, com o dever de informação, como prevê o artigo 6º, III, do CDC.
> (...)
> Logo, a falta de informação pelo médico à sua paciente é considerada ilícito contratual, configurando culpa do profissional na modalidade de negligência (omissão no dever de informar), a ensejar de reparar os danos morais
> (TJSP; Apelação Cível 1003115-18.2014.8.26.0100; Relator (a): Angela Lopes; Órgão Julgador: 9ª Câmara de Direito Privado; Foro Central Cível - 38ª Vara Cível; Data do Julgamento: 23/10/2020; Data de Registro: 23/10/2020)

Alguns Tribunais, contudo, aos poucos vem adotando entendimento que se mostra mais afeito a tudo que vimos expondo:

> RESPONSABILIDADE CIVIL. ERRO MÉDICO. MÉDICO E HOSPITAL DEMANDADOS. INEXISTÊNCIA DE CULPA E NEXO DE CAUSALIDADE. DANO MORAL NÃO CONFIGURADO. CONSENTIMENTO INFORMADO. É cediço que os hospitais, na qualidade de prestadores de serviços, respondem independente de culpa pelo serviço defeituoso prestado ou posto à disposição do consumidor, responsabilidade que é afastada sempre que comprovada a inexistência de defeito ou a culpa exclusiva do consumidor, ou de terceiro, ex vi do art. 14, § 3º, do CDC. Responsabilidade médica é subjetiva (art. 14, § 4º, do CPC e art. 186 do CC). Mesmo a falta do consentimento informado por escrito ao paciente sobre os riscos do procedimento cirúrgico não pode gerar a obrigação de indenizar. Isso porque o consentimento informado é um processo e não uma formalidade. Ausência de nexo causal a gerar o dever de indenizar. Apelação não provida. (Apelação Cível, Nº 70083023010 , Décima Câmara Cível, Tribunal de Justiça do RS, Relator: Marcelo Cezar Muller, Julgado em: 28-11-2019)

Sendo assim há de se levar em conta sempre essa característica fundamental do consentimento: esse se trata de um processo, que pode, portanto, ser realizado de diversas formas e em vários momentos ao longo da relação. Essa nos parece a conduta mais adequada, justa e técnica de se encarar a questão, inclusive quando levada a Juízo.

5. NOTAS CONCLUSIVAS: A CAPACIDADE COGNITIVA DO PACIENTE NA ATUAL SOCIEDADE DA INFORMAÇÃO

Nesse último tópico, importante refletirmos sobre quem é esse paciente atual e sua capacidade de entendimento e compreensão das informações que recebe do seu médico ao longo do seu tratamento.

Como se sabe nossa sociedade mudou.

Não nos faltam nomenclaturas, tais como: "Sociedade Digital", "Era da Informação", "Sociedade em Rede", entre outras. Mas o fenômeno, apesar de mais amplo, reflete sem dúvidas numa enorme conectividade e numa maior possibilidade de se informar mas, principalmente, de ser informado.

Exceções e casos específicos sempre terão de ser analisados de forma pontual.

Contudo, o que queremos dizer é que um paciente, por exemplo, que irá se submeter a uma cirurgia de alta complexidade neurológica terá, a nosso sentir, obrigatoriamente de ser muito mais esclarecido e ter tempo para sopesar as informações que recebe do que alguém que vai se submeter a um tratamento em consultório com toxina botulínica.

Ainda assim na grande maioria dos casos vemos que os pacientes sabem mais, e tem a possibilidade de se informar melhor, não apenas com seu médico, mas da forma mais ampla possível.

Não estamos afastando do médico essa obrigação e tampouco dizendo que as informações disponíveis fora do consultório são fidedignas.

Mas a proposição é apenas no sentido de respeitarmos a maior capacidade cognitiva do paciente nesta era de informação, em que o diálogo faz-se cada vez mais essencial, dentro da relação médico-paciente, mas que é permeado por um acesso muito mais amplo à diversas fontes de informação do que outrora tivemos.

Não se pode considerar o paciente como alguém que ignora a realidade existente, como se destacam em muitas demandas judiciais envolvendo o embate "má-prática médica x negligência informacional". O paciente não pode ser reduzido, em tais debates, a um mero observador, subestimado quanto à sua real capacidade cognitiva.

Tampouco parece crível, neste momento de nossa sociedade, que tratamentos médicos sejam realizados sem que haja um acesso amplo à informação, inclusive dentro das próprias redes sociais, em que os próprios pacientes fazem questão de expor os procedimentos a que foram submetidos, com detalhes que, por vezes, ultrapassam até mesmo o conhecimento obtido em consultórios.

Isso pode não equivaler a totalidade dos elementos necessários ao entendimento e muito menos caracteriza o processo de informação completo que leva ao consentimento. Contudo, de outro lado, insistir em uma ignorância total, completa e absoluta do paciente em meio a tantas informações disponíveis nos parece até desrespeitoso quanto à sua condição decisória, e principalmente, cognitiva.

A ignorância não pode ser seletiva, e muito menos pode o paciente 'escolher' ser informado daquilo que lhe interessa e pretender que nada sabe sobre outros aspectos.

A relação médico-paciente, ao longo dos anos, vem se transmutando de um paternalismo vertical para uma horizontalização e esta é uma escolha da sociedade, inclusive quando insere, neste contexto, a aplicação do Código de Defesa do Consumidor.

Sem adentrar à polêmica sobre a aplicabilidade ou não de tal legislação consumerista, não se pode olvidar que o paciente-consumidor de hoje definitivamente não é o mesmo hipossuficiente da década de 90.

Fato é que o avanço tecnológico trouxe um grande empoderamento ao paciente e efetividade ao próprio Código de Defesa do Consumidor, que não pode ser mitigado quando de uma demanda envolvendo o embate consubstanciado na chamada "negligência informacional".

Portanto, se mesmo sob esse ponto de vista se considera a evolução do 'consumidor' nos parece igualmente necessário que se faça sobre a capacidade de entendimento do paciente e sua manifestação de vontade.

Alguns julgados mais alinhados a essa ideia, aos poucos, vão fazendo eco, como a emblemática decisão do TJ/DF[5]:

> As novas tecnologias deram às pessoas a oportunidade de se instruírem sobre quase tudo. **Hoje, sabe-se muito mais sobre procedimentos médicos, saúde, doenças e seus tratamentos do que se sabia há três décadas.**
> (...)
> É impensável, na Capital da República, **que uma pessoa com curso superior**, funcionária pública concursada, **com pretensão de realizar cirurgia estética de lipoescultura (lipoaspiração e enxerto localizado da gordura retirada), não tenha tido nenhuma informação sobre os riscos desse procedimento.**

SEGUINDO O JULGADO ANALISA TAMBÉM A MUDANÇA DO PACIENTE/CONSUMIDOR:

> O Código de Defesa do Consumidor (CDC) é de 1990; a Internet, no Brasil, só passou ao domínio público em 1995. Por razões óbvias, o CDC não contemplou a transformação social que a Internet produziria no mundo. As novas tecnologias deram às pessoas a oportunidade de se instruírem sobre quase tudo. Hoje, sabe-se muito mais sobre procedimentos médicos, saúde, doenças e seus tratamentos do que se sabia há três décadas.

Sem pretender qualquer polêmica ou generalização, afirmamos que sim o paciente de hoje é muito mais bem infor-

5 (Acórdão nº1047319, 20150111282870APC, Relator: MARIO-ZAM BELMIRO, Relator Designado:DIAULAS COSTA RIBEIRO 8ª TURMA CÍVEL, Data de Julgamento: 14/09/2017, Publicado no DJE: 29/09/2017. pp. 541/547)

mado. Ou, ao menos detém condições de sê-lo, e isso reflete diretamente na relação médico-paciente.

Isso significa que o processo de informação e obtenção do consentimento é desnecessário? Por óbvio que não. O médico está desonerado, dentro da boa prática, de esclarecer ao máximo seu paciente e por zelo, tomar o consentimento por escrito? A resposta é, igualmente, negativa.

Mas a centelha da mudança que sentimos ser necessária é uma maior compreensão e respeito a autonomia e poder informativo dos pacientes.

Não parece mais razoável se condenar em processo de erro médico, por suposto "dano informacional" apenas por não existir no feito um termo de consentimento assinado, desconsiderando os demais aspectos e, até mesmo, outros igualmente relevantes documentos médicos.

Seria perverso para a própria relação médico-paciente, desconsiderarmos um documento firmado entre eles, seja pela sua amplitude, seja pelo seu aspecto minimalista, mitigando esta sagrada e milenar ligação a algo burocrático, quando, o que foi demonstrado à saciedade neste breve ensaio, é justamente o fato de que informação e consentimento ultrapassam o aspecto formal, envolvendo um diálogo e uma confiança.

Desconhecer a realidade médica dos consultórios e a relação íntima que se estabelece neste local sagrado, minimizando os encontros entre paciente e médico que antecedem os procedimentos, as terapias, os diagnósticos e os prognósticos pode alterar profundamente a conduta profissional, colocando ambos os partícipes em situação absolutamente defensiva e, via de consequência, absolutamente prejudicial ao sistema de saúde brasileiro.

A medicina hoje, e por consequência, o processo de convencimento e consentimento, são muito maiores e mais complexos do que isso. É o momento de encontrarmos o equilíbrio entre o conhecimento técnico do profissional, a sua capacidade de dialogar e a cognição do paciente para compreender o que lhe é repassado.

É hora de levarmos isso a sério!

REFERENCIAS BIBLIOGRÁFICAS

FONSECA, Pedro H. C; FONSECA, Maria Paula. **Direito do Médico.** De acordo com o novo CPC.Belo Horizonte: D'Plácido, 2016.

DANTAS, **Eduardo. Direito Médico.** 4ª ed. Salvador: JusPodivm, 2019.

MUÑOZ, Daniel Romero; FORTES, Paulo Antonio de Carvalho Fortes. **O Princípio da Autonomia e o Consentimento Livre e Esclarecido.** Obra Coletiva "Iniciação à Bioética". Conselho Federal de Medicina. Brasília/DF, 1998 p. 58.

A MORTE, O LUTO E O DIREITO DE DIZER ADEUS REFLEXÕES TRAZIDAS PELA PANDEMIA

Fernanda Schaefer

Frederico E. Z. Glitz

Mortem sibi instare cernerat tanquam obitus sui precius[1].

1. INTRODUÇÃO

Durante os primeiros meses da pandemia da Covid-19 poucas não foram as cenas mostradas nos noticiários de caixões enfileirados, selados, transportados em comboios. Famílias choram seus mortos sem poder muitas vezes tocá-los ou ter um tempo suficiente para dizer adeus. Pessoas contaminadas, que tiveram sua condição de saúde agravada, morrem em isolamento, sozinhas, distantes de seus entes queridos e emocionalmente desamparadas.

O cenário é dramático, não só pelas cenas retratadas mas porque, de repente, as pessoas se deparam com a necessidade de pensar e encarar a morte, de refletir sobre a própria mortalidade, de estabelecer seus últimos desejos e de fazer escolhas existenciais. A Covid-19 provocou reflexões esquecidas ou até mesmo ignoradas por muitos, porque afinal, falar sobre a morte é reconhecer a própria finitude humana.

Em momentos de pandemia a morte deixa de ser uma 'surpresa' (sim, as pessoas ainda se surpreendem com ela[2]) para se

---

1 Inscrição de 1151, atribuída ao sacristão de São Paulo de Narbona: "viu a morte a seu lado e teve assim o pressentimento de sua morte" (AIRÉS, 2014, p. 07).

2 Afirma Ariès (2014, p. 37) que "ela [a morte] está agora tão apegada nos nossos costumes que dificilmente podemos imaginá-la e compreendê-la. A atitude antiga que vê a morte ao mesmo tempo próxima, familiar e diminuída, insensibilizada, opõe-se demais à nossa, onde nos causa tanto medo

transformar em estatística diária, anunciada incessantemente pelos meios de comunicação. Deixa-se de morrer 'de qualquer maneira', para morrer em razão do temido vírus Sars-Cov-2. A morte não é mais aquela traiçoeira, que chega sem aviso. Ela agora é anunciada, temida, percebida e sentida diariamente.

Por isso, falar da morte e do luto nesse contexto é importante. O presente artigo, a partir de revisão bibliográfica, pretende apresentar o direito de dizer adeus do paciente e de seus familiares como um direito fundamental que pode ser limitado em tempos de pandemia em razão da necessidade de proteção da saúde coletiva. A partir dos conceitos de morte e de luto pretende-se discutir os impactos das limitações sanitárias nos serviços funerários sobre o direito de dizer adeus de doentes e familiares.

2. A MORTE E O LUTO

Embora a publicidade da morte (em que o moribundo era o centro de toda a atenção) tenha perdurado até o século XIX[3],

que nem ousamos dizer-lhe o nome. É por essa razão que, ao chamarmos essa morte familiar de morte domada, não queremos dizer com isso que antes ela tenha sido selvagem e, em seguida, domesticada. Queremos dizer, pelo contrário, que ela se tornou hoje selvagem, enquanto anteriormente não o era. A morte mais antiga era domada" porque as pessoas se permitiam vivenciá-la.

3 "A morte temida deixa de ser a própria, mas a do outro, gerando-se uma aceitação mais difícil da morte dos familiares mais próximos, sendo este o sentimento que está na origem do culto moderno dos túmulos e cemitérios. Estes procuram expressar, através da arquitectura [sic] e da escultura, a idealização da morte romântica, da morte bela e jovem, associada à lamentação e à saudade. Enquanto, na iconografia mais antiga, a morte é representada sob a forma de corpos em decomposição ou esqueletos de foice ou ampulheta na mão, com o medo mais pronunciado desta época, deixa-se de representar os mortos de forma tão macabra, sendo esta prática substituída pela beleza física dos mesmos, até desaparecer no decurso do século XX" (MENDEONÇA, 2011, p. 51).

com a hospitalização dos doentes (por influência dos médicos higienistas do final do século XVIII), a morte não só se tornou algo a ser combatido, mas também, algo a ser encoberto, transformando-se em verdadeiro tabu[4]-[5]. Segundo Ariès (2014, pp.182-183) "então a morte deixou de ser balanço, liquidação de contas, julgamento, ou ainda sono, para se tornar carniça e podridão, não mais o fim da vida e o último suspiro, mas a morte física, sofrimento e decomposição".

A morte foi substituída pelo combate à doença, passando essa a ser responsabilidade do médico e das equipes hospitalares. O doente, isolado e muitas vezes privado da verdade sobre sua condição, morre solitário, em ambientes estéreis desprovidos de qualquer significado. "A morte ideal transforma-se, assim, naquela que não causa constrangimento nem inquietação, que não ameaça o controle nem a ordem estabelecida. Deste modo, reprimem-se as emoções, comportando-se a sociedade inteira como o hospital" (MENDONÇA, 2011, pp. 57-58). A dor e o sofrimento são privatizados, silenciados, escondidos.

No entanto, com a chegada do século XXI vários movimentos afirmam que isolar o doente terminal em ambientes hospitalares é, em muitas situações, indigno, como também reconhecem que a necessidade de dizer adeus é um direito a ser garantido. A intensidade emotiva do contexto impõe ao doente e aos familiares os rituais de adeus que incluem os agradecimentos e pedidos de perdão, as lamentações, as declarações de amor e a revelação de segredos, os conselhos e os desejos de

4 Por volta do século XII "o corpo morto, antes objeto familiar e figura do sono" passou a ser escondido em caixas postadas diante de monumentos, lápides e esculturas, deixando de ser visível. A morte passa a ser 'escondida', embora ainda carregada de diversos simbolismos (ARIÈS, 2014, pp. 221-222).

5 Ariès, 2014, p. 23.

boa vida aos que ficam, a eventual repartição de bens e até definição das heranças digitais.

Admite-se que "a morte não é um destino objetivo, mas um encontro marcado", irrecusável, embora não desejado (BAUDRILLARD, 2004, p. 82). A morte, portanto, não é estranha a quem vive, perpassa toda a existência, apesar de sua chegada ser para muitos desprovida de qualquer sentido ou justificação.

No entanto, durante a pandemia a morte para os pacientes mais graves deixa de ser prevenida, para se apresentar como um temida possibilidade. A morte, antônimo da vida, rompe a ordem das coisas, deixa de ser repentina para ser um fato que os noticiários fazem questão de lembrar diariamente. A morte exposta passa a dar certo sentido à vida e à finitude humana.

Nesse cenário os paradoxos[6] da morte se apresentam, assim como sua banalização. A morte se revela cotidianamente[7], de forma instantânea, corriqueira, despertando ao mesmo tempo terror e curiosidade. Fato natural, fenômeno médico, social, demográfico e estatístico que a todos desafia colocando em xeque o que na Itália se denominou direito de dizer adeus.

---

6 Destaca Nalini (2014, p. 43) que "aqui reside o paradoxo. É que de um lado temos a banalização, mas de outro, temos de enfrentar o caráter desconcertante, aterrador e vertiginoso da morte. [...]. De um lado está o fato que o médico atesta, o biólogo investiga, o registrador encara naturalmente ao lavrar o assento, o coveiro enterra, o funcionário do crematório submete à combustão. De outro, o fato que não se assemelha a nenhum outro. Desmedido, incomensurável. É um mistério. Por isso costuma-se comparar a morte ao amor. Eros e Tânatos. Morte e amor. A sempre nova banalidade de cada morte e a antiga novidade do amor. [...]".

7 No momento em que esse artigo é escrito, anuncia-se que o Brasil atingiu a marca de cem mil mortes decorrentes da pandemia.

2.1. O direito de dizer adeus do doente e a morte

A morte é, portanto, inafastável da ideia de vida. Só pode morrer quem um dia esteve vivo. E é por isso que hoje também se fala em direito de morrer dignamente[8], direito que vem alicerçado no que se costuma afirmar: morte humanizada que é aquela que busca resgatar a autonomia do paciente, facilitando a reapropriação do processo de morrer pelo enfermo.

A morte humanizada (seja como direito[9], seja como expressão da autonomia sobre o próprio corpo) impõe a adoção de práticas médicas humanizadas, voltadas mais ao doente e não à doença e que visam o maior conforto possível a quem está em seus momentos finais. A garantia da dignidade no morrer permite ao moribundo pensar sobre a vida vivida, sobre sua relação com a passagem do tempo e, especialmente, auxilia a refletir sobre a própria finitude e a (re)estabelecer laços afetivos. Permite que a morte seja dialogada com a equipe médica e com a família, aumentando-se os espaços do luto e diminuindo o sofrimento isolado. Por isso, afirma Nalini (2014, p. 46) que

> [...] distanciamo-nos dos antigos para os quais a morte tinha um lugar privilegiado na existência. Mas também nos afastamos dos modernos, para os quais a vida reinava. Mas agora a morte é um instante de vida. Não mais relacionando o seu conceito com a cultura, mas com o

---

8 Sá e Moureira (2012, pp. 76-77) destacam que "tem-se que não se pode privilegiar apenas a dimensão biológica da vida humana, negligenciando a qualidade de vida do indivíduo. [...]. A vida deve ser encara no seu ocaso, para que lhe seja devolvida a dignidade perdida".

9 Fato é que, independente de se considerar o direito à morte digna um direito ligado à vida ou à privacidade, trata-se de direito fundamental, perfeitamente justificado pelo valor-fonte do ordenamento jurídico brasileiro: a dignidade da pessoa humana (art. 1º., III, CF) e, portanto, uma liberdade quanto a escolhas existenciais que encontra o mais amplo respaldo constitucional.

> seu sentido concreto em minha existência. Toda vez que pensamos sobre a morte, mediamos sobre a contingência do meu ser. Nem sempre existi e poderia mesmo não ter existido. Uma vida plena vê sentido até na doença.

Para alcançar essa vida plena inclusive na doença é que se estabelece como um dos ideais da morte humanizada, o direito de dizer adeus do moribundo a quem se oferece não só a possibilidade de encarar o momento com a maior naturalidade possível, mas também permite que se encontre consigo mesmo e com quem lhe é próximo. Diante da inevitabilidade e irreversibilidade do processo, em razão da própria dignidade da pessoa humana, deve-se garantir ao doente conforto clínico e espiritual em seus últimos momentos.

O direito de dizer adeus está, portanto, intimamente ligado à dignidade da pessoa humana, "qualidade intrínseca e distintiva reconhecida em cada ser humano que o faz merecedor do mesmo respeito e consideração por parte do Estado e da comunidade" (SARLET, 2009, p. 59), o que conduz a três aspectos bem destacados: valor intrínseco, autonomia e valor social da pessoa humana. A dignidade manifesta-se, portanto, como valor-fonte do ordenamento jurídico brasileiro fundamentando, também, a prática médica, especialmente quando o paciente está em situação de extrema vulnerabilidade.

Por isso, quando se fala no direito fundamental à vida, é possível também se afirmar que esse direito compreende o direito de estar, permanecer e continuar vivo de forma digna. Então, se o direito à vida é o mais fundamental de todos os direitos, vivê-la com dignidade deve ser considerado seu pressuposto. A dignidade é aqui construída a partir de valores e experiências pessoais e culturais, intrínsecas da pessoa e que não podem ser medidos a partir de valores e modos de vida alheios.

É certo, então, que o direto à vida não implica somente o respeito à vida biológica (direito de existir). É mais do que isso!

O direito à vida privilegia, também, a qualidade dessa mesma vida. Por isso, é possível associá-lo ao direito à morte digna, não apenas em razão da autodeterminação ou da privacidade do paciente, mas especialmente em virtude da dignidade da pessoa humana. Não há antagonismo entre ambos, mas sim uma relação simbiótica que implica também no reconhecimento do direito de ter uma morte humanizada, distante da ideia sacralizada de sobrevivência a qualquer custo.

É neste contexto que se apresenta a ressignificação da morte, distanciando-a do sentido puramente biológico e do fracasso técnico e profissional (médico) para se apresentar como fato indissociável da vida, o que permite associá-la à liberdade, à autonomia, à privacidade, ao direito de morrer dignamente (sem dor, sem sofrimento, sem angústias) e ao direito de dizer adeus. O direito de morrer dignamente, transmuta-se, dessa forma, em corolário do próprio direito à vida, cabendo ao enfermo dar-lhe significados próprios.

Dessa forma, afirmar a morte humanizada como um direito fundamental é permitir que o paciente vivencie esse momento de forma plena e de acordo com seus próprios valores, uma vez que o pesar em deixar a vida associado à simples aceitação da morte próxima vem intimamente ligado à ideia de atribuir sentido à vida, especialmente em seus momentos finais. E esses momentos são únicos, personalíssimos, vividos de acordo com a crença e a cultura do paciente e até mesmo a forma como se preparou para esse acontecimento.

Se de fato nunca se está pronto para encarar a morte, garantir o conforto durante o processo é essencial. Permitir ao paciente, a partir de suas experiências e vivências, guiar-se nos momentos finais é garantir uma boa morte, é assegurar que não morra em silêncio absoluto, ou no mais completo isolamento, em situações de indignidade (muitas vezes determinadas pelas novas tecnologias biomédicas), sem poder expressar o próprio sofrimento ou as grandes angústias.

A aversão à morte e ao sofrimento, hiper dimensionadas em momentos de pandemia, conduz à negligência com a família e com o paciente, deslocando-se indevidamente a atenção do doente para a doença, estigmatizando-se os pacientes, distanciando-os do mundo. Em razão da emergência sanitária muitos profissionais e família exigem a sobreposição da técnica à própria dignidade humana, esquecem-se que o paciente em momento de agonia exige conforto, quer ser ouvido, quer ter direito de realizar escolhas.

No contexto pandêmico, eliminam-se etapas importantes não apenas para o próprio enfermo, como também para a família, especialmente, para o processo de luto que precisa ser bem vivenciado para permitir que o enlutado possa administrar o vazio deixado pelo ente que partiu. A humanização da morte, especialmente nesses momentos, exige empatia, solidariedade, respeito e compaixão, atos que não podem ser simplesmente ignorados ou negligenciados em razão da emergência sanitária.

2.2. O direito de dizer adeus dos familiares e entes queridos e o luto

"Luto é um processo interno que se desencadeia a partir da perda de algo significativo ou alguém amado" (GONÇALVES, *et al,* 2016, p. 40). O processo do luto é, sem dúvida, doloroso e envolve desde a percepção da perda, até a sua aceitação e acomodação dos sentimentos de ausência, saudade, vazio.

Segundo Mendonça (2011, p. 37) o luto desenvolve-se em quatro fases: choque emocional, negação e busca da figura perdida, desorganização emocional e desespero e, por fim, reorganização emocional e adaptação. Fases que variam de intensidade de acordo com cada pessoa (considerando quem partiu e quem é o enlutado), com a gravidade da perda, com circunstâncias sociais e com as despedidas realizadas.

A intensidade da dor e das demonstrações de luto[10] não só modifica-se de cultura para cultura[11], como também apresenta-se em diferentes graus para cada pessoa. Por isso, o luto auxilia na compreensão da finitude da vida, ajuda a dar sentido ao momento, acalma as angústias e as dores e daí a diferença psicanalítica deste com a melancolia.

O luto bem vivido permite ao enlutado recuperar o interesse pela vida. No entanto, o insucesso leva à melancolia ou até mesmo à psicose alucinatória (consequência do fracasso do juízo de realidade)[12]. São características do luto e da melancolia,

> [...] um profundo desânimo, perda do interesse pelo mundo externo, inibição da atividade em geral, incapacidade de amar. A diminuição da autoestima, acompanhada de intensas autoacusações, podendo culminar até mesmo numa expectativa delirante de punição, é considerada uma característica exclusiva da melancolia. Além disso, o objeto perdido do melancólico é mais idealizado que o do luto, sendo que, na melancolia, estamos lidando com uma perda de objeto que pode ser inconsciente, enquanto no

10 O luto aparece na poesia de Mary Oliver (1983, p. 82) da seguinte forma [tradução livre]:
"Para viver neste mundo
você precisa ser capaz de fazer três coisas:
amar o que é mortal,
apertá-lo
contra seus ossos sabendo
que a sua vida depende disso;
e quando chegar a hora de deixar ir,
deixar ir".

11 Ensina Ariès (2014, pp. 28-29) que "existem duas maneiras de não pensar na morte: a nossa, a da nossa civilização tecnicista que recusa a morte e a interdita; e a das civilizações tradicionais, que não é uma recusa, mas a impossibilidade de pensar intensamente na morte, porque ela está muito próxima e faz parte, indiscutivelmente, da vida cotidiana".

12 Mendlowicz, 2000, p. 88.

> luto esta perda é totalmente consciente. A ambivalência em relação ao objeto perdido é outro aspecto fundamental que diferencia os dois quadros, sendo muito intensa nos melancólicos, que se esquivam dela, voltando contra si a hostilidade que sentiam contra o objeto (MENDLOWICZ, 2000, p. 88).

O processo de luto, explica a autora, realiza-se por meio do teste de realidade que "ao evidenciar reiteradamente que o objeto não mais existe, exige que a libido se desprenda do objeto perdido". Daí a importância do adeus para todo o processo que normalmente tem início com a introjeção[13] que, sendo bem-sucedida, será rápida e transitória.

O luto será, portanto, influenciado pelo tipo de perda, o relacionamento existente entre o morto e o enlutado, o gênero e a idade, as consequências da morte para a família, a lacuna deixada, as despedidas realizadas. Por isso, o direito dos familiares se despedirem do ente e vivenciarem o luto deve ser considerado fundamental, pois encontra seus alicerces em outros direitos fundamentais como vida e saúde.

Negar às famílias que perderam parentes em razão da Covid-19 qualquer forma de dizer adeus, é negar-lhes o direito ao luto. O sofrimento vivenciado durante esse período é necessário ao retorno à realidade uma vez que "diante da morte não

13 Ressalte-se que "a operação da introjeção não é compensatória de uma perda objetal; na verdade, quase todas as características atribuídas a ela pertencem à incorporação, este sim, um mecanismo fantasmático que entra em ação após a perda de um objeto. Na tentativa de negar o objeto perdido, realiza-se a incorporação, ou seja, uma fixação, um congelamento do objeto dentro do sujeito. O ego tenta manter vivo o objeto imaginário mesmo à custa de sofrimento, na esperança de que algum dia seus desejos possam ser realizados e paga por isso com a doença do luto" (MENDLOWICZ, 2000, p. 92).

há negociação harmoniosa possível: ou ela é plenamente aceita, ou nos cobra um pedaço de nossas vidas"[14].

As dificuldades em lidar com o luto não são apenas próprias do momento pandêmico, mas são fruto da dificuldade social em lidar com a finitude humana. A morte, nesse contexto, não deve ser tratada como uma tema interdito (noção própria do século XX), mas sim, como um fato que exige empatia, solidariedade, cuidado e, quando possível, auxílio de equipes multidisciplinares.

A morte em circunstâncias tão dramáticas como os que hoje vivenciamos em que normalmente o doente estava sozinho e isolado dificulta o enfrentamento do luto. Daí a necessidade de soluções para a despedida como a proposta por alguns hospitais italianos que disponibilizaram *tablets* a pacientes terminais para que pudessem se despedir de suas famílias[15]. Aceitar a morte, conseguir se despedir, enfrentar o luto são partes importantes da aceitação da finitude humana e para a elaboração das perdas.

O enfrentamento da dor da perda revela-se na capacidade do enlutado em prosseguir com a própria vida "abandonando a necessidade de reativar a representação do ente falecido com excessiva intensidade" (GONÇALVES, *et al,* 2016, p. 40). Daí a necessidade das despedidas, dos rituais, do velório, com os símbolos e significados próprios de cada cultura e de cada pessoa.

Na última fase do luto, a da reorganização emocional, o enlutado distancia-se emocionalmente da perda sofrida, aceita a inevitabilidade da morte, estabelece novos elementos de vincu-

14 Mendlowicz, 2000, p. 94.

15 GALVÃO, Paulo. Italianos doam tablets para que pacientes terminais possam se despedir das famílias. **Estado de Minas Internacional.** Disponível em: https://www.em.com.br/app/noticia/internacional/2020/03/25/interna_internacional,1132419/italianos-doam-tablets-para-que-pacientes-terminais-possam-se-despedir.shtml. Acesso em 25 mar. 20.

lação saudável à memória do falecido[16], permitindo a retomada do interesse pelas coisas próprias de sua vida e abrindo-se à possibilidade de construção de novos vínculos. Clara está a necessidade dos rituais de despedida, ainda que possam ser limitados em razão da emergência sanitária.

3. AS LIMITAÇÕES SANITÁRIAS AO DIREITO DE DIZER ADEUS DURANTE A PANDEMIA

3.1. Do Direito Funerário

Embora haja certa controvérsia doutrinária[17], fato é que doutrina e jurisprudência majoritárias vêm entendendo que os serviços funerários são de natureza pública e essenciais, sendo a competência legislativa privativa[18] dos Municípios (art. 30, V, CF[19]) em razão dos evidentes interesses locais envolvidos.

---

16 Mendonça, 2011, p. 44.

17 Aguillar (2011), por exemplo, afirma que não nenhuma norma estabelecendo os serviços funerários como atividade pública, incidindo na sua oferta o princípio da livre iniciativa.

18 Vide ADin 1221-5, relator Ministro Carlos Velloso que definiu o serviço funerário em quatro atividades: confecção de caixões; organização de velório; transporte de cadáveres e administração de cemitérios, além de reconhecer a competência privativa dos Municípios para legislar sobre esses serviços.

19 A Constituição Federal não aborda expressamente os serviços funerários. "O serviço funerário é da competência municipal, por dizer respeito a atividades de precípuo interesse local, quais sejam, a confecção de caixões, a organização de velório, o transporte de cadáveres e a administração de cemitérios. As três primeiras podem ser delegadas pela Municipalidade, com ou sem exclusividade, a particulares que se proponham a executá-las mediante a concessão ou permissão, como pode o Município realizá-la por suas repartições, autarquias, fundações ou empresas estatais" (MEIRELLES, 1998, p. 339).

O Direito Funerário, como ramo do Direito Público, disciplina as relações jurídicas decorrentes da morte, podendo abranger

> [...] o regime jurídico do cadáver e dos funerais, da natureza jurídica das sepulturas e do direito de sepultura (jus sepulchri), da disciplina jurídica dos cemitérios, do direito funerário administrativo – englobando temas como salubridade e higiene pública, polícia funerária, administração das necrópoles e a dinâmica cemiterial, que aborda a retirada e exumação de cadáveres entre outros serviços funerários –, direito funerário registral, direito funerário tributário e o direito funerário penal, sobretudo implicando os seguinte tipos penais: impedimento ou perturbação de cerimônia funerária, violação de sepultura, destruição, subtração ou ocultação de cadáver, vilipendio a cadáver e ofensa à honra dos mortos (BARROS, *et al*, 2018, p. 182).

No entanto, mesmo se reconhecendo o direito funerário como norma fundamental que assegura maior proteção ao cadáver e aos rituais funerários, mesmo sendo considerado serviço essencial cujo campo de aplicação é vasto, nota-se além da pouquíssima produção acadêmica na área, como também, apesar na grande diversidade de normas, que estas, em sua maioria estão desatualizadas, existindo inclusive Municípios que sequer leis sobre o assunto possuem.

Em meio à caótica e desatualizada legislação funerária uma pandemia se apresentou e exigiu que Municípios editassem normas em caráter emergencial que permitissem a desburocratização dos serviços funerários para garantir o seu adequado funcionamento em um momento de altíssima demanda. A inércia foi finalmente quebrada, mas as novas normas trazem importantes reflexões sobre as novas limitações sanitárias no momento impostas a esses serviços.

3.2. Limitações sanitárias e serviços funerários durante a pandemia

Durante o período de emergência sanitária declarada em razão da Covid-19 vários são os decretos municipais que limitam o direito de dizer adeus, seja pela restrição de acesso de acompanhantes aos hospitais, seja pelas diversas restrições aos velórios e enterros, pois a morte tem pressa!

A Portaria Conjunta nº 02/2020 (23 mar.), do Conselho Nacional de Justiça e do Ministério da Saúde e os novos decretos[20] invocam em suas justificativas a gravidade da doença[21] e sua alta taxa de infecção, a necessidade de proteção da saúde pública, fundamentando-se a decisão no art. 196, CF, estabelecendo regras especiais para a prestação de serviços funerários durante a situação do estado de emergência sanitária.

As novas regras para mortes em casos suspeitos ou confirmados de Covid-19 proíbem (com maior ou menor generalidade) serviços de somatoconservação (tanatopraxia, embalsamento ou formolização); traslado de restos mortais; velórios, devendo o sepultamento ou a cremação serem realizados de forma direta e não podendo ultrapassar 24 horas após o óbito; os prestadores de serviços e demais entes envolvidos no

---

20 Vide, por exemplo, Lei Municipal de Curitiba nº 10.595/02 e Decreto Municipal (de Curitiba) nº 523, de 09 de abr. 20.

21 Vide Lei nº 13.979/20 que dispõe sobre as medidas para enfrentamento da emergência de saúde pública de importância internacional; Decreto nº 10.212/20, que promulga o texto revisado do Regulamento Sanitário Internacional; a declaração da Organização Mundial da Saúde (OMS) de 30 de janeiro de 2020 que reconheceu a Emergência em Saúde Pública de Importância Internacional; a Portaria nº 188, 03 fev. 20, Ministério da Saúde que declara o estado em saúde pública de importância nacional em razão da infecção humana pelo novo coronavírus; a Portaria nº 356, de 11 mar. 20 do Ministério da Saúde que regulamentou e operacionalizou a Lei nº 13.979/20; o Plano de Contingência Nacional para Infecção Humana pelo novo coronavírus.

atendimento ao óbito devem primar pela agilidade no atendimento; a retirada do corpo após a emissão da obrigatória ficha de acompanhamento funeral deve ser realizada em no máximo 4 horas; o caixão deve ser fechado pela funerária, não podendo ser mais abertos; confere-se às famílias uma breve despedida de no máximo vinte minutos, em espaço ao ar livre ou ventilado, limitando-se o número de pessoas presentes e mantendo-se o distanciamento; é vedado servir alimentos durante o velório e líquidos devem ser obrigatoriamente envasados; nas capelas mortuárias deve ser disponibilizado álcool em gel 70% para desinfecção das mãos além da atenção aos demais protocolos sanitários; recomenda-se que pessoas do grupo do risco não compareçam aos velórios.

As limitações são importantes em razão do momento enfrentado. No entanto, não devem ser tais que limitem ao extremo ou mesmo neguem o direito de dizer adeus do enfermo e da família. E nesse sentido afirma Alves (2020, [s.p]) que,

> Prepondera o direito à sepultura (*jus sepulchri*), como um direito personalíssimo potestativo do morto. Esse direito se irradia ao dever jurídico conferido aos parentes, o de poder sepultá-lo, a estes constituindo um direito-dever pelos liames da afeição. São atributos, de ordem moral, inclusive.

Assim, a demora injustificada na entrega do corpo; a demora na identificação ou a errônea identificação do cadáver; a entrega de outrem ou para outrem em caixão lacrado; a violação ao direito de permanecer sepultado, constituem graves ofensas ao direito fundamental ao sepultamento, capazes de gerar responsabilização não só dos serviços funerários que deram causa a esses fatos, mas eventualmente também ao Estado ou Município.

No entanto, não é só o direito ao sepultamento com o cadáver perfeitamente identificado e preparado que se apresenta sob grandes holofotes durante a pandemia. O direito de dizer adeus do paciente e dos familiares ganham novas dimensões. Então, se os atos normativos são constituídos em razão da emergência da situação, seu sentido humanístico não pode ser desconsiderado. Nesse sentido, destaca Justen Filho (1999, p. 125) que

> [...] O ser humano não pode ser tratado como objeto. É o sujeito de toda a relação social e nunca pode ser sacrificado em homenagem a alguma necessidade circunstancial ou, mesmo, a propósito da realização de fins últimos de outros seres humanos ou de uma coletividade indeterminada. O fim primeiro e último do poder público é o ser humano, ente supremo sobre todas as circunstâncias.

As normas que buscam desburocratizar os sepultamentos e cremações, garantindo o adequado e rápido serviço funerário, devem também assegurar o direito das famílias, ainda que de forma breve, de dar adeus ao ente querido. Presente, aqui o princípio da indisponibilidade do interesse público que embora reconheça a possibilidade de confissões de fé e práticas rituais durante os velórios, enterros e cremações, limita o seu exercício à observância de normas sanitárias, ambientais e de segurança pública.

Segundo Silva (2000, p. 85) o princípio da indisponibilidade da higiene pública "deve ser entendido como a proibição de todo ato que implique em causação de contaminação, de emanação de gases pútridos, etc. As práticas fúnebres devem observar regras de segurança, de controle, de tal forma que não causem transtornos ambientais". Necessidades mais do que evidenciadas quando se enfrenta uma pandemia causada por um vírus com alta taxa de infecção.

Embora o momento exija a limitação de direitos fundamentais em razão da proteção da saúde coletiva, essas limitações devem ser humanizadas, levando em consideração as culturas e rituais locais, na medida do possível e ainda observando princípios como o respeito ao corpo morto; a liberdade religiosa; a sepultura digna.

Proibir qualquer forma de dizer adeus seria, portanto, uma grave violação a direitos fundamentais que devem ser preservados ainda que interesses públicos transitórios os impeçam de ser exercidos em sua plenitude. Privar as pessoas de momentos de reflexão sobre a própria morte ou sobre a finitude da vida é privá-las de importante momento de introspecção sobre seus inúmeros significados e impondo-lhes sofrimentos que poderiam ser apaziguados se o direito de adeus tivesse sido garantido.

3. CONSIDERAÇÕES FINAIS

A humanização da morte e do luto permite melhor compreensão sobre a finitude humana, da inevitabilidade e da irreversibilidade da morte. A certeza da finitude trazida pela Covid-19 torna as pessoas mais solidárias, especialmente quando os 'números se convertem em nomes'. As famílias e os amigos enlutados, em choque, destroçados pela partida (às vezes de vários membros), auxiliam-se na dor recíproca, tornando o luto mais ameno, ressignificando a perda para poder dar-lhe algum sentido.

No entanto, as demandas da vida diária não permitem a muitas pessoas passar adequadamente pelo necessário processo do luto e os impactos emocionais disso podem ser severos, transformando a dor em problemas psicológicos severos. Por isso, a tristeza da despedida precisa ser vivida para que se possa seguir em frente.

Pode-se então afirmar que não só é urgente pensar sobre a morte, mas também é urgente pensar sobre como com ela pode ser compreendida e como o processo deve garantir aos que partem e aos que ficam o direito de dizer adeus, pois "a morte não possui nenhum medo além daquele que a frágil vida lhe infunde; nem a vida tem a verdadeira alegria além daquela que a boa morte melhora"[22].

Assim, as normas que regulamentam os serviços funerários e a limitação de acompanhantes em internações durante o período de emergência sanitária não devem simplesmente tolher o direito de dizer adeus. Embora possam ser regras bastantes restritivas (uma vez que se justificam na tentativa de prevenção e proteção da saúde coletiva) não podem ser proibitivas ao ponto de se proibir os importantes rituais de despedida, privatizando-se a dor como se ela não tivesse também importantes reflexos sociais.

4. REFERÊNCIAS BIBLIOGRÁFICAS

AGUILLAR, F.H. **Serviços públicos**: doutrina, jurisprudência e legislação. São Paulo: Saraiva, 2011.

ALVES, Jones Figueirêdo. **Os tratamentos normativos da morte para as famílias em luto**. Disponível em: https://www.conjur.com.br/2020-mai-17/processo-familiar-tratamentos-normativos-morte--familias-luto. Acesso em 30 mai. 2020.

ARIÈS, Philippe. **O homem diante da morte**. São Paulo: Editora Unesp, 2014.

BARROS, Marco Antonio Loschiavo Leme; PINHEIRO, Gabriel Calil. A proteção ampliativa dos direitos fundamentais no Judiciário: um estudo de caso do reconhecimento pelo Tribunal de Justiça de São Paulo acerca do direito fundamental funerário. **Espaço Jurídico Journal of Law**, Joaçaba, v. 19, nº 1, p. 181-200, jan./abr. 2018.

BAUDRILLARD, Jean. **Da sedução.** 5ª ed. Campinas: Papirus, 2004.

GALVÃO, Paulo. Italianos doam tablets para que pacientes terminais possam se despedir das famílias. **Estado de Minas Internacional.** Disponível em: https://www.em.com.br/app/noticia/internacio-

22 Young *apud* Potkay, 2010, p. 346.

nal/2020/03/25/interna_internacional,1132419/italianos-doam-tablets-para-que-pacientes-terminais-possam-se-despedir.shtml. Acesso em 25 mar. 20.

GONÇALVES, Paulo Cesar; BITTAR, Cléria Maria Lobo. Estratégias de enfrentamento no luto. **Mudanças - Psicologia da Saúde**, 24 (1), jan.-jun., 2016, pp. 39-43.

JUSTEN FILHO, Marçal. Conceito de interesse público e a personalização do direito administrativo. **Revista Trimestral de Direito Público**, Malheiros, nº 26, 1999.

MEIRELLES, Hely Lopes. **Direito municipal brasileiro**. 10ª ed. São Paulo: Malheiros, 1998.

MENDLOWICZ, Eliane. O luto e seus destinos. Ágora, v. III, nº 2, jul./dez. 2000, pp. 87-96.

MENDONÇA, Nélio Leandro Barcelos. **O luto como questão bioética**. Dissertação de Mestrado apresentada à Faculdade de Filosofia da Universidade Católica Portuguesa, 2011. 108p.

SÁ, Maria de Fátima Freire; MOUREIRA, Diogo Luna. **Autonomia para morrer**. Belo Horizonte: Del Rey, 2012.

NALINI, José Renato. **Pronto para partir?** Reflexões jurídico-filosóficas sobre a morte. São Paulo: Revista dos Tribunais, 2014.

OLIVER, Mary. **In blac woods, American primitive**. Boston: Litlle Brown, 1983.

POTKAY, Adam. **A história da alegria**. São Paulo: Globo, 2010.

SARLET, Ingo Wolfgang. **Dimensões da dignidade**. Porto Alegre: Revista do Advogado, 2009.

SILVA, Justino Adriano Farias. **Tratado de direito funerário** - Tomo I. São Paulo: Método, 2000.

GRAVAÇÕES EM ATENDIMENTOS MÉDICOS: UMA ANÁLISE CONFORMADA AOS LIMITES ÉTICOS E JURÍDICOS DO EXERCÍCIO DA MEDICINA E À LEI GERAL DE PROTEÇÃO DE DADOS

Giovanna Trad

Tertius Rebelo

SUMÁRIO: 1. Notas introdutórias. **2.** A precarização da relação paciente-médico e a precipitação probatória para ajuizamento de ação ou de apresentação de defesa. **3.** O dever de sigilo médico e a necessidade de respeito aos direitos fundamentais dos pacientes. **4.** Gravação dos atendimentos médicos. **5.** A licitude da gravação e a necessidade do consentimento do paciente perante uma interpretação lógico-sistemática. Conclusões. Referências.

1. NOTAS INTRODUTÓRIAS

A história nos revela que o médico sempre foi a voz preponderante; o condutor de todas as decisões de saúde na relação com o seu paciente. Essa assimetria de poder variava conforme a época e os seus respectivos costumes. Havia tempos em que a autoridade decorria da divindade que ao médico era atribuída, na condição de mago ou religioso. Em outros, justificava-se pelos atributos técnicos do profissional, pois enquanto detentor do conhecimento, seria o único legitimado para definir a melhor escolha terapêutica ao seu paciente. Os feitos científicos e biotecnológicos fomentaram a ideia de comando que o médico deveria exercer, calcado na confiança e expectativa do paciente a essas novas transformações.

Mas esse paternalismo, de forma paulatina, foi sendo substituído por uma relação médico-paciente mais equilibrada e baseada na tomada de decisões compartilhadas, com a participação ativa e colaborativa do paciente, que hoje é cônscio de seus direitos, e não mais admite ser figura passiva.

Há vários motivos que explicam essa mudança de paradigma no vínculo paciente-médico. São multifacetados e se somam. Aliás, vale sempre invocar o passado para entendermos que os direitos fundamentais e da personalidade hoje estatuídos tiveram como importante marcador os ataques inconcebíveis às integridades corporal e psíquica das vítimas do regime Nazista, feitos no âmbito de pesquisas clínicas, a pretexto de que seria para o bem da humanidade e do progresso cientifico

Camila Vasconcelos assevera que:

> Visto isto, entre os anos 1940 e 1970, puderam-se perceber avanços na ciência que provocavam discussões, tanto pelo caráter inovador de muitos deles, quanto pelo desrespeito à vida em algumas pesquisas e assistências médico-cientificas. Por consequência desse contexto, foram suscitados debates e conferências envolvendo cientistas e, gradualmente, estudiosos da área das humanidades", de modo que, pouco a pouco, profissionais de campos não-médicos estavam envolvidos em resoluções sobre novas inquietações.[1]

A Constituição de 1988 assegura a todos o direito à liberdade e à informação (em nome da autodeterminação como direito fundamental) e meios concretos de efetivação do direito à saúde.

O artigo 15 do Código Civil brasileiro, inspirado na gênese constitucional e em tratados internacionais, regulamentou a autodeterminação do paciente, especificamente quanto ao seu direito de recusa terapêutica. Prescreve a norma que "Ninguém pode ser constrangido a submeter-se, com risco de vida, a tratamento médico ou a intervenção cirúrgica". Outras legislações

---

1 VASCONCELOS, Camila - *Direito Médico e Bioética: História e judicialização da relação médico-paciente*, Rio de Janeiro, Ed. *Lumen Juris*, 2020, p. 33.

extravagantes também tratam de forma semelhante do tema, garantindo, após informação adequada, o direto do paciente em consentir ou recusar de forma livre, voluntária e esclarecida procedimentos diagnósticos ou terapêuticos a serem nele realizados.

Com a mesma vertente, o Código de Ética Médica, justamente para salvaguardar a autonomia do paciente, contém no seu bojo vários dispositivos deontológicos, no sentido de vedar ao médico a prática de ações desrespeitosas ao consentimento livre e esclarecido. O artigo 31 estabelece, em outras palavras, que o médico deve garantir ao paciente ou a seu representante legal, o direito de "decidir livremente sobre a execução de práticas diagnósticas ou terapêuticas, salvo em caso de iminente risco de morte."

Em sequência, foi promulgada a Lei de Proteção e Defesa do Consumidor (Lei 8.078/90), que, a teor do entendimento sufragado pelo Superior Tribunal de Justiça[2] é empregada

2 AGRAVO INTERNO NO AGRAVO EM RECURSO ESPECIAL. RESPONSABILIDADE CIVIL. ERRO MÉDICO. FALHA NO ATENDIMENTO. RESPONSABILIDADE DO HOSPITAL CONFIGURADA. AGRAVAMENTO DA SAÚDE DO PACIENTE. NEXO CAUSAL E DEVER DE INDENIZAR DEMONSTRADOS. AGRAVO NÃO PROVIDO.
1. No tocante à responsabilidade civil de entidades hospitalares e clínicas, esta Corte de Justiça firmou orientação de que: "(i) as obrigações assumidas diretamente pelo complexo hospitalar limitam-se ao fornecimento de recursos materiais e humanos auxiliares adequados à prestação dos serviços médicos e à supervisão do paciente, hipótese em que a responsabilidade objetiva da instituição (por ato próprio) exsurge somente em decorrência de defeito no serviço prestado (artigo 14, caput, do CDC); (ii) os atos técnicos praticados pelos médicos, sem vínculo de emprego ou subordinação com o hospital, são imputados ao profissional pessoalmente, eximindo-se a entidade hospitalar de qualquer responsabilidade (artigo 14, § 4º, do CDC); e (iii) quanto aos atos técnicos praticados de forma defeituosa pelos profissionais da saúde vinculados de alguma forma ao hospital, respondem solidariamente a instituição hospitalar e o profissional responsável, apurada a sua culpa profissional. Nesse caso, o hospital é responsabilizado indiretamente por ato de terceiro, cuja culpa deve ser comprovada

para reger as relações entre profissionais da saúde e pacientes, conquanto comunguemos do entendimento de que esse microssistema não se aplica a esses vínculos, em virtude de que a medicina não tem como essencialidade o lucro.

O *status* de consumidor, queiramos ou não, impele o paciente a agir como tal e, ao médico, por sua vez, resta o temor de ser processado, como se suportasse o peso da espada de Dâmocles.

Além disso, o avanço tecnológico, a superespecialização da medicina, a virtualização da relação com o paciente e os atendimentos em massa na saúde pública e suplementar também têm contribuído para o esmorecimento do vínculo.

Assim, esse cenário de Judicialização da medicina se tornou cotidiano quando tratamos da prática médica, e a evolução da relação do médico com seu paciente vem ganhando contornos incomuns que repercutem sensivelmente na esfera dos direitos subjetivos dos sujeitos envolvidos, no ato de prestar serviços de saúde e de recebê-los.

pela vítima de modo a fazer emergir o dever de indenizar da instituição, de natureza absoluta (artigos 932 e 933 do Código Civil), sendo cabível ao juiz, demonstrada a hipossuficiência do paciente, determinar a inversão do ônus da prova (artigo 6º, inciso VIII, do CDC)" (REsp 1.145.728/MG, Rel. p/ acórdão Ministro Luis Felipe Salomão, Quarta Turma, julgado em 28.06.2011, *DJe* de 08.09.2011).
2. A Corte de origem, analisando o acervo fático-probatório dos autos, concluiu que ficou comprovado que as consequências do acidente vascular cerebral sofrido pelo recorrido foram efetivamente agravadas pelos erros do primeiro atendimento prestado pelo médico, preposto do recorrente, o que gera o dever de indenizar pelos danos morais e materiais.
3. Nesse contexto, a modificação de tal entendimento lançado no v. acórdão recorrido demandaria o revolvimento de suporte fático-probatório dos autos, o que é inviável em sede de recurso especial, a teor do que dispõe a Súmula 7 deste Pretório.
4. Agravo interno a que se nega provimento.
(AgInt no AREsp 1532855/SP, Rel. Ministro RAUL ARAÚJO, QUARTA TURMA, julgado em 21/11/2019, *DJe* 19.12.2019)

Em meio a esse panorama atual, como é inevitável, surgiu a discussão referente à medicina defensiva, cujo objetivo é o desenvolvimento de atividades aptas a diminuir a ocorrência de divergências havidas entre o médico e seu paciente que poderão ser objeto de um possível conflito de natureza civil, ética ou mesmo penal.

Mas, será que essa é a melhor resposta para a proteção dos profissionais de saúde?

A resposta é certamente negativa. A medicina exercida com o viés defensivo é deveras prejudicial aos direitos fundamentais do paciente e da coletividade. É preciso migrarmos de uma medicina defensiva para uma "medicina bioética". Ou seja, uma atuação profissional centrada no bem-estar do paciente, por meio de ações de diálogo, empatia, valorização da autonomia e adoção de documentos que corroboram o compromisso com a dignidade da pessoa humana, inclusive o da utilização racional de instrumentos para a consolidação e fomento do consentimento livre e esclarecido.

O médico contemporâneo, diligente e atencioso, deve se atentar às atuais nuances de sua profissão, sempre com a intenção de aprimorar o desenvolvimento de sua atividade, e sobretudo se ater aos postulados jurídicos e bioéticos para equacionar os dilemas e conflitos decorrentes da assistência, como a utilização de princípios da autodeterminação, beneficência, não maleficência, equidade e justiça, e outros valiosos, como os previstos na Declaração Universal sobre Bioética e Direitos Humanos (UNESCO),[3] cuja aplicação será feita mediante cada contexto concreto.

Esse tipo de exigência é derivada, ainda, do próprio mercado (que regula os negócios) que exige o implemento da gover-

3 Disponível em: http://www.bioetica.org.br/?siteAcao=DiretrizesDeclaracoesIntegra&id=17.

nança corporativa e de uma adequada política de *Compliance, principalmente digital e de dados dos pacientes*, em especial após a Revolução Tecnológica, a LGPD e o fortalecimento de uma massa de consumidores críticos e muito informados.

Portanto, infere-se que essas transformações sociais resultaram no fortalecimento e na ampliação dos direitos dos cidadãos, como a tutela de seus dados pessoais (no caso dos pacientes, essa proteção é adicional, porque suas informações de saúde são sensíveis). Por outro lado, surgem novos deveres aos profissionais e organizações de saúde.

Nesse cenário, emergem também inúmeros desafios ao operador jurídico, especialmente no que concerne à interpretação dos comandos legais que perfazem a Lei Geral de Proteção de Dados, especialmente o do artigo 11, inciso II, alínea *f*, que dispensa a obtenção do consentimento livre e esclarecido para o tratamento de dados quando coletados para a tutela da saúde.

Dessa feita, pela leitura desse dispositivo, estariam os profissionais e Instituições de Saúde desonerados à obtenção do consentimento do paciente (ou do representante legal deste)?

É justamente esse o desafio a que estes autores se propõem.

2. A PRECARIZAÇÃO DA RELAÇÃO PACIENTE-MÉDICO E A PRECIPITAÇÃO PROBATÓRIA PARA AJUIZAMENTO DE AÇÃO OU DE APRESENTAÇÃO DE DEFESA

Infelizmente, a atmosfera de desconfiança entre o paciente e o médico é um elemento palpável no contexto atual. Assim, os pacientes, por vezes, sem nenhuma má-fé, já entram nas consultas acreditando que o atendimento será insuficiente e rápido demais. Ainda ficam intrigados quanto às indicações, prescrições, ocultação de falhas e adequação do valor dos honorários cobrados.

O médico, conquanto ciente de que está prestando um serviço de excelência, trabalha com medo de a sua honra ser maculada por meio das redes sociais, na imprensa e em processos administrativos, éticos e judiciais movidos. Somado a isso, teme sofrer desfalques em seu patrimônio em razão das substanciosas indenizações.[4]

O que deve ficar claro neste texto é que não há parte certa ou errada nesse sítio relacional. Não há médico vilão e paciente mocinho (e vice-versa). Parte boa ou má. Nem um nem outro tem culpa pelo fenômeno da judicialização. Ambos, por excelência, são vítimas de um complexo sistema *conjuntural que afetou profundamente a relação paciente-médico.*

Fato é que a predisposição litigiosa levou vários médicos e pacientes a lançarem mão de instrumentos e estratégias probatórias precipitadas e, muitas vezes, totalmente desnecessárias, como gravações em áudio ou vídeo das consultas, exames e procedimentos. Pensamos que a esmagadora maioria grava a consulta sem nenhum tipo de ardil ou malícia.

Entre essas medidas, as maiores controvérsias residem na licitude e eticidade (observância da boa-fé objetiva) das gravações captadas nos atendimentos.

As principais dúvidas dos profissionais da saúde são: O paciente tem o direito de gravar a consulta sem pedir autorização ao profissional? E o médico, também teria o direito de gravar sem o consentimento do paciente?

4 A profissão médica é intrincada e rodeada de externalidades como eventos adversos imprevisíveis ou sequelas decorrentes da própria doença, interação do paciente com os colaboradores de clínicas e hospitais e a própria relação com o paciente que podem gerar possibilidades de problemas judiciais (sejam processos cíveis de indenização e/ou criminais no Poder Judiciário), além de sindicâncias e processos ético-profissionais nos Conselhos de Classe e até mesmo processos administrativos disciplinares (os PAD`s) no âmbito da Administração Pública, quando um médico é questionado, por exemplo, da existência de um evento danoso em prestação de serviços de saúdo quando está desempenhando função pública em hospital público do qual é servidor estatutário ou contratado pela CLT e desempenha função pública.

3. O DEVER DE SIGILO MÉDICO E A NECESSIDADE DE RESPEITO AOS DIREITOS FUNDAMENTAIS DOS PACIENTES

Por oportuno, vale relembrar que a intimidade, a vida privada, a honra, a imagem e a voz das pessoas são bens especialmente tutelados pela Ordem Jurídica Pátria, tanto é que o ofendido tem assegurado o direito à indenização pelos danos morais e materiais que advierem de sua violação, consoante a dicção inferida do art. 5º, X, da Constituição Federal.[5]

Além disso, o Código Civil, em seus artigos 20 e 21, reforça a inviolabilidade desses *direitos da personalidade* (com tutela especial do ordenamento jurídico brasileiro), destacando que a vítima, além das indenizações pertinentes, tem a guarida do Estado caso demostre que tenha sofrido exposição indevida de sua imagem ou caso aponte estar na iminência de violação. Portanto, "o juiz, a requerimento do interessado, adotará as providências necessárias para impedir ou fazer cessar ato contrário a esta norma".[6]

5 "Art. 5º Todos são iguais perante a lei, sem distinção de qualquer natureza, garantindo-se aos brasileiros e aos estrangeiros residentes no País a inviolabilidade do direito à vida, à liberdade, à igualdade, à segurança e à propriedade, nos termos seguintes:
X – são invioláveis a intimidade, a vida privada, a honra e a imagem das pessoas, assegurado o direito a indenização pelo dano material ou moral decorrente de sua violação". Disponível em: http://www.planalto.gov.br/ccivil_03/constituicao/constituicao.htm.

6 Art. 20. Salvo se autorizadas, ou se necessárias à administração da justiça ou à manutenção da ordem pública, a divulgação de escritos, a transmissão da palavra, ou a publicação, a exposição ou a utilização da imagem de uma pessoa poderão ser proibidas, a seu requerimento e sem prejuízo da indenização que couber, se lhe atingirem a honra, a boa fama ou a respeitabilidade, ou se se destinarem a fins comerciais.
Art. 21. A vida privada da pessoa natural é inviolável, e o juiz, a requerimento do interessado, adotará as providências necessárias para impedir ou fazer cessar ato contrário a esta norma.

Em outras palavras, esses artigos do Código Civil explicitam que a exposição ou a utilização da imagem de uma pessoa poderá ser proibida – por meio de uma ação judicial de Tutela Inibitória dos direitos da personalidade ou ação de tutela de remoção do ilícito – a seu requerimento e sem prejuízo da indenização que couber, se lhe atingirem a honra, a boa fama ou a respeitabilidade, ou se se destinarem a fins comerciais.

Observe-se, ainda, que o *Código de Ética Médica*[7] prevê que é vedado ao médico "Revelar fato de que tenha conhecimento em virtude do exercício de sua profissão, salvo por *motivo justo, dever legal* ou *consentimento, por escrito*, do paciente" (grifos nossos). Assim, note-se que o dispositivo deontológico visa resguardar a intimidade do paciente, um dos valores constitucionais mais caros e quase uma sacralidade para a medicina, desde os tempos de Hipócrates, o qual ensinava que "*O que no exercício ou fora do exercício e no comércio da vida eu vir ou ouvir, que não seja necessário revelar, conservarei como segredo*".

O sigilo profissional diz respeito ao segredo cujo domínio de divulgação deve ser restrito a um cliente, uma organização ou um grupo, sobre o qual o profissional da saúde possui inteira responsabilidade pela integridade dessas informações e dados.

Segundo Hermes Rodrigues de Alcântara:

> É uma obrigação e um direito irmanados da moral e da lei, que o médico tem, diante do paciente, de não revelar fatos, considerados sigilosos, que tome conhecimento, direta ou indiretamente, no exercício de sua profissão. É um daqueles imperativos hipotéticos, da teoria de Kant, porque dele depende a confiança que a medicina precisa do paciente, para que seu fim seja alcançado.[8]

---

7 Resolução CFM n° 2.217, de 27 de setembro de 2018, modificada pelas Resoluções CFM nº 2.222/2018 e 2.226/2019.

8 ALCÂNTARA, Hermes Rodrigues de. Perícia médica judicial, Rio de Janeiro, Guanabara Koogan, 2006. ISBN: 9788527711456

Não podemos descurar das impactantes palavras do doutrinador cristão Santo Agostinho, em magnífica análise sobre a confissão: *"O que sei por confissão sei-o menos de que aquilo que nunca soube"*[9].

Note-se que, com a evolução da sociedade, surgiram diversas profissões, tendo cada uma delas suas demandas específicas. Algumas, por estarem diretamente ligadas à esfera íntima das pessoas, passaram a ser reguladas por normas especiais, *como é o caso do sigilo profissional médico.*

Em um passado próximo, o sigilo era considerado um dever do médico. No século XX surge uma preocupação de integrar o segredo médico ao âmbito de direito do cidadão, passando a ser protegido por uma série de Constituições e Códigos Deontológicos, Civis e Penais em todo o mundo.

A violação ao sigilo profissional constitui ato de extrema delicadeza, razão por que só deve ocorrer em casos excepcionais (consentimento do paciente, dever legal ou justa causa) e, assim mesmo, com muita acuidade e reservas[10].

Por isso, aliás, que o profissional deve primar por condutas de gestão que visem à proteção da intimidade dos seus assistidos, mormente porque os dados de saúde que lhes são confiados possuem características sensíveis, vale dizer, suscetíveis a causar impactos severos e extensos aos bens jurídicos mais caros dos pacientes.

São notórios os riscos inerentes ao setor médico-hospitalar, como aqueles ambientais ou sanitários (por exemplo, relacionados à manipulação, destinação e descarte de resíduos), aqueles ligados à relação com a indústria farmacêutica ou os vinculados à relação com o Poder Público (por exemplo, na ob-

9 França GV. *Direito médico.* 6a ed. São Paulo: Byk; 1994.

10 O STF já assentou que é "Constrangimento ilegal exigir-se de clínicas ou hospitais a revelação de suas anotações sigilosas". (RTJ 24/466)

tenção de licenças e alvarás ou participação em licitações etc.), em que a preocupação com a ocorrência de falhas é manifesta[11].

Na era da virtualização das relações humanas nascem outros riscos, como a violação (mesmo que sem culpa) da *confidencialidade de informações de pacientes*, justamente porque a atividade médica já gravita em torno da questão ética e, talvez, *sequer esses "novos" riscos da prestação em serviços de saúde sejam encarados como cruciais ou tidos como pontos de atenção mandatória.*

Mas, com efeito, devem ser considerados assim, principalmente com o avanço da tecnologia da informação e com a ampla utilização de prontuários eletrônicos. Vale lembrar o caso do ciberataque,[12] que ocorreu em 12 de maio de 2017, e que paralisou 17 hospitais na Inglaterra e afetou mais de 70 países em todo o mundo.

Há também o caso, ocorrido recentemente, de "sequestro" e pedido de resgate de dados sensíveis (prontuários médicos em psiquiatria) *de uma grande clínica de psicoterapia na Finlândia, no qual houve pedido de resgate* R$ 2,9 milhões em *bitcoins* das informações das sessões de terapia. *E como a empresa se recusou a pagar, as informações dos pacientes foram parar na deep web.*[13]

O médico se vê, portanto, *como um juiz de suas próprias ações,* um profissional que constantemente se encontra em

---

11 *RICCI, Rochelle. Compliance de hospitais e divulgação de dados de paciente.* Acesso pela rede mundial de computadores em 11/11/2020. Disponível em: https://www.jota.info/paywall?redirect_to=//www.jota.info/opiniao-e-analise/artigos/compliance-de-hospitais-e-divulgacao-de-dados-de-paciente-12032017

12 Ciberataques em larga escala atingem empresas no mundo e afetam Brasil. Disponível em: https://g1.globo.com/tecnologia/noticia/hospitais-publicos-na-inglaterra-sao-alvo-cyber-ataques-em-larga-escala.ghtml. Acesso em: 26 ago. 2018.

13 Disponível em: https://www.bbc.com/portuguese/geral-54698957

situações nas quais deve prezar pela arte da prudência e pela moderação. Compete-lhe zelar pela dignidade e integridades psicofísica do paciente, pela imagem daqueles que a ele confiaram seus segredos mais íntimos, e pela dignidade da profissão.

4. GRAVAÇÃO DOS ATENDIMENTOS MÉDICOS PELO PACIENTE

Passemos, então, à análise técnica da controvérsia. O paciente tem o direito de gravar consultas e atendimentos sem a autorização do profissional prestador do serviço? E o médico, pode gravar sem informar o paciente?

Quanto ao paciente, a resposta é afirmativa. Ou seja, o paciente não precisa obter o consentimento do médico para gravar, pois, a teor do que prescreve o Superior Tribunal de Justiça, a gravação, por si, não induz a ato ilícito (*não caracteriza prova ilícita* em uma demanda criminal ou cível), ainda que seja realizada sem o conhecimento do profissional.

Com efeito, em 2004, o embate acerca da gravação de diálogos entre médico e paciente chegou ao STJ (Processo: MC 7.625), no qual a Corte decidiu que tal expediente não se configura fonte de prova ilícita. Julgou, inclusive, que o áudio ou vídeo gravado por paciente pode servir como prova no processo.

Segunda consta do julgado, "nada há de imoral nessa gravação, mesmo que da gravação não tivessem ciência os outros interlocutores. O autor (U.A.L.) apenas registrou em gravação magnética a própria conversa mantida com os médicos que lhe prestaram um serviço de assistência à saúde".

O que não pode ocorrer, registra-se, é a interceptação de conversa de terceiros ou gravações ambientais clandestinas, a exemplo das escutas telefônicas ou de colocação de microfones para gravar determinado diálogo entre pessoas.

Para exemplificar, em uma conversa entre "A" e "B", se "A", o paciente ou seu representante legal, grava esse diálogo, a prova é considerada lícita (válida). Em outra situação, em uma conversa mantida entre "A" e "B", se "C" (terceiro que não está participando do diálogo) a grava, sem o conhecimento dos interlocutores e sem autorização legal para tanto, atesta-se a ilicitude da prova, por ser considerada escuta ambiental.

Enfim, o paciente que grava a consulta sem informar o médico não age ilicitamente, estando, assim, no legítimo exercício regular de direito seu. Lembremo-nos de que a possibilidade de gravação não confere ao paciente o direito de publicar o conteúdo da filmagem ou do áudio e expô-los a terceiros (redes sociais, WhatsApp, imprensa, amigos, colegas de trabalho, dentre outros), porque aí estaria lesando bem jurídico alheio, no caso, violando a intimidade do profissional da medicina.

Nessa ordem de ideias, se o paciente fizer uso indevido dessa gravação, sem que haja autorização prévia do outro interlocutor (no caso, o médico), o profissional poderá se valer do instituto da responsabilidade civil, para que seja indenizado dos danos extrapatrimoniais experimentados, por violação aos seus direitos fundamentais (intimidade, vida privada, voz e imagem) assegurados pela Constituição Federal, sem prejuízo de repercussões na esfera criminal (crimes contra a honra).

Cumpre observar que, se o médico perceber que a consulta está sendo gravada, tem a prerrogativa de suspender e rescindir o contrato, motivado pela quebra da confiança, desde que, igualmente, não se trate de urgência e emergência (pois, nesses casos o dever de agir é imperativo), de acordo com o § 1º do artigo 36 do Código de Ética Médica.[14]

14 Art. 36, § 1°, do CEM: "Ocorrendo fatos que, a seu critério, *prejudiquem o bom relacionamento com o paciente ou o pleno desempenho profissional, o médico tem o direito de renunciar ao atendimento*, desde que comunique previamente ao paciente ou a seu representante legal, assegurando-se da continuidade dos cuidados e fornecendo todas as informações necessárias ao médico que o suceder" (destaques nossos).

Em 2016, o Conselho Federal de Medicina, (CFM, Despacho SEJUR 386/16), pontificou que a gravação feita pelo paciente está condicionada à autorização do médico. Nessa mesma normativa, de forma acertada, deixou assente o direito de o médico recusar o atendimento nessas condições. Por fim, destacou que o profissional tem o direito da preservação da sua imagem caso a gravação ocorra (ou por meio oculto ou por autorização médica).

Vale considerar que a tentativa de registro pode se dar por insegurança do paciente ou até mesmo para reforçar em sua memória as orientações feitas na consulta (em raríssimos casos por má-fé). De qualquer modo, se o médico perceber eventual gravação e mal-estar, pensamos que é o momento adequado para tentar pacificá-lo, por intermédio de uma interlocução clara e segura (antes de suspender o atendimento), e buscar entender as razões do paciente.

Recomendamos aos profissionais que implementem em seu fluxo de trabalho, além do diálogo aberto, paritário e informativo, documentos que visem robustecer a autonomia e o senso de cooperação do paciente, com regras claras quanto aos seus deveres, buscando-se sempre a tomada de decisão compartilhada.

Pode-se utilizar também um *Non-Disclosure Agreement – NDA* (com cláusula de não revelação), por exemplo, o qual demonstrará logo ao paciente que este possui o dever jurídico de preservar a imagem e a voz do médico, sendo proibido compartilhar com terceiros as consultas e os procedimentos. Essa consciência, sem dúvida, reduz as chances de que o paciente exponha o material gravado, evitando ilícitos danosos. É uma forma, assim, de prevenir a responsabilização civil. Nesse mesmo termo, o médico pode também enfatizar por escrito o seu próprio dever de sigilo profissional, o que conferirá equilíbrio na relação.

Importante salientar que o direito do paciente à gravação é limitado à relação com o médico, sendo ilícita se realizada na presença de terceiros, como profissionais não vinculados ao caso e pacientes, os quais têm direito à tutela de sua intimidade (gravações realizadas em ambiente médico-hospitalar no qual estejam outros profissionais da saúde e outros pacientes).

Para finalizar a primeira parte do artigo, concluímos que, malgrado se trate de ato permitido pelo Direito, entendemos que a gravação feita pelo paciente, sob o ponto de vista bioético, em uma primeira análise, não se apresenta como a medida mais acertada, pois essas iniciativas, a depender do caso concreto, podem desencadear suspeitas e estremecimentos no elo recíproco de confiança, o que não se coaduna com a fidúcia, que é elemento fulcral na relação médico-paciente.[15] Se o paciente estiver inseguro quanto à condução terapêutica, é muito mais benéfico que dialogue com o seu médico, no sentido de expor suas angústias, dúvidas e anseios. A relação, daí, tende a se solidificar e, por consequência, as chances de sucesso no tratamento são bem maiores.

Por outro lado, a ideia da gravação não pode ser de plano rejeitada, especialmente quando desenvolvida para conferir ao paciente maior autonomia e participação em seu tratamento.

Feita a análise do comportamento do paciente, passa-se à avaliação da licitude e eticidade da conduta do médico (consistente em gravar consultas de forma oculta).

Pois bem. Se fossemos seguir a mesma linha intelectiva adotada pelo Superior Tribunal de Justiça no processo em que decidiu ser lícita a gravação feita pelo paciente sem a permissão do médico, a resposta, *a princípio*, por um critério justo e de coesão ao sistema, seria a de que o médico também ostentaria tal direito (gravar sem autorização), pelo menos, até bem pouco tempo antes da entrada em vigor da *Lei Geral de Proteção de Dados*.

---

15 De acordo com o princípio da boa-fé objetiva contido tanto no CDC como no art. 422 do CC.

5. GRAVAÇÃO DOS ATENDIMENTOS PELO PROFISSIONAL DA SAÚDE: A LICITUDE DA GRAVAÇÃO E A NECESSIDADE DO CONSENTIMENTO DO PACIENTE PERANTE UMA INTERPRETAÇÃO LÓGICO-SISTEMÁTICA

A Lei Geral de Proteção de Dados, segundo se infere do seu artigo 1º "dispõe sobre o tratamento de dados pessoais, inclusive nos meios digitais, por pessoa natural ou por pessoa jurídica de direito público ou privado, com o objetivo de proteger os direitos fundamentais de liberdade e de privacidade e o livre desenvolvimento da personalidade da pessoa natural".[16]

Com efeito, o respeito à intimidade e à autodeterminação informativa são algumas das razões de existir da lei em enfoque. Em palavras outras, para preservação e tutela desses interesses jurídicos, nasce a LGPD, que estabelece rigorosos padrões de comportamentos impostos às pessoas naturais e jurídicas (agentes de tratamento), que manipulam dados das pessoas naturais.

Com a promulgação e vigência da LGPD em nosso Sistema Jurídico, o médico, assim como todos os profissionais e Organizações da saúde, devem obediência aos ditames da lei, que estabelece critérios para o adequado tratamento de dados[17] das pessoas naturais, coletados em espaços virtuais ou físicos[18].

---

16 Disponível em: http://www.planalto.gov.br/ccivil_03/_ato2015-2018/2018/lei/L13709.htm.

17 Além disso, os dados agora são o novo "petróleo" do mundo e, em tempos de ***Big Data***, todas as pessoas e empresas vivem buscando a segurança da informação, proteção dos dados e a privacidade com base em suas informações digitais, seja em seu computador, *smartphone*, servidores PACS, sistemas HIS / RIS, todo local onde possa armazenar dados pessoais, estejam esses em empresas privadas ou públicas.

18 Não é novidade que a inteligência artificial (AI) e internet das coisas (*Internet of Things - IoT*) estão, incessantemente, resinificando a tecnologia na Saúde e prestação de serviços em saúde. A indústria

No art. 11 e seus incisos estão elencadas as hipóteses que permitem o tratamento de dados sensíveis pelos agentes de tratamento, estando incluída nesse rol de admissibilidade a autorização para tutela da saúde (inciso II, f). Depreende-se, então, que o médico, no melhor interesse do paciente, possui amparo legal para gravar a consulta, com o objetivo de ter disponível a integralidade das principais informações auferidas do diálogo, a fim de que elabore em favor do paciente condutas diagnósticas e terapêuticas mais seguras e direcionadas, cujo material deverá ser anexado ao prontuário (de papel ou eletrônico), podendo ser consultado pelo profissional e/ou pelo paciente.

O profissional ainda pode justificar a licitude da gravação com base no art. 11, II, *d*, da Lei em comento (*exercício regular de direitos*). Assim, sob o manto de estar no exercício regular de um direito seu, está legitimado a tratar os dados extraídos da gravação da consulta, para que exerça o ato médico com maior lastro de segurança ou como meio de se resguardar em caso de eventual processo administrativo ou judicial advindo da relação com o paciente.

Feitos esses esclarecimentos, sigamos para outra indagação. O médico é obrigado a coletar o consentimento do paciente para gravar a consulta?

Segundo se infere da leitura do art. 11, II, *f*, da LGPD, o consentimento não é obrigatório quando o tratamento é indispensável para assegurar a tutela da saúde, quando realizado por profissionais de saúde, serviços de saúde ou autoridade sanitária.

Contudo, se por um lado a interpretação literal da lei é no sentido de que não há obrigatoriedade de obtenção do consentimento do paciente para tratamento de seus dados de saúde

4.0, a qual estamos vivendo agora, vem transformando nossa atual sociedade criando um novo modelo social, a sociedade digital, que ao nosso ver é irrefreável.

(pois necessários para condução do tratamento), de outro, não se pode perder de vista que a Lei impõe outros deveres aos controladores/entes de saúde. A propósito, prescreve "que eventual dispensa da exigência do consentimento não desobriga os agentes de tratamento das demais obrigações previstas nesta Lei, especialmente da observância dos princípios gerais e da garantia dos direitos do titular". (art. 7º, § 6º, da LGPD)

Tomemos como exemplo o dever de informar, estabelecido no art. 6º, I, da LGPD. Em deferência e obediência à boa-fé objetiva, o profissional fica obrigado a comunicar ao paciente os motivos que justificam a realização do tratamento/gravação (princípio da finalidade), o que deverá ser feito de forma específica e explícita. A modo de exemplo, deve o médico informar que a gravação será realizada com a finalidade de que nenhum dado relevante se perca e de que serão respeitadas a privacidade, a autodeterminação informativa, a inviolabilidade da intimidade, da honra e da imagem, os direitos humanos, o livre desenvolvimento da personalidade, a dignidade e o exercício da cidadania do paciente.[19]

Na prestação da informação, deve o profissional, além de justificar a necessidade e a finalidade específica da coleta (gravação), informar o paciente acerca do instrumento utilizado, o

---

19 LGPD:
Art. 4º Esta Lei não se aplica ao tratamento de dados pessoais:
I – realizado por pessoa natural para fins exclusivamente particulares e não econômicos;
Art. 7º O tratamento de dados pessoais somente poderá ser realizado nas seguintes hipóteses:
I – mediante o fornecimento de consentimento pelo titular;
§ 6º A eventual dispensa da exigência do consentimento não desobriga os agentes de tratamento das demais obrigações previstas nesta Lei, especialmente da observância dos princípios gerais e da garantia dos direitos do titular.
Art. 8º O consentimento previsto no inciso I do art. 7º desta Lei deverá ser fornecido por escrito ou por outro meio que demonstre a manifestação de vontade do titular.

meio de armazenamento, a forma e a duração do tratamento (no caso, o paciente deverá ser alertado que o material ficará armazenado – Lei 13.787/18, que dispôs sobre a digitalização e a utilização de sistemas informatizados para a guarda, o armazenamento e o manuseio de prontuário de paciente., em razão de imperativo legal), a identificação e as informações do controlador, possíveis usos compartilhados e a responsabilidade dos agentes que realizarão o tratamento.

Como a coleta de dados pessoais de pacientes para fins de saúde é condição essencial à prestação do serviço, assume o médico e/ou instituição, segundo a letra do § 3º do art. 9º, o dever de informar este fato ao paciente/titular de modo destacado, e sobre os meios pelos quais poderá exercer os seus direitos elencados no art. 18 da Lei.

Além disso, deve-se assegurar ao assistido o acesso facilitado de seus dados, para consulta, segundo a dicção do IV do art. 6º da LGPD, e *testificar medidas de segurança para proteção dessa gravação contra uso de terceiros não autorizados e contra situações acidentais ou ilícitas.*

Impende destacar que o art. 11, II, *f*, da LGPD, que dispensa o consentimento para tutela da saúde, não deve ser interpretado de forma restritiva, mas em uma abordagem teleológica e lógico-sistemática. Ora, se uma das finalidades da lei é conferir à pessoa natural o controle e a disposição de seus dados (princípio da autodeterminação informativa), seria contraditória e contraproducente à dispensa do seu consentimento para tratá-los.

Na dicção acertada de Marcos Vinicius Furtado Coelho,

Novos dados de realidade exigem o reconhecimento de novos direitos e o alargamento das garantias jurídicas com vistas a tutelar, com a máxima efetividade, a autodeterminação das pessoas e, ao fim e ao cabo, o direito à dignidade humana. Na Era da Informação, inegável que o direito ao sigilo dos dados pessoais e à autodeterminação sobre eles seja constitutivo de um direito mais amplo da dignidade e da personalidade humanas. No centro da ordem constitucional estão o valor e a dignidade da pessoa que age com livre autodeterminação enquanto membro de uma sociedade igualmente livre.[20]

Importante mencionar, também, que o ônus de provar que a informação foi devidamente prestada é do médico ou organização de saúde (controlador), razão por que recomendamos que o consentimento da tomada da informação seja reduzido a termo, até como forma de boa-fé.[21]

Uma vez comunicado ao paciente que a consulta será gravada por áudio, vídeo ou instrumento audiovisual, há dois possíveis caminhos. Ou o paciente anui com o tratamento de seus dados nos moldes propostos pelo médico, ou então dissente.

Ocorrendo a segunda hipótese, ou seja, se o paciente não aceitar a gravação, pode o médico abrir mão desta (fazendo valer o desejo do paciente) ou mesmo optar pela renúncia em prestar atendimento a esse paciente, a menos que o caso denote situação de urgência e emergência.

CONCLUSÕES

Como exposto, o papel do médico e a sua atuação na sociedade têm sofrido alterações significativas em um curto espaço de tempo. Anteriormente observado de uma forma paternalista, impositiva e inquestionável, o médico atual tem um papel interativo com o paciente, no qual este último deve ser ouvido e ser informado sobre as reais condições de sua saúde (princípios da bioética) e com tomada compartilhada de decisões.

Em razão do que foi supra tratado, mostra-se que, em tempos de *big data,* rede mundial de computadores e *Apps* em *hel-*

---

20 https://www.conjur.com.br/2020-jun-28/constituicao-direito-protecao-dados-tutela-autodeterminacao-informativa

21 Fala do ônus da prova do consentimento e não da informação.

thcare, é indispensável que sejam tomados todos os cuidados *possíveis para assegurar o sigilo dos dados e informações dos pacientes* (essencial tanto do ponto de vista legal quanto ético), certificando-se o profissional de que esses só possam ser acessados pela equipe médica ou de enfermagem e o ideal seria o acesso por meio de banco de prontuários nacional (mediante protocolos mais robustos, como chaves duplas de segurança).

Em síntese, apesar de lícita, defendemos que a gravação de consultas, seja pelo paciente ou pelo médico, ressalvadas as casuísticas, não é a alternativa mais adequada na perspectiva bioética para angariar informações e dados de saúde do paciente, pois capaz de afetar a confiança, núcleo indispensável e indissociável do contrato de prestação de serviços médicos. Os instrumentos mais eficazes para evitar processos e condenações continuam sendo o respeito mútuo, uma conversa transparente e aberta entre as partes, humanização no atendimento, somado ao cuidado de bem informar e ao dever de preenchimento adequado dos documentos dos pacientes.

Por isso, a informação na relação médico-paciente torna-se o principal sustentáculo de relacionamento harmônico e deve funcionar como um instrumento de mão dupla, pois o paciente além de relatar com fidedignidade sobre sua saúde, deve também observar todos os cuidados e orientações transmitidas pelo médico, tudo em comum acordo para que haja sucesso no tratamento objetivado, respeitando-se a autonomia do médico e o direito de autodeterminação do paciente.

REFERÊNCIAS BIBLIOGRÁFICAS

ALCÂNTARA, Hermes Rodrigues de. *Perícia médica judicial*, Rio de Janeiro, Guanabara Koogan, 2006. ISBN: 9788527711456

ANTONIK, Luis Roberto. *Compliance, ética, responsabilidade social e empresarial.* Rio de Janeiro: Alta Books, 2016.

BALESTRIN, Alsones; VERSCHOORE. *Redes de cooperação empresarial:* estratégias de gestão na nova economia. Porto Alegre: Bookman, 2008.

BAUMAN, Zygmunt. *Globalização:* as consequências humanas. Tradução Marcus Penchel. Rio de Janeiro: Jorge Zahar, 1999.

BERWICK D. *Uma promessa de aprender:* um compromisso de agir: melhorar a segurança de pacientes na Inglaterra . Londres, Inglaterra: *Crown Publishing*, 2013.

BRASIL. Conselho Federal de Medicina – CFM. Disponível em: http://www.portalmedico.org.br/resolucoes/CFM/2012/1997_2012.pdf.

BRASIL. Constituição da República Federativa do Brasil, de 5 de outubro de 1988. Disponível em: http://www.planalto.gov.br/ccivil_03/constituicao/constituicao.htm.

Brasil. Lei nº 8.078, de 11 de setembro de 1990. Dispõe sobre a proteção do consumidor e dá outras providências. Disponível em: http://www.planalto.gov.br/ccivil_03/leis/l8078compilado.htm.

Brasil. Lei nº 10.406, de 10 de janeiro de 2002. Institui o Código Civil. Disponível em: http://www.planalto.gov.br/ccivil_03/leis/2002/l10406compilada.htm.

CANDELORO, Ana Paula P.; RIZZO, Maria Balbina Martins de; PINHO, Vinícius. *Compliance 360º:* riscos, estratégias, conflitos e vaidades no mundo corporativo. São Paulo: Trevisan, 2012.

CIBERATAQUES em larga escala atingem empresas no mundo e afetam Brasil. Disponível em: https://g1.globo.com/tecnologia/noticia/hospitais-publicos-na-inglaterra-sao-alvo-cyber-ataques-em-larga-escala.ghtml. Acesso em: 26 ago. 2018.

COIMBRA, Marcelo de Aguiar; MANZI, Vanessa Alessi (Coord.). *Manual de compliance:* preservando a boa governança e a integridade das organizações. São Paulo: Atlas, 2010.

COUTINHO, Léo Meyer. *Código de Ética Médica comentado.* 4ª ed. Florianópolis: OAB/SC, 2004.

FERNANDES, Beatriz. *O médico e seus direitos.* São Paulo: Nobel, 2010.

FRANÇA, Genival Veloso de. *Comentários ao Código de Ética Médica.* 5ª ed. Rio de Janeiro: Guanabara Koogan, 2005.

FRANÇA, Genival Veloso de. *Direito médico.* 9ª ed. Rio de Janeiro: Forense, 2009.

GHERSI, Carlos Alberto *Problemática moderna, relación médico-paciente.* Buenos Aires: Ediciones Jurídicas Cuyo, 2000.

GONÇALVES, José Antônio Pereira. *Alinhando processos, estrutura e compliance à gestão estratégica.* São Paulo: Atlas, 2012.

JAY KATZ. *The silent world of doctor and patient.* Baltimore: Johns Hopkins University Press, 2002.

MARIANO, Silva Gonçalves. Justa causa e dano moral. Disponível em: http://jus2.uol.com.br/doutrina/texto.asp?id=1205.

MORAES, Maria Celina Bodin de. O conceito de dignidade humana: substrato axiológico e conteúdo normativo. In: SARLET, Ingo (Coord.). *Constituição, direitos fundamentais e direito privado.* Porto Alegre: Livraria do Advogado, 2003.

PESSINI, Leo. Códigos de Ética e questões de final de vida. Disponível em: http://www.portalmedico.org.br/modificacaocem/include/artigos/mostraartigos.asp?id=982

VASCONCELOS, Camila. *Direito Médico e Bioética*, Ed. Lumen Juris, 2020.

Outros sites consultados:

https://www.bbc.com/portuguese/geral-54698957

http://www.planalto.gov.br/ccivil_03/_ato2015-2018/2018/lei/L13709.htm

http://www.bioetica.org.br/?siteAcao=DiretrizesDeclaracoesIntegra&id=17

http://www.planalto.gov.br/ccivil_03/_ato2015-2018/2018/lei/L13787.htm

http://www.portalmedico.org.br/pareceres/CFM/2000/22_2000.htm

https://www.jota.info/paywall?redirect_to=//www.jota.info/opiniao-e-analise/artigos/compliance-de-hospitais-e-divulgacao-de-dados-de-paciente-12032017

ALGUMAS REFLEXÕES SOBRE AS OBRIGAÇÕES DE MEIO E DE RESULTADO NA AVALIAÇÃO DA RESPONSABILIDADE MÉDICA

Hildegard Taggesel Giostri

1. INTRODUÇÃO

O vocábulo obrigação, derivado do latim (*obligatio*), refere-se a um instituto do Direito Romano, e tinha o sentido de um vínculo de direito que ligava, necessariamente, alguém a outrem, para solver algo dentro das conformidades do direito civil.[1]

Uma melhor compreensão de tal elemento pode, ainda, ser haurida a partir da análise da abrangência etimológica do vocábulo *obligatio*:

> *Ob* – preposição: por causa de, diante de, para, por.
> *Ligo* – verbo transitivo: ligar, enfaixar, atar, amarrar. Da junção das duas palavras tem-se *obligo* – verbo transitivo, que quer dizer ligar, atar, obrigar.

Sabe-se que a finalidade de uma obrigação é a realização de uma prestação, à qual se comprometeu o devedor, por meio

---

1 *Vinculum iuris quae necessitate adstringimur alicuis solvendae rei, secundum nostrae civitattis iuris. Apud* BITTAR, Carlos Alberto. **Direito das obrigações.** Rio de Janeiro: Forense Universitária, 1990, p. 9.

de uma relação originária. O inadimplemento dessa obrigação leva, à sujeição, o patrimônio do devedor para ressarcimento do credor.

O art. 397 do CC português abriga em seu bojo o próprio conceito de obrigação: *"Obrigação é o vínculo jurídico por virtude do qual uma pessoa fica adstrita para com a outra à realização de uma prestação".*

Clóvis BEVILÁQUA propôs uma definição bastante abrangente que informa: *Obrigação é a relação transitória que nos constrange a dar, fazer ou não fazer alguma coisa economicamente apreciável, em proveito de alguém que, por ato nosso ou de alguém conosco juridicamente relacionado, ou em virtude da lei, adquiriu o direito de exigir de nós esta prestação.*[2]

Genericamente, pois, pode-se entender que obrigação é vínculo; é um algo que passa a existir, temporariamente, ligando alguém a outrem. Se existem prestações obrigacionais as mais várias, as que aqui nos vão interessar dizem respeito ao vínculo que une o médico a seu paciente, e vice versa. Portanto, está-se a falar das obrigações quanto ao se conteúdo, quais sejam, as de *meio* e as de *resultado*.

2. AS OBRIGAÇÕES DE MEIO E DE RESULTADO

Na década de vinte, o jurista francês René DEMOGUE propôs classificar as obrigações – quando em função de seu objeto ou conteúdo – em duas categorias, a saber*: **obrigação de meio** e **obrigação de resultado**.*

Por óbvio, a idéia original não era sua, haja vista que as raízes desta dicotomia vêm desde o Direito Romano. De igual maneira, a própria doutrina germânica, no século XIX, já ofere-

2 BEVILÁQUA, Clóvis. **Código Civil Comentado**. Obrigações. v. 5, Rio de Janeiro: Livraria Francisco Alves, 1954, § 1º.

cia de forma explicita a diferenciação entre aqueles dois tipos de obrigações.[3]

Em uma prestação obrigacional caracterizada por uma *obrigação de meio*, o devedor se comprometeria a empregar todos os meios apropriados para a obtenção de um determinado resultado sem, contudo, se vincular a obtê-lo.

Esse tipo de obrigação serve para caracterizar o trabalho do médico, pois, neste caso específico, entende-se que o profissional se propõe a cuidar do doente, mas sem estar vinculado à sua cura. Bem assim o advogado, que defende seu cliente, mas sem se comprometer a sair vitorioso da lide.

Por outro lado, em uma prestação obrigacional, na qual estivesse inserida uma *obrigação de resultado*, o devedor se obrigaria – por determinado ato ou procedimento – **a atingir um resultado preciso, adredemente avençado entre as partes**. Exemplos desse tipo de prestação: fornecer determinada mercadoria; efetuar um transporte; pagar uma soma em dinheiro. Ou seja, pela obrigação de resultado – característica do tipo de prestação obrigacional inserida nos contratos de transporte –, obriga-se o responsável a conduzir o passageiro, são e salvo, do ponto de embarque até o seu destino final.

Um dos pressupostos desta categoria de obrigação é o fato de ser exigido um resultado útil para o credor, não se tendo a obrigação por adimplida se o pactuado não for atingido.

---

3 Nos escritos de BERNHOEFT encontra-se o seguinte registro: "Toda relação de obrigação implica numa vontade do devedor na direção de um certo resultado. Assim, a relação pode ser de tal natureza que o devedor é obrigado simplesmente a fazer o que está em seu poder para conseguir o resultado, e com isso é liberado, independentemente do conseguimento efetivo do escopo. Ou, então, tem-se em vista o resultado em si mesmo, e aí a obrigação não se extingue, enquanto o resultado não é alcançado, salvo impossibilidade superveniente". *Apud* COMPARATO, Fábio Konder. Obrigações de meios, de resultados e de garantia. **Revista dos Tribunais**. Doutrina, São Paulo: RT, dez. 1967, nº 386, pp. 27-33, p. 28.

Conclui-se, então, que a verificação material do inadimplemento seria razão bastante e suficiente para determinar a responsabilidade do devedor.

Destarte, para pleitear-se uma indenização bastaria apenas evidenciar que o resultado esperado não foi atingido, *exonerando-se o agente* somente pela ocorrência de *caso fortuito ou força maior*, cabendo, ainda, ao devedor o ***ônus da prova***, outras duas características daquele tipo de obrigação.

Na *obrigação de meio*, por sua vez, o devedor obrigar-se-ia a empregar toda a sua diligência e a conduzir-se com prudência, no intuito de atingir a meta previamente proposta, sem estar vinculado ao êxito de seu empreendimento. Em ocorrendo um dano, ficaria o ônus da prova para quem daquele prejuízo estava a se queixar.

Esta obrigação prevê um tipo de comportamento qualificado para a obtenção de um certo grau de conveniência ou utilidade - que é seu fim - mas, cuja realização não está, por si mesma, inserida na órbita da relação obrigacional.

No caso do profissional médico, verificada a inexecução de sua prestação obrigacional, necessário seria examinar seu procedimento, com o fito de ver se ele agiu com culpa, cabendo ao paciente demonstrar que a meta não foi atingida porque ele, médico, não fez uso da devida prudência e diligência ao tentar se desincumbir de seu mister.

Todavia, quando se trata de uma prestação obrigacional inserida no tipo *obrigação de resultado*, e ocorrendo um descontentamento por parte do credor em relação ao resultado final (muito comum na área da cirurgia plástica), o devedor não pode esperar se exonerar apenas provando que ele se comportou de maneira irreprovável, pois, **nesse caso, a prova de uma atitude prudente e diligente é inoperante, vez que ele está engajado em uma obrigação cujo resultado final - e previamente avençado - é o que comprovará sua adimplência.**

3. CRÍTICA E DIFERENCIAÇÃO

Uma crítica generalizada - que se difundiu desde a época em que **DEMOGUE** propôs sua dicotomia meio/resultado - diz respeito a esta mesma nomenclatura, considerada um tanto rigorosa, ou mesmo radical, uma vez que toda a obrigação tem por objeto a produção de um resultado.[4]

Outra crítica, e esta de ordem pessoal, já que resultante de longa pesquisa por nós efetuada nessa área, relaciona-se à inadequação de utilizar-se a obrigação de resultado para caracterizar a prestação obrigacional do cirurgião plástico.

Antes de adentrar o mérito da questão, propriamente dito, importa salientar que uma das diferenças básicas entre um tipo de obrigação e outro é que as de **resultado,** se destinariam a caracterizar prestações obrigacionais em searas onde inexistisse o ***fator álea***, ou seja, onde os fatos pudessem ser previsíveis só elidindo-se a responsabilidade do prestador ante a interferência de caso fortuito ou de força maior.[5] Então, cabe indagar o que ha de mais imprevisível que o organismo humano? É previsível sim, mas, só até um certo ponto, por isso, **Demogue** deixou bem claro, que as obrigações de resultado diriam respeito às prestações obrigacionais em searas onde não existisse o **fator álea**, ou seja, o imprevisível.

Todavia, parece que esse pressuposto daquela categoria de obrigação nunca foi levado em conta em nosso país, haja vista que até os dias atuais, a grande maioria da jurisprudência e da doutrina brasileira considera como sendo de *resultado* a pres-

4 MAZEAUD et MAZEAUD. ***Traité theorique et pratique de la responsabilité civile.*** *4 éd.* Paris: Sirey, 1947, p. 110. v. 1.

5 *"Ainsi le médecin n'est tenu que d'une obligation de moyen; au contraire le transporteur, d'une obligations de résultat".* "Portanto, o médico está adstrito a uma obrigação de meios, enquanto o transportador, a uma obrigação de resultado". LALOU, Henri. ***Traité pratique de la responsabilité civile.*** 6. *éd.* Paris: Sirey, 1962, v.1.

tação obrigacional do cirurgião plástico estético e, também, do anestesiologista (este último, diga-se de passagem, já não visto atualmente de maneira tão majoritária).[6]

É de nosso entender tratar-se de uma total inadequação esta inserção do médico, vez que o trabalho daquele profissional se realiza em seara onde o resultado final (buscado e avençado), pode ser alterado pelo fisiologismo orgânico, pelo psiquismo do próprio paciente e pela resposta individualista de cada ser, frente a um mesmo tratamento, seja clínico, seja cirúrgico, já que, tanto um quanto outro, se desenvolvem em seara povoada pelo **fator álea.**[7]

Ora, se qualquer desvio daquele resultado avençado e buscado pelas partes é o suficiente para ser considerada como inadimplida a prestação, então, caracterizar a prestação obrigacional daquele profissional como sendo obrigação de resultado é, a nosso ver, não só uma incongruência, como uma inadequação.

6 Há alguns anos, quando iniciamos a pesquisa sobre as obrigações de meio e de resultado, tema de nossa Dissertação de Mestrado, foi uma desalentadora surpresa constatar que o assunto, na doutrina pátria, se exauria na sua definição ou conceito, ou seja, em um ou dois parágrafos. Daí não fica difícil concluir que tudo aquilo que é mal conhecido, por ser pobremente pesquisado, acaba fatalmente sendo mal utilizado, ou utilizado de maneira inadequada. É o caso da obrigação de resultado usada para caracterizar prestações obrigacionais que se desenrolam em searas infestadas pelo fator álea.

7 *"Chaque fois que le résultat cherché par les parties est envisagés par elles comme aléatoire, l'obligation est une simple obligation générale de prudence et diligence; si ce résultat est, au contraire, considéré comme devant être atteint sans aléa, l'obligation est déterminée".* "Cada vez que o resultado buscado pelas partes é tido por elas como aleatório, a obrigação é uma simples obrigação geral de prudência e diligência (meio); se este resultado é, ao contrário, considerado como possível de ser alcançado sem álea (resultado), então a obrigação é determinada". LALOU, *op. cit.*, p. 279.

A obrigação de resultado tem, também, como característica a inversão do ônus da prova, vez que, na obrigação de meio, aquele cabe ao paciente. Na de resultado, cabe ao médico.

Ainda sobre o ônus probatório, vale lembrar que, quando o assunto é a seara médica, parece haver uma certa desigualdade de pensares em relação à inversão do ônus da prova, às vezes confundido com culpa presumida. É nosso entender que culpa presumida caracteriza a relação risco/benefício, que é típica de uma responsabilidade objetiva, como o é a dos hospitais e a do Estado.

Ela pode ocorrer, também, no caso do art. 1.521 do Código Civil, pois o médico, e em especial, o cirurgião, é considerado chefe de equipe e nessa investidura será responsável por seus prepostos, tais quais: instrumentadores, enfermeiras e demais auxiliares.[8]

Portanto, apenas nestes casos citados a culpa é presumida, fora daí entendemos haver a inversão do ônus da prova e, não, uma presunção de culpa. Se assim não fosse, estar-se-ia a objetivar a responsabilidade dos profissionais liberais que – ao menos até o presente momento – é tida como subjetiva, ou seja, será avaliada mediante comprovação de culpa (Código Civil arts. 159 e 1.545; Código do Consumidor art.14, parágrafo 4º).

4. PERQUIRIÇÃO DA CULPA

Quanto à perquirição da culpa, no que diz respeito à responsabilidade médica, frente a uma prestação obrigacional inserida em uma obrigação de meio, da qual se tenha originado um dano para o paciente, a análise vai se ater à conduta do profissional, em torno dos seguintes questionamentos:

8 No que diz respeito à figura do anestesiologista, o assunto será tratado mais adiante no item "fato de terceiros".

- lançou ele mão de todos os meios disponíveis e suficientes para o caso?
- conduziu-se de maneira diligente, prudente e hábil?
- tomou todas as precauções que poderiam ter evitado o dano ocorrido?

É a perquirição da culpa *in abstrato*, ou seja, questiona-se se um outro profissional, nas mesmas condições físicas, psicológicas, mentais e de local, podendo usar da mesma aparelhagem e material humano disponível, iria se conduzir da mesma maneira, teria a mesma conduta do médico *sub judice*?

Havendo, pois, a situação de dano e evidenciando-se o nexo causal entre o dano e o ato médico e sendo amealhados fortes indícios de que os fatos poderiam ter transcorrido de maneira diversa cabe, então, à vítima/credor/paciente provar a carência do devedor/médico.

Assim, doutrina e jurisprudência são unânimes quanto ao fato de estar a prestação obrigacional do médico (clínico, cirurgião e cirurgião plástico reparador[9]), inserida em uma obrigação de meio, já que ele não promete a cura, mas se compromete a usar de toda sua potencialidade física e mental, de equipa-

9 Observe-se que a cirurgia plástica tem dois contingentes (ainda que entendamos que esta divisão tem apenas cunho didático): o *reparador*, que cuida de corrigir defeitos, sejam congênitos ou adquiridos, e o *estético* que cuida de melhorar aquilo que não está bom, ou que mesmo estando, é motivo de insatisfação para o paciente (o chamado hipocondríaco estético). Toda cirurgia reparadora busca a estética, porque o defeito a ninguém enfeita. Toda cirurgia estética é uma reparação de algo que incomoda como se defeito fosse. E, conforme se encontra em obra específica da área: "Por tantas e tais razões, há que caírem por terra duas concepções porque errôneas e injustas: primeira, a divisão entre cirurgia plástica reparadora e estética e, segunda, a conceituação de obrigação de meio para uma e de resultado para a outra. A simples impossibilidade de pré-determinar qualquer procedimento cirúrgico desautoriza essa distinção". GIOSTRI, Hildegard Taggesell. **Erro médico à luz da jurisprudência comentada.** Curitiba: Juruá, 1998, p. 122.

mento e instrumental adequado, de pessoal tecnicamente bem preparado, em suma, de todos os cuidados conscientes e meios disponíveis para atingir o melhor resultado para seu paciente sem, contudo, se vincular a obtê-lo.

Do que se pode concluir que, a respeito da ***obrigação de meio*** **do médico**:

> 1. Seu objeto de contrato não é a cura, mas a prestação de serviços diligentes e cuidados conscienciosos, de acordo com os avanços científicos e tecnológicos da Medicina e os meios disponíveis no momento do atendimento. Do que se conclui que seu vínculo obrigacional com o paciente não o obriga a restituir-lhe a saúde, mas a conduzir-se com toda a diligência, fazendo uso de todos os meios a seu alcance no sentido de atingir aquele objetivo.
> 2. O profissional só será responsabilizado pelo insucesso em seu labor se ficar provado que ocorreu dano ao paciente, e que este dano se deu como resultante de erro, imperícia, imprudência ou negligência de sua parte ou de preposto seu, e com nexo causal comprovado.
> 3. O conteúdo da obrigação do médico é sua própria atividade, o que prevê a utilização, de sua parte, de todos os meios tendentes a produzir o fim almejado. Os meios incluem, além de sua atividade física e mental, o uso de equipamento, ferramental e material humano, representado por sua equipe de trabalho.

Portanto, com base na teoria da responsabilidade subjetiva, que pressupõe a existência de culpa, o médico será responsabilizado quando:

> 1. houver a existência de um dano para o paciente;
> 2. existir relação de causalidade entre tal dano e o fato imputável ao agente (que pode se efetivar por ação ou omissão);
> 3. configurar-se a culpa do profissional em qualquer das três modalidades (imperícia, imprudência ou negligência).

No que diz respeito à obrigação de resultado, a doutrina e a jurisprudência brasileiras, têm entendido, em corrente majoritária (mas já não unânime, felizmente), que tanto a prestação obrigacional do cirurgião plástico estético, quanto a do anestesiologista inserem-se nesta categoria de obrigação (resultado).

Aparte-se o fato de considerarmos inadequada tal conceituação, outros elementos, porém, vêm juntar-se a esta nossa postura: primeiramente, a própria entidade de classe daqueles cirurgiões – que antes se denominava Sociedade Brasileira de Cirurgia Plástica Estética e Reparadora – achou por bem mudar seu nome, abolindo os dois últimos adjetivos, uma vez que uma cirurgia plástica terá sempre em si ambos os lados: o estético e o reparador, conforme já mencionado.

O segundo fator e talvez o mais preocupante é que a categoria *obrigação de resultado* ficou destinada para determinar aquelas prestações obrigacionais que se desenrolam em áreas onde não exista o *fator álea*. E então, pergunta-se: que de mais aleatório existe que o organismo humano, seu fisiologismo e sua psique? Respondendo, só se pode concluir como sendo totalmente inadequada a inserção – neste tipo de obrigação – de uma prestação cujo *locus* é seara comprovadamente infestada pelo fator álea.

Por terceiro, e no que tange à anestesiologia, conquanto esta técnica e ciência encontre-se bastante desenvolvida nos dias atuais, muitas das reações orgânicas continuam sendo um enigma e, não é tão raro, ouvirem-se relatos sobre casos trágicos ocorridos *trans* ou *pós-anestesia*, e que de nenhum modo tiveram a ver com a atuação do profissional. Uma desta possibilidades está relacionada ao choque anafilático.[10]

---

10 Reação anafilática: estado de sensibilidade a uma substância estranha ao organismo que, uma vez injetada, pode causar danos os mais variados: desde um simples prurido (coceira) até um choque irreversível levando à morte. A reação anafilática, portanto, nada mais é que um fenômeno

Porém, se a prestação obrigacional daquele profissional estiver inserida em uma obrigação de resultado, como ficaria, então, sua situação, sua vida profissional, depois da ocorrência de um óbito ou de uma paraplegia causados por anestesia, sendo que este tipo de incidente, muitas vezes, acaba ficando sem uma explicação plausível para sua causação?

Por certo, são questionamentos, também, sem resposta.

5. SOBRE A DILIGÊNCIA

Foi dito que em uma prestação obrigacional baseada em uma *obrigação de meios*, em caso de inadimplência ou de dano para o paciente, analisar-se-á a maneira com que o devedor/médico se conduziu no adimplemento de sua prestação; perquirir-se-á o nível de diligência por ele utilizado para o bom desempenho de sua incumbência.

Entendemos ser este elemento de primordial importância na avaliação da culpa médica, pois, muitas vezes, o profissional faz a sua parte diligentemente e o resultado satisfatório não se faz sentir, bem como inverso pode acontecer: ele é negligente, mas disso não advém nenhum prejuízo para o paciente. É por este tipo de ocorrência – que denominamos "arapuca biológica" – que a análise de sua conduta torna-se tão importante.

Por outro lado, quando o tipo de prestação insere-se em uma *obrigação de resultado*, o elemento *diligência* passa a não ter peso ou valor, segundo o entendimento doutrinário majoritário, o que, na seara médica, convenhamos, é uma incongru-

alérgico de liberação de histamina, que provoca vaso-dilatação periférica disseminada, bem como, permeabilidade disseminada dos capilares com perda acentuada de plasma pela circulação. GIOSTRI, Hildegard Taggesell. **Obrigação de meio e de resultado na responsabilidade civil do médico**. Curitiba, 1996. Dissertação (Mestrado em Direito). Departamento de Ciências Jurídicas. Universidade Federal do Paraná, p. 167, nrp nº 308.

ência, hajam vistas as múltiplas possibilidades de resposta que podem advir de um organismo humano, independentemente do trabalho bem realizado, ou não, do profissional.

Ter um mau resultado com diligência é, por óbvio, diferente do que ter um mau resultado sem que tivesse sido empregada a necessária diligência. Isto posto, entendamos o que vem a ser a figura em comento.

Diligência é uma qualidade subjetiva de uma determinada atividade. Significa solicitude, esforço, estudo, atenção.

A função técnica da diligência, segundo MENGONI,[11] repousa nem tanto no adimplemento, quanto na conservação da possibilidade de adimplir. A diligência é uma função da vontade.

É curioso observar que o vocábulo *diligência* adquiriu, com o passar do tempo – tanto na linguagem vulgar, como na jurídica – um significado mais amplo que o originário. Com vistas à obrigação inerente ao exercício de uma atividade técnica, ela é adotada para designar não só o esforço, a aplicação e a atenção do devedor, mas, também, a execução específica da prestação que deve corresponder à precisão de um resultado, na ordem direta da relação obrigacional.

Fala-se em trabalho diligente, no sentido de dizer trabalho bem feito, com perícia, dentro das regras da arte. Ou seja, com diligência obtém-se um apuramento da qualidade do resultado final, na correspondência direta desse objeto com o direito do credor, através de um juízo mediato, relativo ao modo da atividade na obtenção daquele resultado. Pela exatidão e qualidade do resultado se deduz que o trabalhador se conduziu diligentemente.[12]

---

11 MENGONI, *Luigi*. ***Obligazioni "di resultado" e obligazioni "di mezi".*** *Studio critico,* Milano: Casa Editrice Francesco Vallardi, 1954, p. 9-11.

12 MENGONI, p. 10.

Mas este juízo mediato não é totalmente seguro. Pode acontecer que a atividade da prestação tenha um êxito preciso de acordo com o resultado devido, ainda que o devedor não tenha se conduzido com a devida diligência na obrigação. O contrário também pode ocorrer, ou seja, que a prestação resulte inferior à expectativa tutelada do credor, não obstante o devedor ter se esforçado por adimpli-la com a máxima diligência.[13]

Do que se pode deduzir que *atividade diligente* e *atividade objetivamente adequada ao escopo da relação obrigacional* não são conceitos reciprocamente implícitos. Aliás, vem a propósito lembrar, também, que nem sempre habilidade quer dizer trabalho impecável ou procedimento irrepreensível.

6. A DILIGÊNCIA COMO CRITÉRIO DE IMPUTABILIDADE

No entender de MENGONI, a diligência é uma modalidade do conteúdo do vínculo, sendo também, um pressuposto de um adimplemento satisfatório.[14] A diligência, no sentido técnico, é essencialmente um critério de imputabilidade, na medida da culpa, a qual se resolve por uma avaliação ética do devedor.[15]

Como tal, essa não implica em atingir o escopo da obrigação e tão pouco seria o equivalente a uma mistura objetiva da capacidade física e intelectual necessária para um exato adimplemento mas, tão somente, uma certa dose de esforço e empenho de vontade na direção do adimplemento.

A regra da culpa/diligência (imputabilidade) vem – em função do instituto da responsabilidade contratual – unicamente na hipótese de uma superveniente impossibilidade (objetiva) do adimplemento, mas que pode revestir-se de grande valor.

13 MENGONI, p. 11.

14 MENGONI, p. 9.

15 MENGONI, p. 15.

Ressalta-se, novamente o fato deveras interessante, de que na obrigação de meio, a diligência é levada em conta até como critério de imputabilidade; enquanto na obrigação de resultado este elemento não é computado, o que é lamentável, em especial no que diz respeito à avaliação da culpa médica. Isto nos leva a afirmar, sem a menor sombra de dúvida, que este é um outro enfoque que precisa – a par do uso errôneo da obrigação de resultado – sofrer alterações, e com uma certa urgência.

MENGONI ainda explica a distinção entre obrigação de resultado e obrigação de diligência (meio), assentada do ponto de vista do objeto da relação: a elas não corresponde uma dupla noção do limite da responsabilidade do devedor mas, tão somente, um ponto diverso de referência (relação) da avaliação da possibilidade ou impossibilidade da prestação.[16]

Na obrigação de meio, o devedor deve usar a diligência de um bom pai de família mas, esta cautela, diz respeito ao conteúdo da prestação, isto é, o devedor que usa a diligência necessária, exigida pela relação contratual não significa estar neutro, ou isento por falta de culpa, mas porque adimpliu sua obrigação. Se não usou a diligência necessária àquela relação contratual, deve provar que um caso fortuito ou uma força maior lho impediu.

Por todo o exposto se deduz pela importância da análise de um elemento tal qual a diligência. Também, pela mesma razão, e uma vez mais, discordamos que dentro da atual conceituação de obrigação de resultado para determinadas especialidades médicas não seja levado em conta aquele elemento, isto é, o peso do esmero profissional e seu esforço técnico, em caso de o resultado final não agradar ao paciente, ou se mostrar diferente do esperado.

A resposta orgânica – conforme já exaustivamente mencionado – é diversa para cada pessoa e, o que funciona bem para

16 MENGONI, p. 57.

um determinado paciente, propiciando um resultado positivo, ou até mesmo ideal, pode não funcionar para outro. É a interferência imponderável e imprevisível do fator álea.

A diligência e o esmero nos atos da profissão devem ser analisados e sopesados sempre e, em especial, quando o resultado ideal não foi atingido. Assumir uma postura diversa, ignorando o elemento "diligência" é, a nosso ver, o mesmo que tornar objetiva a responsabilidade daqueles profissionais, deslocando-a para a seara da culpa presumida. E, isto, ao menos até o presente momento, não é a regra.

7. CASOS DE EXCEÇÃO: OBRIGAÇÃO DE RESULTADO

De acordo com a doutrina francesa, há casos em que a prestação obrigacional do médico será vista como inserida em uma obrigação de resultado; são, porém, considerados exceções, estando relacionados a situações específicas. Estes casos podem ocorrer:

> a - pela vontade das partes;
> b - pela natureza da prestação;
> c - pela força da lei.

A vontade das partes pode conferir à obrigação do médico a natureza de obrigação de resultado, em circunstâncias também específicas:

> a.1 - quando o médico promete executar determinado ato, em determinado momento, ou promete executar pessoalmente tal ato. Ex.: obstetra que se compromete a realizar um parto. Em se ausentando no momento daquele, responderá ele pelo que possa advir de dano para sua paciente, seja por ato, ou por omissão de quem o substituiu.
> a.2 - no que diz respeito à cirurgia plástica, entendemos que há uma segunda possibilidade, e se concretiza quando

o médico promete (ou garante), que sua intervenção terá um resultado certo e determinado. Ex.: cirurgião plástico que demonstra por *croquis* (ou qualquer outra modalidade demonstrativa), como ficará o nariz de sua cliente ou, então, que promete que aquele órgão ficará de forma "x", "y" ou "z". Esta conduta insere, automaticamente, o profissional em uma obrigação de resultado.

a.3 – A natureza da prestação: quando a natureza da prestação excluir todo o fator álea – o que é verdadeiramente excepcional – então, estar-se-á a tratar de uma obrigação de resultado. Ex.: um centro de coleta de sangue, no qual é feito levantamento prévio, preciso e necessário de todos os seus doadores.

Cabe aqui um breve comentário: um centro laboratorial tem exames corriqueiros, cujos resultados dependem de uma simples leitura. Tem, também, exames sofisticados, cuja interpretação é delicada e sujeita a uma certa subjetividade, portanto, comportando uma parcela de álea. Nestes casos há que fazer-se uma diferenciação, entendendo-se que os primeiros exames estarão inseridos em uma *obrigação de resultado* e, os segundos, em uma *obrigação de meios*.

A força da lei: algumas atividades médicas estarão inseridas, por força da lei, em uma obrigação de resultado, impondo ela, também, reparação por danos causados por aquelas atividades. Em França, por exemplo, o Código de Saúde Pública dispõe que em pesquisas biomédicas, sem benefício individual direto, aquele que a promove assume, *mesmo sem culpa*, o risco de ter que indenizar as consequências danosas sofridas pela pessoa testada.

O dado "mesmo sem culpa", a nosso ver, vai mais além do que transformar a prestação obrigacional em obrigação de resultado: transfere-a, também, para a área da responsabilidade objetiva.

No Brasil, o Código de Ética Médica veda aos médicos a participação em qualquer tipo de experiência no ser humano, seja com finalidades benéficas, políticas, raciais ou eugênicas (arts. 122 a 130 – Capítulo XII – *Pesquisa Médica*).

O Código do Consumidor prevê suspensão temporária de atividade e/ou multa por infração às normas de defesa do consumidor por serviços impróprios ou inadequados, sem prejuízo das sanções de natureza civil, penal e específica (arts. 56, VII e 57, mais seu parágrafo único).

Por último, e usando o raciocínio analógico, pode-se dizer que se o art. 159 do Código Civil brasileiro serviria de exemplo daquilo que constituiria o perfil de uma *obrigação de meios*, de igual maneira o art. 1.521, do mesmo diploma civil, pode dar uma amostra do que seria o contorno aproximado de uma *obrigação de resultado*. Este último artigo ainda encerra a agravante da culpa presumida.

8. CASOS DE EXCLUDÊNCIA DA RESPONSABILIDADE MÉDICA

O médico poderá não ser responsabilizado por dano ocorrido com seu paciente se, no curso de sua atuação profissional, configurarem-se uma das excludentes da responsabilidade civil que, consequentemente, também dizem respeito à responsabilidade médica, a saber:

- caso fortuito
- força maior
- culpa exclusiva da vítima
- fato de terceiros
- fato das coisas

8.1. Caso fortuito

Apesar de a conduta do médico ser correta e adequada aos seus deveres profissionais, danos podem ocorrer como consequência de fatos estranhos – alheios tanto ao seu proceder, quanto ao comportamento do paciente –, não tendo, pois, aquele profissional, condições nem de prevê-los, nem de impedi-los.

São consideradas como incidência de caso fortuito, as ocorrências extraordinárias e excepcionais, alheias à vontade e à ação do médico, e que guardam as características da *imprevisibilidade*, da *inevitabilidade* e da *irresistibilidade.*

Como exemplo de tais situações, pode-se citar o caso do médico que prescreve medicamento de uso corrente, e o resultado se mostra diferente do usual, podendo levar o paciente à morte. Ou, ainda, quando ele emprega procedimento habitual e o paciente apresenta reação imprevista ou idiossincrásica (alergia, hipersensibilidade, choque anafilático, etc.).

No que diz respeito à atuação médica, o importante, a nosso ver, é não confundir *caso fortuito* com *conduta negligente*, ou *imprudente*. Daí, mais uma vez salientamos a importância da análise da *diligência* daquele profissional no cumprimento de sua prestação obrigacional.

O mau resultado, advindo por caso fortuito, reveste-se das características da *inevitabilidade, imprevisibilidade e irresistibilidade,* enquanto que um mau resultado advindo por *imperícia, imprudência ou negligência,* seria plenamente evitável, se fosse outra a vontade e a conduta do profissional, ou seja, se ele tivesse adotado uma postura correta e diligente.

8.2. Força maior

A força maior, em um sentido genérico, constitui-se em um poder ou uma razão mais forte do que a daquela que atua, sendo decorrente da qualidade de *irresistibilidade* de um determinado fato que, por sua potencialidade exacerbada, vem impedir a realização, ou modificar o cumprimento de uma obrigação, à qual estava adstrito o devedor.

Contudo, os efeitos jurídicos, tanto do caso fortuito, quanto da força maior são assemelhados, em razão da impossibilidade de serem evitados, já que nenhuma força os pode impedir de atuar.

Autores como Cunha GONÇALVES[17], todavia, entendem haver uma possibilidade de diferenciação, pois *caso fortuito* - que no seu sentido etimológico quer dizer *o que vem ao acaso, sem previsão, por acidente* (do latim, *fors*) - não pode ser previsto, pelo fato de mostrar-se superior à força ou à vontade do homem.

Já a *força maior*, no entender do autor citado, diz respeito ao fato que se prevê ou que pode ser previsível mas, que, igualmente, não é possível evitar, visto ser, também, mais forte que a vontade ou a ação do homem. Aí estariam incluídas situações tais quais tempestades, enchentes, terremotos, revoluções e guerras. Todos eles elementos, sem dúvida alguma, previsíveis, porém, inevitáveis.

8.3. Culpa exclusiva da vítima (paciente)

A *culpa exclusiva do paciente* libera o médico de toda e qualquer responsabilidade pelo dano sofrido por aquele. Assim, em não havendo culpa por parte do médico, não há falar-se em reparação.

Exemplificando: se, após uma cirurgia ortopédica, o médico prescreve a seu paciente o uso de muletas e exercícios fisioterápicos e aquele descumpre as determinações, ou as faz de maneira errônea ou desinteressadamente, então, as consequências negativas de uma cicatrização óssea defeituosa, ou de uma atrofia, não poderão ser imputadas ao facultativo.

Havendo *culpa concorrente da vítima e do médico* não estaria configurada a excludência de responsabilidade mas, sim, a presença de uma *responsabilidade bipartida*, onde cada uma das partes responderia pela parcela de culpa que lhe coubesse.

17 CUNHA GONÇALVES, Luiz da. **Tratado de Direito Civil**. São Paulo: Max Limonad, 1967, v. 1, t I, p. 69.

8.4. Fato de terceiros

Um terceiro que possa isentar o médico de responsabilidade, só quando este termo estiver a se referir a pessoas estranhas ao corpo médico, já que o profissional é responsável por seus prepostos, tais quais enfermeiros, auxiliares e instrumentadores e, neste caso, fala-se de responsabilidade pelo *fato de outrem*.

Entretanto, no que diz respeito ao profissional médico e seus auxiliares, sua responsabilidade deriva do art. 1.521 do Código Civil, que prevê ser responsável *"o patrão, amo ou comitente, por seus empregados, serviçais e prepostos, no exercício do trabalho que lhes competir ou por ocasião dele"*.

E a Súmula 341, do STF, dispõe em complementação: que *"é presumida a culpa do patrão, amo ou comitente pelo ato culposo de empregado ou preposto"*.

O médico, e em especial o cirurgião, é tido como chefe de equipe; como tal, é responsável por ela. No que diz respeito à figura do anestesiologista, a atual corrente jurisprudencial tem se dirigido no sentido de entender que – com a evolução e o aprimoramento das técnicas médicas –, operou-se uma divisão de trabalho, sendo que a concepção unitária do ato cirúrgico está em vias de ser considerada como um conceito ultrapassado. Portanto, a noção de ato destacável está a encontrar plena receptividade na seara da responsabilidade médica.

Assim, um *fato de terceiro* que pudesse isentar o médico de responsabilidade se concretizaria por conta de um dano ocasionado por interferência, ou ato, de alguém próximo ao paciente, como um familiar seu ou, ainda, por erro de farmacêutico, erro de laboratório, etc. Em resumo, de alguém que não faça parte da equipe médica, ou estar-se-ia a falar em *fato de outrem*.

8.5. Fato das coisas

O uso de bisturis, tesouras, pinças, aparelhos de hemodiálise, raios *laser*, raios X, aparelhos eletro-eletrônicos, bombas de cobalto, instrumentos ortopédicos e cirúrgicos, em suma, qualquer objeto que possa ser classificado como aparelho médico-hospitalar pode gerar a responsabilidade para o médico, ou para o hospital.

Há, contudo, que analisar duas possibilidades distintas de ocorrência desta responsabilidade:

> a) O dano é causado pelo médico, por intermédio do aparelho.
> b) O dano é causado pelo próprio aparelho, independentemente do cuidado do profissional.
> Na primeira situação, o médico é responsável pelo dano que ocasionar a seu cliente, através dos instrumentos hospitalares, por não dominar a respectiva técnica do uso e do manejo, ou por utilizar o aparelho em condições inadequadas de funcionamento.

No segundo caso, se o dano ocorreu por defeito do aparelho, então, entra-se no campo da responsabilidade objetiva do fabricante, do importador ou comerciante e nos domínios do Código do Consumidor. Caberá ao médico, se ou quando acionado, chamá-los à responsabilidade, ainda que em ação de regresso.

O Código Civil português dispõe de um artigo bastante apropriado a este tipo de situação, englobando as duas possibilidades acima citadas:

> Art. 493º, nº 2 – "*Quem causar danos a outrem no exercício de uma actividade perigosa por sua própria natureza ou pela natureza dos meios utilizados, é obrigado a repará-los, excepto se demonstrar que empregou todas as providências exigidas pelas circunstâncias com o fim de os prevenir*".

No Brasil, o Código do Consumidor prevê a responsabilidade objetiva, ou seja – independentemente da existência de culpa –, pelos danos decorrentes de defeitos de projeto, fabricação, construção e montagem de produtos (art. 12). Bem assim, o prestador de serviços será responsabilizado em relação aos defeitos referentes àquela prestação (art. 14).

Quanto ao profissional liberal, prevê aquele código que sua responsabilidade pessoal será apurada mediante a verificação da culpa, sendo pois, de ordem subjetiva.

REFERÊNCIAS BIBLIOGRÁFICAS

BEVILÁQUA, Clóvis. **Código Civil Comentado**. Obrigações. v. 5. Rio de Janeiro: Livraria Francisco Alves, 1954.

BITTAR, Carlos Alberto. **Direito das obrigações**. Rio de Janeiro: Forense Universitária, 1990.

COMPARATO, Fábio Konder. Obrigações de meios, de resultados e de garantia. **Revista dos Tribunais**. São Paulo: RT, dez. 1967, nº 386.

GIOSTRI, Hildegard Taggesell. **Obrigação de meio e de resultado na responsabilidade civil do médico.** Curitiba, 1996. Dissertação (Mestrado em Direito). Departamento de Ciências Jurídicas. Universidade Federal do Paraná.

--Iden---. **Erro médico à luz da jurisprudência comentada**. Curitiba: Juruá, 1998.

LALOU, Henri, ***Traité pratique de la responsabilité civile***. *6 éd.* Paris: Sirey, 1962, v.1.

MAZEAUD et MAZEAUD. ***Traité théorique et pratique de la responsabilité civile.*** *4 éd.* Paris: Sirey, 1947, v. 1.

MENGONI, Luigi. ***Obligazioni "di resultado" e obligazioni "di mezi".*** *Studio critico.* Milano: Casa Editrice Francesco Vallardi, 1954.

PESQUISA CLÍNICA: UM CONHECIMENTO NECESSÁRIO

Lívia Abigail Callegari

"Penso, logo o outro existe"
(Willian Saad Hossne)

INTRODUÇÃO

Desde a mais remota era, o homem busca do domínio da natureza para que lhe seja proporcionado uma vida com mais qualidade.

Ao longo da história da humanidade, o anseio pelo progresso cientifico, não raras vezes, trouxe situações desastrosas justamente por não se alinhar a um pensamento ético, verdadeiro catalisador das reflexões, condutor de limites e, sobretudo, solucionador de dilemas do cotidiano.

Nesse sentido, no vislumbrar de uma evolução mais harmônica, trouxe a Bioética o fio condutor de uma bussola moral para as mais diversas situações que se apresentam por tangenciar um diálogo entre as ciências e as humanidades.

Por esse motivo que as pesquisas com seres humanos têm como alicerce os referenciais éticos, mesmo que ainda alguns pesquisadores, em prol de um pseudo progresso, em muitas circunstancias movimentada pelo ego e pela vaidade, queiram deixar para o último plano a total validação de suas ações, tanto perante a comunidade científica, como perante a sociedade.

Em virtude disso, pretende-se trazer os aspectos gerais que envolvem as pesquisas clinicas com seres humanos, apontar a estruturação existente no Brasil e apontar o fundamental alinhamento com a ética.

1. CONSIDERAÇÕES INICIAIS DAS PESQUISAS ENVOLVENDO SERES HUMANOS

O conhecimento científico é uma construção contínua.

Dentro de um recorte histórico, tão apropriado para o momento, pode-se dizer a que a base da ciência moderna foi iniciada com os experimentos de Galileu (1564-1642). Na época, porém, em virtude interferência da igreja que se fazia constante na época, enfrentou os obstáculos conceituais diante da vertente limitada de intelecção previamente imposta.[1] Por sua vez, Francis Bacon (1561-1626), na mesma linha de desdobramento do pensamento científico, trazia a abordagem de que, se a atividade fosse objetiva, benéfica para a humanidade e promovesse o conhecimento, poderia ser considerada eticamente neutra. Apenas uma prática correta pautada em valores morais relacionados deveriam ter importância.

Em um salto na história, mais de dois séculos depois, Max Weber (1864-1920) considerava que, como a ciência recebe da sociedade a atribuição para resolver os problemas de acordo com as suas prioridades, as soluções proporcionadas devem estar atreladas ao sopesamento de valores éticos. Portanto, as pesquisas deveriam se apresentar distantes de alguma subjetividade, vieses ou distorções.[2] Esse pensamento tomou força no século XX, sendo que o método científico também deveria avaliar a relação entre benefícios e riscos, notadamente, na experimentação com seres humanos.

Isso porque, no contexto da evolução das concepções, em virtude de vários desenganos e atrocidades ocorridos ao lon-

---

1 Abbott, A. Discovery of Galileo's long-lost letter shows he edited his heretical ideas to fool the Inquisition Disponível em https://www.nature.com/articles/d41586-018-06769-4

2 Kottow, M. História da ética em pesquisa com seres humanos RECIIS – R. Eletr. de Com. Inf. Inov. Saúde. Rio de Janeiro, v.2, Sup.1, p.Sup.7 Sup.18, Dez., 2008 Sup.9 DOI: 10.3395/reciis.v2.Sup1.203pt

go da história da humanidade, passou-se a preceder quando do início das pesquisas clínicas a avaliação ética, para que se concretizar a proteção das pessoas e das comunidades envolvidas em estudos científicos. Apesar desse aspecto fundamental relevante, ainda existe certa resistência por parte de alguns cientistas contemporâneos, que insistem e criar meios para suplantar essa análise tão importante, estando eles arrimados em discurso de não se colocar obstáculos a um progresso que, em realidade, atrela-se e se justifica em prol de uma pseudo evolução da tecnociência, e não em um avanço propriamente dito. Porém, parafraseando as palavras de Volnei Garrafa, não se pode olvidar, que é preciso evoluir sem agredir.[3]

2. A EVOLUÇÃO DO CONSENTIMENTO NA ÁREA DA SAÚDE

Por meio da estruturação filosófica trazida pelo pensamento hipocrático – e aqui não caberá fazer juízo de valores sobre a sua real redação[4] – regia-se o paternalismo, segundo o qual, estabelecia-se uma relação assimétrica entre médico e paciente. Apesar disso, quando do estudo dos ditames hipocráticos era evidente uma linguagem aproximativa que visava, sobretudo, o respeito do enfermo pelo médico, segundo o qual, deveria estabelecer diálogo parcimonioso, como elemento necessário ao equilíbrio da beneficência e autonomia.[5]

Ao longo do tempo, acrescentou-se o embasamento filosófico positivista, segundo o qual trazia à relação uma estrita con-

---

3 Garrafa, V. Bioética e ciência: até onde avançar sem agredir. Revista CEJ, V. 3 n. 7 jan./abr. 1999 https://www.cjf.jus.br/ojs2/index.php/revcej/article/view/183/345

4 Sandoval ORB. O Juramento de Hipócrates Disponível em: https://www.fmrp.usp.br/pb/arquivos/3652

5 Beier M. Iannotti GC. O paternalismo e o juramento hipocrático Rev. Bras. Saúde Mater. Infant. vol.10 supl.2 Recife Dec. 2010 Disponível em: https://doi.org/10.1590/S1519-38292010000600017

fiança. Em não raras vezes, o médico tomava as decisões dos procedimentos a serem aplicados no lugar do próprio paciente. Tinha-se o condão de observar, compreender e dominar o paciente, sob um sistema que analisava a doença segundo um esquema redutor em que se objetificava ser humano, sem se dar conta do organismo em sua magnitude. Não existia, portanto, processo de comunicação adequado de modo a ter o indivíduo noção amplificada das informações para poder compreender a condição clínica que experimentava e o possível prognóstico. O direcionamento era estabelecido de forma unilateral e, praticamente, não se abria margem para compartilhamento das decisões, expressão máxima da autonomia.[6]

Após a revolução científica, no século XVII, houve aumento considerável com experimentos em seres humanos, o que fez emergir inúmeras incongruências éticas e abusos cometidos pelos próprios pesquisadores. Por esse motivo, passaram a existir crescentes pressões para se colocar a experimentação humana em um controle social mais rigoroso.[7]

Consequentemente, a partir do século XIX, foi crescente o movimento acerca do estudo nascido no século XVIII sobre a autonomia da vontade, o que trouxe reflexos contundentes na área da saúde. A exemplo disso, pode-se colocar em evidência o precedente inglês *Slater versus Baker & Stapleton*, de 1767, que houve por bem responsabilizar dois médicos que, sem o consentimento do paciente e sem apresentar pregressamente

6 Callegari, LA. . A inaplicabilidade do Código de Defesa do Consumidor na relação médico/paciente. In: Fórum Mundial de Direito Médico e Bioética: Da responsabilidade civil à bioética: tendências e desafios ao biodireito no Século XXI, 2008, Recife. Revista de Direito Médico e da Saúde, 2008.

7 Pinto, CANS. Velarde, LGC. Nascimento, OJM. Avaliação dos artigos científicos publicados em revistas odontológicas no período de 2002-2005 sob os princípios da bioética: beneficência e não maleficência Odontol. Clín.-Cient. (Online) vol.9 no.2 Recife Abr./Jun. 2010 Disponível em: https://doi.org/10.1590/1983-80422016241120

as informações adequadas, desuniram o calo ósseo, propositadamente, com o objetivo de utilizar um aparelho de uso não convencional, para provocar tração durante o processo de consolidação, a fim de tratar uma fratura mal consolidada.[8]

Em desenho de pesquisa ser totalmente questionável para os parâmetros atuais e do própria maneira que era conduzida, alguns defendem que o médico Beaumont - pai da fisiologia gástrica - teria elaborado, em 1832, o primeiro documento de consentimento para pesquisas com o paciente St. Martin, sendo nele estabelecidos direitos e obrigações.[9] Ao final dos estudos, foi publicado o livro *Experiments and Observations on the Gastric Juice and the Physiology of Digestion* , com o delineamento de todos os seus experimentos e conclusões.[10]

Em outro julgado, que também pode ser considerado como marcador no amadurecimento do pensamento acerca do consentimento informado e da autonomia do paciente, sob a influência da Declaração dos Direitos do Homem e do Cidadão de 1789,[11] o Tribunal Correcional de Lyon, em 1859, condenou um grupo de médicos pesquisadores pela realização de experimentação clínica em menores. Consideraram o fato de uma criança ser incapaz para consentir livremente sobre os atos que nelas seriam realizados e, portanto, dentre as obrigações

8 SHOKROLLAHI, K. Request for Treatment: the evolution of consent Ann R Coll Surg Engl 2010; 92: 93-100 doi 10.1308/003588410X1262881 2458851 disponível em https://www.ncbi.nlm.nih.gov/pmc/articles/PMC3025230/

9 Cesar, DO. Pesquisa com medicamentos: aspectos bioéticos, São Paulo: Saraiva 2012

10 Skroska, P. The William Beaumont Papers: A Life in Letters. Mo Med v.111 (5); Set-Out 2014 PMC6172101 disponível em https://www.ncbi.nlm.nih.gov/pmc/articles/PMC6172101/

11 Declaration des Droits de l'Homme et du Citoyen de 1789 disponível em https://www.conseil-constitutionnel.fr/le-bloc-de-constitutionnalite/declaration-des-droits-de-l-homme-et-du-citoyen-de-1789

do médico perante a ciência, encontra-se a impossibilidade de vulnerar o respeito ao paciente.[12]

Por sua vez, no Tribunal do Império Alemão (Reichsgericht), decidiu-se pela condenação do médico chefe do serviço, acusado por ofensas corporais. O profissional amputara o pé de uma criança de 7 anos devido a um abscesso tuberculoso do osso do tarso. O pai da criança era contrário à cirurgia. Foi considerado na decisão que, apenas poderia ser justificado o procedimento caso houvesse o consentimento do pai, titular do poder paternal.[13]

Além das decisões judiciais que começaram a tomar corpo, no mesmo caminho seguiu a formulação de normas de proteção à tomada de decisão autônoma e na garantia de integralidade do ser humano. Assim, apesar de não ter sido aceita a proposta, em 1900, o senador Jacob Gallinger propôs uma lei para os experimentos científicos em seres humanos, tormando essa como a primeira tentativa de estabelecer regras claras para realização tais pesquisas.[14] Previa o crime de *human vivisection* para qualquer experimento que causasse sofrimento ou risco de vida ou à saúde, seja por meio de administração de drogas com a finalidade de verificar a sua toxidade ou pela inoculação de doenças ou de germes.[15]

Em 1901 o governo da Prússia aprovou instrução sobre intervenções médicas com objetivos não diagnósticos, terapêu-

12 Pereira, A D. O consentimento informado na relação médico-paciente: Estudo de Direito Civil, Coimbra:Coimbra Editora, 2004

13 ________ Direitos dos Pacientes e Responsabilidade Médica. Coimbra: Coimbra Editora, 2015.

14 Neves NCO, Osswald W, Bioética Simples Lisboa: Editorial Verbo, 2007

15 JH Gallinger A bill for the regulation of scientific experiments upon human beings in the District of Columbia, Disponível em: https://www.worldcat.org/title/bill-for-the-regulation-of-scientific-experiments-upon-human-beings-in-the-district-of-columbia/oclc/8859450

ticos ou de imunização, incluindo critérios como a participação de menores de idade, consentimento e esclarecimento.[16]

Pierre-Charles Bongrand, por sua vez, em tese de doutorado apresentada no ano de 1905, trouxe extensa lista de experimentos e autoexperimentos biomédicos em seres humanos, concluindo que chegando à conclusão de que, em prol da ciência, os estudos, ainda que imorais, eram ocasionalmente necessários. Discorria que, sob condições controladas, justificava-se submeter aos riscos da pesquisa os portadores de certos tipos de demência, os moribundos, os prisioneiros e os condenados à morte, mas não algumas pessoas vulneráveis, como os pobres, as crianças e as mulheres grávidas. Ponderou que a pesquisa intra-hospitalar poderia ocorrer, desde que o paciente não seja visto como um animal de laboratório.[17]

Quase 10 anos depois, o caso *Scholoendorff versus Society of New York Hospital* - que se tornou verdadeiro paradigma judicial – foi discutido pelo juiz Benjamim Cardozo a autonomia do paciente no tocante aos cuidados com a saúde. Assim, t*raçou a* ilicitude do comportamento do médico em procedimento realizado sem consentimento do paciente, sendo que, ainda, caso a anuência não existisse, poderia ser pleiteada indenização. Destacou-se na decisão: "Todo ser humano de idade adulta e com plena consciência, tem o direito de decidir o que pode ser feito no seu próprio corpo.[18]

16 Kipper DJ, Goldim JR. A pesquisa em crianças e adolescentes. J Pediatr (Rio J). 1999;75(4);211-2.

17 Kottow M. História da ética em pesquisa com seres humanos RECIIS – R. Eletr. de Com. Inf. Inov. Saúde. Rio de Janeiro, v.2, Sup.1, p.Sup.7 Sup.18, Dez., 2008 Sup.9
DOI: 10.3395/reciis.v2.Sup1.203pt

18 Goldim JR, Princípio do Respeito à Pessoa ou da Autonomia repositorio.ufpe.br › bitstream › arquivo8724_1

Por sua vez, no ano de 1931 o Ministério do Interior da Alemanha instituiu *"Regulamento detalhado sobre procedimentos terapêuticos diferenciados de experimentação humana"* (*Richtlinien für neuartige Heilbehandlung und für die Vornahme wissenschaftlicher Versuche am Menschen*),[19] que visava coibir o abuso e o desrespeito à dignidade humana nas pesquisas. Por esse motivo, determinava que o participante da pesquisa precisava autorizar os procedimentos que nele seriam realizados. No entanto, apesar da consistência do documento com a Segunda Guerra Mundial, houve torpe redefinição de seres humanos e, portanto, apenas era beneficiado pela proteção quem se enquadrasse como tal.

Por essa distorção sem precedentes, ocorreram pesquisas totalmente desprovidas de um mínimo de adequação e método cientifico, e os participantes foram submetidos às maiores atrocidades já vividas pela história da humanidade. No entanto, apenas quando do julgamento dos crimes de guerra, foram deflagrados esses fatos e, posteriormente, em 1947, foi publicado do Código de *Nüremberg*, redigido por juízes norte americanos. Estabeleceram-se dez recomendações norteadoras, sendo que considerou absolutamente essencial o consentimento voluntário livre e esclarecido, oriundo de uma pessoa competente para a tomada de decisão, sendo garantido ao participante poder retirar-se a qualquer momento. O desenho da pesquisa deve apresentar resultados vantajosos para a sociedade, e não podem ser buscados por outros métodos de estudo. É preciso estar baseado em resultados pretéritos em experimentação animal, desde que conduzidos de maneira a evitar todo o sofrimento e danos desnecessários, físicos ou mentais. Caso haja grau de risco, deve ser aceitável e dentro de um limite humani-

19 Melo ACR, Lima VM. Bioética: pesquisa em seres humanos e comitês de ética em pesquisa – breves esclarecimentos. Efdeportes.com. [Internet]. 2007 Disponível: http://www.efdeportes.com/efd78/etica.htm

tário, com a necessidade de fornecer cuidados especiais para proteger o participante do experimento de qualquer possibilidade - mesmo que remota - de dano, invalidez ou morte. Para que haja lisura, o experimento deve ser conduzido apenas por pessoas cientificamente qualificadas, e por isso deve o pesquisador deve estar preparado para suspender os procedimentos em qualquer estágio, se ele tiver razoáveis motivos para acreditar que a continuação do experimento causará provável dano, invalidez ou morte para o participante.[20]

No ano seguinte, em 10 de dezembro, foi publicada A Declaração Universal dos Direitos Humanos, que definiu os direitos humanos básicos, sustentáculo para a Organização das Nações Unidas.[21]

Na linha de evolução intelectiva em 1957, foi julgado o caso *Salgo versus Leland Stanford*, segundo o qual nem sequer o paciente ou a família foram informados sobre os detalhes e riscos associados a uma aortografia, que o deixou permanentemente paralisado nos membros inferiores. Ponderava-se sobre a necessária qualidade do esclarecimento e no dever do médico em fornecê-la, sob pela de negligência informacional. Nesse precedente utilizou-se explicitamente o termo "consentimento livre e esclarecido".[22]

Apesar de todo caminho construído nos precedentes judiciais, diretrizes e outros documentos legais, e fatos de mundo real, os estudos com seres humanos, que continuavam a se desenvolver com crescente assiduidade, não tinham a reflexão ética a acompanhar os pesquisadores, pois estes ainda não se

20 Organização das Nações Unidas. Código de Nüremberg. [Internet]. 1949 Disponível em: http://www.ufrgs.br/bioetica/nuremcod.htm

21 Declaração universal dos direitos humanos Disponível em: https://nacoesunidas.org/?post_type=post&s=S%C3%A9rie+DUDH

22 Faden R, Beauchamp TL. A history and theory of informed consent. New York: Cambridge University Press; 1986

sentiam obrigados a realizá-la.[23] Nesse diapasão, os exemplos não eram raros. Em 1963, no Hospital Israelita de Doenças Crônicas, localizado em Nova Iorque, para entender o processo de rejeição de órgãos injetaram células cancerosas vivas em pacientes idosos.[24] Ainda, no Estudo *Willowbrook* de Hepatite, ocorrido entre 1956 e 1970, cerca de 700 crianças com deficiência mental internadas em uma instituição asilar foram submetidas a injeções contendo o vírus da hepatite B. O experimento visava desenvolver uma vacina para a doença. O consentimento dos pais das crianças submetidas ao estudo foi obtido de forma enganosa, pois utilizava-se a alegação de que, em algum momento, elas iriam fatalmente contrair a enfermidade.[25]

Declaração de *Helsinki*, redigida em 1964,[26] representou um marco fundamental para a pesquisa clínica envolvendo seres humanos e abriu a possibilidade da participação de menores de idade em projetos de pesquisa em saúde, desde que houvesse consentimento de seu responsável legal e, mais recentemente, assentimento da criança ou do adolescente, na medida de sua capacidade.[27]

Henry Beecher na esteira de deflagrar as inconformidades, em 1966 publicou no *New England Journal of Medicine* revisão

23 Autonomia versus beneficência Maria do Carmo Demasi Wanssa Rev. bioét (Impr.) 2011; 19(1): 105 - 17

24 Costa, S I F. Garrafa, V. Oselka, G. Introdução à Bioética. Brasília : Conselho Federal de Medicina, 1998

25 Fonseca, JCF.Histórico das hepatites virais Rev. Soc. Bras. Med. Trop. vol.43 no.3 Uberaba May/June 2010 Disponível em: http://dx.doi.org/10.1590/S0037-86822010000300022

26 Declaração de Helsinque Disponível em: https://www.wma.net/wp-content/uploads/2016/11/491535001395167888_DoHBrazilianPortugueseVersionRev.pdf

27 Declaration of Helsinki. Ethical principles for medical research involving human subjects. World Medical Association. Disponível: http://www.wma.net/en/30publications/10policies/b3

de 22 estudos eticamente incorretos, dos quais quatro incluíam crianças.[28]

Como se não bastasse, em 1972, tornou-se público o conhecido caso *Tuskegee Syphilis Study*, ocorrido no Estado do Alabama, iniciado em 1932. Contava com 400 negros com sífilis foram recrutados, sem saber que era um estudo, para participarem de um estudo não terapêutico, que visava analisar a história natural da doença. Mesmo com a descoberta da penicilina na década de 50 – medicamento adequado para debelar a enfermidade – os participantes foram deixados sem tratamento. A pesquisa foi interrompida após denúncia no *The New York Times*. Restaram 74 pessoas vivas sem tratamento. As revelações desse estudo contribuíram para a elaboração e aprovação de vários documentos oficiais nos Estados Unidos, como o *National Research Act* (1974), com a criação dos *Institutional Review Boards (IRBs)*.[29]

Assim, em uma reação institucional ao escândalo causado pelos fatos acima descritos, o Governo e o Congresso norte-americano constituíram, em 1974, a *National Comission for the Protection of Human Subjects of Biomedical and Behavioral Research*. Foi estabelecido, como objetivo principal da Comissão, identificar os princípios éticos básicos que deveriam conduzir a experimentação em seres humanos, o que ficou conhecido com *Belmont Report, f*inalizado em 1978. Apresentaram-se como princípios éticos a nortear a pesquisa biomédica com seres humanos, o respeito às pessoas, beneficência, justiça.[30]

28 Diniz, D. Henry Beecher e a gênese da Bioética. O Mundo da Saúde, São Paulo, v. 23, n. 5, p. 332-335, set./out. 1999.

29 Goldim JR O Caso Tuskegee: quando a ciência se torna eticamente inadequada Disponível em: https://www.ufrgs.br/bioetica/tueke2.htm

30 Belmont Report. Disponível em: https://www.hhs.gov/ohrp/regulations-and-policy/belmont-report/index.html

Com isso, foi marcado o início do principialismo bioético, ratificado no ano seguinte por T. Beauchamp & J. Childress, na obra *Principles of Biomedical Ethics* de que se baseia nos quatro princípios como autonomia; não-maleficência; beneficência e justiça.[31] Grosso modo, trata o Princípio da Autonomia sobre a liberdade do indivíduo em decidir sobre aquilo que considera melhor para si, de acordo com as informações fornecidas. Por sua vez, Princípio da Beneficência é aquele que visa a obrigação moral de agir tendo em vista o bem do outro, prevenindo danos e males e avaliando os custos e benefícios da intervenção. Na mesma toada do princípio anterior, princípio da ***não***-maleficiência impõe complementarmente o dever de não causar danos ou prejuízos ao outro de forma intencional, fugindo de qualquer prática negligente. Por fim, princípio da Justiça, dentre outros aspectos, estabelece dar ao outro aquilo que lhe é de direito, tratando-o da forma que lhe é devida.

Importante pontuar que, os princípios que fomentam a experimentação em seres humanos, podem ser considerados como uma das ferramentas propostas pela bioética, tendo em vista que esta visa a atenção ao valor supremo da pessoa, da vida, liberdade e autonomia. Por isso que os princípios buscam trazer um norte para a solução dos dilemas éticos a partir de uma perspectiva negociável e aceitável pelo conjunto das pessoas envolvidas no processo por meio dos princípios selecionados.

3. FASES DA PESQUISA CLÍNICA: UMA DELIMITAÇÃO TÉCNICA NECESSÁRIA

Em virtude de todos os desdobramentos ocorridos nas pesquisas clínicas com seres humanos, foi estabelecido um mínimo critério técnico aceitável. Isso porque, para ter-se convic-

31 T. Beauchamp & J. Childress, Princípios de Ética Biomédica. São Paulo: Editora Loyola, 2013

ção de segurança e eficácia de algum fármaco ou tratamento, a ciência tem o seu próprio tempo. Para tanto, foram estabelecidas fases para se analisar as possíveis reações no organismo humano.[32]

Antes, porém, de se iniciarem os estudos com seres humanos, é perpassa-se pela fase pré clinica, que consiste nos testes em laboratório e em animais. No entanto, no que se refere aos animais em experimentação, muitos aspectos metodológicos são discutidos na atualidade, sendo que são sopesados a relação de sofrimento que é imposto e se existe futilidade na utilização.[33]

Sendo assim, em superada a aludida fase pré-clinica, passam-se os estudos a serem aplicados em seres humanos. Assim, objetivamente, elencam-se as fases:[34]

Fase I: Estabelece evolução preliminar da segurança e do perfil farmacocinético (como se distribui no corpo) e, quando possível, um perfil farmacodinâmico (como funciona e age no organismo), por meio da avaliação inicial da substância em um pequeno grupo de participantes voluntários, em geral sadios, muito embora em raras situações, possam envolver pacientes com doenças específicas. Compõe os estudos em torno de 20 a 100 participantes, segundo os quais, também busca-se a melhor forma de utilização do fármaco (oral, injetada etc) e a dose mais tolerável, menor dose efetiva, relação dose/efeito, duração dos efeitos e possíveis efeitos colaterais. Em superados os aspectos da segurança os testes seguem para a próxima fase.

Fase II (Estudo Terapêutico Piloto): Os ensaios visam demonstrar a atividade farmacológica e estabelecer a segurança em curto prazo do princípio ativo, a dose-resposta e avaliar a

32 Brasil Ministério da Saúde RDC 251 de 1997 Disponível em https://bvsms.saude.gov.br/bvs/saudelegis/cns/1997/res0251_07_08_1997.html

33 Singer P, Libertação animal. Porto Alegre:Lugano, 2004

34 Oliveira LA. Ética em investigação científica. Lisboa: Lidel, 2013

eficácia (se o produto funciona), biodisponibilidade (extensão e velocidade em que a porção ativa do fármaco ou metabólito que adentra na circulação sistêmica, alcançando, assim, o local de ação) e bioquivalência de diferentes formulações (demonstra que a eficácia, segurança e qualidade de um determinado medicamento e se não apresenta diferenças clinicamente significativas em relação a um medicamento referência já existente no mercado nacional). Os testes são realizados em número reduzido de pacientes afetados pela enfermidade ou condição patológica e variam de 70 a centenas de participantes. Essa fase do estudo tem por objetivo verificar a eficácia, confirmar a segurança e estabelecer a dose resposta. Somente se os resultados forem promissores o estudo passa para a fase III. Note-se que apenas 33% dos produtos são considerados seguros e seguem para a fase seguinte.

Fase III (Estudo Terapêutico Ampliado): são estudos de larga escala, em torno de 300 a 3.000 participantes, em múltiplos centros, com diferentes populações de pacientes, para demonstrar eficácia e segurança em uma população ampliada. Busca-se definir o conhecimento do produto nas doenças, demonstração de vantagem terapêutica e estabelecimento do perfil terapêutico, quais sejam: indicações, dose e via de administração, relação risco/benefício a curto e longo prazo e o valor terapêutico contra-indicações, efeitos colaterais perfil das reações adversas mais frequentes e medidas de precaução. O novo produto ou tratamento é comparado com o padrão existente. É muito comum que esses estudos sejam randomizados, ou seja, os pacientes são divididos aleatoriamente, sob a forma de um sorteio, para os grupos controle (produto/tratamento padrão) ou grupo experimental (produto/tratamento em teste). Aproximadamente 25-30% dos produtos testados são aprovados nessa fase.

Se nas três fases dos testes clínicos se o produto demonstrar segurança suficiente e efeito terapêutico significante, estará apto a ser submetido ao processo de registro junto ao órgão sanitário (SAID, 2004).[35]

Fase IV Estes estudos são realizados para se confirmar que os resultados obtidos na fase anterior (fase III) são aplicáveis em uma grande parte da população doente. Nesta fase, o medicamento já foi aprovado para ser comercializado. A vantagem dos estudos fase IV é que eles permitem acompanhar os efeitos dos medicamentos a longo prazo incluindo o surgimento de novas reações adversas.

Depois de realizadas todas as etapas, as autoridades regulatórias, no caso do Brasil, a ANVISA (Agência Nacional de Vigilância Sanitária), avaliam os resultados e se eles forem satisfatórios, registram o medicamento ou produto que pode ser prescrito ou utilizado por médicos, dentistas ou demais profissionais devidamente qualificados.

4. ESTRUTURAÇÃO DAS PESQUISAS CLÍNICAS NO BRASIL

Os aspectos práticos que envolvem a pesquisa clínica com seres humanos, conforme amplamente demonstrado, devem perpassar por criteriosa análise ética para não se repetirem as atrocidades historicamente conhecidas. No entanto, mesmo com uma estrutura de avaliação, para que não se enverede a um verdadeiro *slippery slope*,[36] ao que parece, as lições do passado não foram introjetadas, e ainda existem burlas às diretrizes das pesquisa com seres humanos, retratados em casos em que há a verdadeira coisificação do participante de pesquisa, ausência de avaliação sobre riscos e benefícios, metodologia inadequa-

35 Said, DMP. O registro sanitário de medicamentos: uma experiência de revisão. 156 f. Dissertação (Programa de pós graduação em Vigilância Sanitária) - INCQS/FIOCRUZ, Rio de Janeiro, 2004.

36 Goldim, JR. Slippery slope Disponível em https://www.ufrgs.br/bioetica/slippery.htm

da, que levam a um desenho inadequado da pesquisa e o estudo que, muita vez, a não ter relevância.

Por esse motivo, é necessário um sistema de regramento e controle das pesquisas em seres humanos.

Mesmo havendo essa estruturação interna e sendo o Brasil signatário de boa parte dos tratados internacionais abordam as pesquisas com seres humanos- excetuando-se a Declaração de Helsinki por ter alterado a redação e não mais assegurar ao grupo controle o melhor tratamento diagnóstico ou terapêutico comprovado o que possibilita o uso do placebo, de acordo com a resolução CNS nº 301/200 - em momento não muito pretérito, em 2006, a pesquisa denominada "Heterogeneidade de vetores de malária no Amapá", coordenada pela Universidade da Flórida e financiada pelo Instituto Nacional de Saúde dos EUA (NHI), com a parceria da Fundação Oswaldo Cruz (FIOCRUZ), da Universidade de São Paulo (USP), Fundação Nacional de Saúde (FUNASA) e da Secretária Estadual de Saúde do Amapá (SESA), que tinha por objetivo analisar os vários tipos de transmissores de malária na região. Houve recrutamento de moradores do povoado de Pirativa, para participarem da pesquisa. Em suma, consistia na captura e alimentar mosquitos transmissores da malária, com o pagamento de R$ 12,00 por noite. Os voluntários sem ler, pois muitos mal sabiam escrever o nome, assinaram um termo no qual constava que a pessoa era voluntária para alimentar mosquitos nos braços ou pernas para estudo de marcação. Mediante denúncias a CONEP decidiu, em fevereiro de 2006, encaminhar ao Ministério Público pedido para que uma ação de indenização fosse movida em favor de moradores de São Raimundo do Pirativa, no Amapá, que serviram de cobaias humanas na pesquisa financiada pela Universidade da Flórida. Além disso, enviou recomendação para que revistas científicas não publicassem artigos sobre a pesquisa, já que parte do trabalho já havia sido apresentada em congressos científicos internacionais.[37]

Por isso que é importante recordar sempre a lição de Potter de que "*Nem tudo que é cientificamente possível é eticamente aceitável*"[38] É necessário, portanto, coibir abusos para se concretizar um relacionamento justo, harmonioso e apropriado. Por esse motivo, é necessário impor limites e se traçar uma real ponte entre as ciências e humanidades, na mesma condição almejada por Potter, alinhavando-se aos princípios trazidos por Beauchamp e Childress, em uma progressão ao delineado no Relatório de Belmont.

No Brasil, a primeira iniciativa para normatizar a pesquisa na área de saúde a deu-se por meio da Resolução do Conselho Nacional de Saúde nº 01 de 13 de junho de 1988, publicada meses antes da promulgação da Constituição Federal.[39]

Dentre vários aspectos, determinou-se que a pesquisa deve ser adequada aos princípios científicos e éticos que a justifiquem. Devem também estar fundamentada na experimentação prévia realizada em animais, e planejados de maneira a obter o máximo de informações utilizando-se o menor número possível de animais, em laboratórios ou em outros fatos científicos.

É indispensável ter o consentimento do indivíduo participante da pesquisa ou do seu representante legal, por escrito, após ter sido convenientemente informado. As pesquisas devem ser conduzidas por profissionais da área da saúde - mé-

---

37 Santos, RCS. Santos, EC. Malária: cobaias humanas no Amapá Estação Científica (UNIFAP) Macapá, v. 1, n. 2, p. 143-150, 2011

38 Fregnani, JHTG Carvalho, AL. Paranhos, FRL. Viana, LS Serrano, et al Eticidade do uso de placebo em pesquisa clínica: proposta de algoritmos decisórios disponível em https://www.scielo.br/pdf/bioet/v23n3/1983-8034-bioet-23-3-0456.pdf

39 Resolução do Conselho Nacional de Saúde nº 01 de 13 de junho de 1988 disponível em: https://www.ufrgs.br/bioetica/r01-88.htm

dicos, odontólogos, farmacêuticos-bioquímicos, biomédicos, biólogos, enfermeiras, psicólogos, nutricionistas, fonoaudiólogos, fisioterapeutas, médicos-veterinários, ortopédicos e outros que venham ser estabelecidos em lei – desde que tenham conhecimento e experiência para cuidar da integridade do ser humano, sob a responsabilidade de uma instituição de atenção à saúde e que conte com os recursos humanos e materiais necessários que garantam o bem-estar participante de indivíduo da pesquisa. Para que as pesquisas tivessem seu prosseguimento, era estabelecida a necessidade da existência de parecer favorável do Comitê de Ética e de Segurança Biológica, quando for o caso.

No entanto, em 1996 houve um marcador fundamental para a pesquisa no Brasil com a publicação da Resolução nº 196, do Conselho Nacional de Saúde (CNS), que definiu os parâmetros e pré-requisitos para o desenvolvimento de pesquisa com seres humanos. A referida resolução também criou as instâncias institucionais, quais sejam, os Comitês de Ética em Pesquisa (CEPs) e a Comissão Nacional de Ética em Pesquisa (Conep), o que deu estrutura ao conhecido Sistema CEP/CONEP, vinculado ao CNS.[40]

Delineou-se a ética em pesquisa envolvendo seres humanos, sob a ótica do indivíduo e das coletividades, alinhando-se quatro referenciais básicos da bioética: autonomia, não maleficência, beneficência e justiça, dentre outros que se fizessem pertinentes. Visou assegurar, portanto, os direitos e deveres que dizem respeito à comunidade científica, aos sujeitos da pesquisa – denominação utilizada na época - e ao Estado. A conduta ética que deve ser aplicada desde o início pelos profissionais envolvidos e, por isso, era imprescindível a análise

40 Brasil. Mistério da Saúde. Resolução CNS nº 196/1996 Disponível em: http://bvsms.saude.gov.br/bvs/saudelegis/cns/1996/res0196_10_10_1996.html

ética do Comitê de Ética em Pesquisa (CEP) bem como a abrangência do protocolo de pesquisa. Em algumas situações, o protocolo poderia ser encaminhado para análise e aprovação pela Comissão Nacional de Ética em Pesquisa (CONEP). Na medida que envolvesse medicamentos novos passava pelo crivo da Agência Nacional de Vigilância Sanitária (ANVISA), sendo que quando o protocolo abrange microorganismos geneticamente modificados necessita o parecer da Comissão Técnica Nacional de Biossegurança (CTNBio).

Assim como previsto na Resolução CNS nº 1/88, é indispensável o consentimento livre e esclarecido dos indivíduos-alvo, para se permitir a proteção à máxima expressão da autonomia, além do anteparo a grupos vulneráveis e aos legalmente incapazes.

Sob o crivo do princípio da beneficência, é necessário ponderação entre riscos e benefícios, sendo eles atuais, potenciais, individuais ou coletivos, com o compromisso do máximo de benefícios e o mínimo de danos e riscos e garantia de que danos previsíveis serão evitados (não maleficência). Por fim, alinhado com o princípio da justiça, a pesquisa precisaria conter relevância social, com vantagens significativas para aos que participem da pesquisa e minimização do ônus para aos vulneráveis, não perdendo o sentido de sua destinação sócio-humanitária.

Após 15 anos, contudo, deu-se início o processo de revisão da Resolução CNS 196/96, em virtude dos aspectos sociais e científicos surgidos e o consequente amadurecimento para as situações que se apresentaram ao longo do tempo. A revisão envolveu consulta pública entre o período de 12 de setembro a 10 de novembro de 2011, segundo a qual, resultou em 1.890 sugestões por via eletrônica e apresentação de 18 documentos por Correio. Essas contribuições, devidamente tabuladas, foram submetidas à análise dos participantes do Encontro Nacional dos Comitês de Ética em Pesquisa (ENCEP) extraordinário, que produziu um documento e o submeteu ao CNS.[41]

Houve, assim, a publicação da Resolução CNS nº 466/2012 das normas regulamentadoras de pesquisas envolvendo seres humanos. Praticamente, não é um substitutivo integral, mas é uma norma que incorporou uma visão mais filosófica mais ampla das atribuições e competências, riscos e benefícios e atribuição do sistema CEP/CONEP. [42]

Porém, adotou vinte e cinco novos termos, enquanto a resolução anterior citava apenas dezesseis. Houve substituição de alguns deles como "sujeito da pesquisa" que passou a ser denominado "participante de pesquisa", para designar o indivíduo que, de forma voluntária e esclarecida, ou sob o esclarecimento e autorização de seu responsável legal, aceita ser pesquisado. O termo "achados da pesquisa" indica fatos ou informações encontradas pelo pesquisador no decorrer da pesquisa e que sejam considerados de relevância para os participantes. Introduziu-se a designação "assentimento livre e esclarecido" para designar a anuência livre de vícios, dependência, subordinação ou intimidação do participante da pesquisa criança, adolescente ou legalmente incapaz, sendo que, nesse caso, também é indispensável que tais participantes sejam esclarecidos sobre a natureza da pesquisa, objetivos, métodos, benefícios previstos, potenciais riscos e o incômodo que esta possa lhe acarretar, na medida de sua compreensão e respeitados em suas singularidades.

41 Novoa, PCR. O que muda na Ética em Pesquisa no Brasil: resolução 466/12 do Conselho Nacional de Saúde Einstein (São Paulo) vol.12 no.1 São Paulo Jan./Mar. 2014 Disponível em: https://doi.org/10.1590/S1679-45082014ED3077

42 Brasil. Conselho Nacional de Saúde. Resolução CNS nº 466/2012 Disponível em: http://www.conselho.saude.gov.br/resolucoes/2012/Reso466.pdf

Trouxe na definição de "Assistência integral" como aquela prestada para atender complicações e danos recorrentes direta ou indiretamente do estudo, e a "assistência imediata" como a emergencial e sem ônus de qualquer espécie prestada ao participante da pesquisa. O "benefício da pesquisa" tem por definição, o proveito direto ou indireto, imediato ou posterior, auferido pelo participante da pesquisa.

Diferente da Resolução CNS 196/96, o termo "patrocinador" definido como pessoa física ou jurídica que apoia financeiramente a pesquisa, passou a ser a pessoa física ou jurídica, pública ou privada, que apoia a pesquisa, mediante ações de financiamento, infraestrutura, recursos humanos ou apoio institucional. Por isso que mesmo que se trate de estudos acadêmicos, as instituições passam a ser encaradas como patrocinadoras, tendo todos os deveres inerentes a esse título.

A Resolução CNS nº 466/2012,[43] também estabelece que alguns temas e questões sensíveis e relevantes ao Sistema CEP/Conep, deverão ser tratadas por meio de normas específicas. Nesse sentido, às especificidades éticas das pesquisas nas ciências humanas e sociais, será pela Resolução CNS n° 510/2016.[43] A referida resolução, por sua vez, apresenta inúmeras definições e estabelece as normas aplicáveis a pesquisas em ciências humanas e sociais no Sistema CEP/Conep.

5. DAS ATRIBUIÇÕES E FUNCIONAMENTO DO SISTEMA CEP/CONEP

A Norma Operacional CNS nº 01/2013 estabeleceu a organização e o funcionamento do sistema CEP/Conep.[44]

43 Brasil. Conselho Nacional de Saúde. Resolução CNS n° 510/2016 Disponível em: http://conselho.saude.gov.br/resolucoes/2016/Reso510.pdf

44 Brasil. Conselho Nacional de Saúde Norma operacional CNS nº 1/2013 Disponível em http://conselho.saude.gov.br/normativas-conep?view=default

A Comissão Nacional de Ética em Pesquisa (CONEP) é uma instância colegiada de natureza consultiva, deliberativa, normativa, educativa e independente, vinculada ao Conselho Nacional de Saúde (CNS). Os Comitês de Ética em Pesquisa (CEPs) são colegiados interdisciplinares e independentes, de relevância pública, com caráter consultivo, deliberativo e educativo, criados para defender os interesses dos participantes de pesquisas em sua integridade e dignidade e para contribuir no desenvolvimento de pesquisas dentro de padrões éticos. Portanto, cabe ao CEP institucional efetuar a revisão de todos os protocolos de pesquisa que envolvam seres humanos, além de tomar as decisões éticas relacionadas às pesquisas desenvolvidas na instituição, com o propósito de garantir e resguardar a integridade e os direitos dos participantes de pesquisas e se desenvolve de acordo com a evolução do pensamento cientifico e aplicação da ética

Tanto os membros do CEP e como da CONEP deverão atuar de forma voluntária, autônoma e independente no exercício de sua função, por ter um elevado interesse público envolvido. Por esse motivo, é vedado aos seus membros exercerem atividades nas quais interesses privados possam comprometer o interesse público e sua imparcialidade no exercício de suas atividades no sistema CEP/CONEP. Isso porque, as relações financeiras podem levar a conflitos de interesse, seja pela relação de emprego, consultoria, propriedade de ações ou opções, honorários e patentes com instituições ou organizações financiadoras de pesquisa. Por esse motivo, os membros do sistema CEP/CONEP deverão apresentar declaração por escrito, comprovando a sua autonomia e independência no exercício como membro, já no momento da sua candidatura ou aceitação de indicação.

O funcionamento do CEP e da CONEP serão disciplinados por meio de regimento interno, segundo o qual deverá abordar, número de reuniões, frequência de seus membros, horário de funcionamento, duração do mandato e forma de renovação dos seus membros e, principalmente, disposições sobre sigilo e confidencialidade, aspecto esse que deverá todo o procedimento de análise dos protocolos e das suas reuniões que serão sempre fechadas ao público. O sigilo sempre deve ser respeitado, sob pena de responsabilidade.

Os pareceres emanados, deverão ser elaborados de forma clara, objetiva, detalhada e estarem suficientemente motivados para subsidiar a decisão do colegiado, com ênfase nos seguintes pontos: análise ética do protocolo; risco-benefício da pesquisa e sua relevância social; processo de recrutamento, inclusão e exclusão dos participantes da pesquisa; processo de obtenção do TCLE; justificativa para a dispensa do TCLE, se couber; proteção dos participantes da pesquisa que se encontram em situação de vulnerabilidade, quando pertinente; orçamento para realização da pesquisa; cronograma de execução. O parecer será validado na Plataforma Brasil,[45] preferencialmente, durante os trabalhos da reunião. A deliberação ética será a análise do protocolo de pesquisa, segundo o qual, culminará nas classificações: aprovado; com pendência; não aprovado; arquivado; suspenso; retirado, sendo que neste caso, o protocolo é considerado encerrado.

Importante ressaltar que, o CEP assumirá com o pesquisador, a corresponsabilidade pela preservação de condutas eticamente corretas no projeto e no desenvolvimento da pesquisa, cabendo-lhe, ainda, comunicar à CONEP e à ANVISA a ocorrência de eventos adversos graves.

Com efeito, apesar de ser trazido os aspectos basilares, é de se frisar que para outros assuntos específicos, como manejo com povos indígenas, pacientes diagnosticados com doenças ultrarraras, genética humana, armazenamento de material

45 Brasil. Conselho Nacional de Saúde. Plataforma Brasil. Disponível em: http://plataformabrasil.saude.gov.br/login.jsf

biológico, estudos multicêntricos, pesquisas no SUS, dentre outros, resoluções especificas existem de forma complementar às disposições gerais insculpidas na Resolução CNS nº 466/2012, sem jamais a ela divergir.

Como visto, apesar de não existir legislação especifica que dê as balizas para a para pesquisa clinica com seres humanos no ordenamento pátrio não significa dizer que inexiste robusta estruturação e muito menos um sistema que possibilite fraudes ou alguma falta de anteparo jurídico. Importante ressaltar que, caso haja a publicação de uma lei, o mínimo que se espera é que tenha cunho principiológico e sejam calcadas com normas abertas, a possibilitar possibilitem a celeridade de alteração trazida pela norma infralegal que se faz necessária, pelo constante avanço social e da ciência, e não se engesse a modificação, por eventual morosidade proporcionada pelo sistema de alteração legislativo. Essa análise se justifica por ter a norma relativa às pesquisas, conjugar o avanço ético da ciência com a proteção do participante de pesquisa e da sociedade.

6. A AUTONOMIA COMO UM DOS SUSTENTÁCULOS DA DIGNIDADE DA PESSOA HUMANA

É de se verificar que para que haja cabal desenvolvimento da autonomia do indivíduo, de fundamental importância analisar a competência na tomada de uma decisão, sob dois binômios que necessariamente precisam estar conjugados: avaliação e entendimento.[46] Consiste a avaliação, na capacidade de apreciar-se o merecimento da informação. Por sua vez, entendimento, é a capacidade para interpretar e saber perfeitamente julgar, ou seja, valoriza-se a informação e com esta toma-se a decisão. Assim para que a relação entre o pesquisador e

46 Segre M, Cohen C. Bioética. São Paulo: Editora Universidade de São Paulo; 2002

participante ocorra sem máculas, faz-se necessário a existência da compreensão, intenção e ausência de influência.[47] Há que se ressaltar que, relação deve escorada de transparência e sinceridade. Tem, portanto, o participante direito de saber alguns aspectos sobre a terapêutica a que será submetido. Com essa concepção, fundamenta a característica indispensável para qualquer tomada de decisão que envolva a participação nas pesquisas.

Tendo a decisão livre de máculas, pode-se deduzir inicialmente - e não se resumir a isso – uma preliminar estrada que conjuga sintonia com a dignidade da pessoa humana.

7. DO PROCESSO DE CONSENTIMENTO LIVRE E ESCLARECIDO

Verifica-se na construção da literatura biomédica a descrição de dois tipos de consentimento, sendo que um deles é muito utilizado na assistência à saúde para informar ao paciente se existem riscos variados na realização de procedimentos, e o outro aplicado ao participante de pesquisa, e destina-se a informar os riscos eminentes da realização de procedimentos e da utilização de produtos experimentais.

Entende-se por processo de consentimento livre e esclarecido as etapas observadas para que o indivíduo convidado a participar de uma pesquisa possa receber as informações e manifestar a sua decisão, de forma autônoma, consciente, livre e esclarecida. Por esse motivo, deverá ocorrer o contato de maneira espontânea, clara e objetiva. Pode ser realizado por meio de expressão oral, escrita, linguagem de sinais, ou de outras formas que se mostrem adequadas à compreensão do participante, inclusive se obrigando a serem consideradas as carac-

47 Stancioli BS. Relação jurídica médico-paciente. Belo Horizonte: Del Rey; 2004

terísticas sociais, econômicas e culturais do participante da pesquisa, para assegurar uma comunicação plena e interativa.

Ao ser convidado para participar de uma pesquisa, deverá ter a oportunidade de esclarecer suas dúvidas, bem como dispor do tempo que lhe for adequado para a tomada de uma decisão autônoma. O pesquisador, portanto, deverá buscar o momento, a condição e o local mais adequado para que os esclarecimentos sobre a pesquisa sejam efetuados. O objetivo é permitir que o indivíduo que participará de uma pesquisa compreenda os procedimentos, riscos, desconfortos, benefícios e direitos envolvidos, visando uma decisão autônoma. O participante da pesquisa também deverá ser informado de que o consentimento poderá ser retirado a qualquer momento, sem qualquer prejuízo.

Após essa fase, e em concretizada tomada a decisão, faz-se necessário o registro do consentimento, que pode ocorrer sob a forma escrita, sonora, imagética, ou em outras formas que atendam as características da pesquisa e dos participantes. Deve conter informações em linguagem clara e de fácil entendimento para o apropriado esclarecimento sobre a pesquisa.

Quando não houver registro de consentimento, o pesquisador deverá entregar um documento ao participante que contemple as informações previstas para o consentimento livre e esclarecido sobre a pesquisa. Por isso, a obtenção de consentimento pode ser comprovada com a presença de uma testemunha imparcial. O pesquisador, no entanto, deverá justificar o meio de registro mais adequado, considerando, para isso, o grau de risco envolvido e as características do processo da pesquisa e do participante.

Nos casos em que seja inviável o registro consentimento livre e esclarecido, ou em que esse registro signifique riscos substanciais à privacidade e à confidencialidade dos dados referentes aos participantes, o pesquisador deverá submeter à apreciação do Sistema CEP/Conep a dispensa de apresentação do TCLE com a respectiva justificativa.

8. DA ELABORAÇÃO DO TCLE

O Consentimento Livre e Esclarecido, quando reduzido a um termo e assinado deve ser considerado como desfecho de um caminho previamente percorrido, segundo o qual – repita-se – possibilitou-se ao participante externar a sua anuência livre de vícios, simulação, fraude ou erro, subordinação, dependência ou intimidação, após o recebimento de informações imprescindíveis e tempo necessário para amadurecer o entendimento a subsidiar a decisão, o que acaba por confluir com a guarda do respeito à dignidade humana do participante de pesquisa, como explanado em momento anterior.

Assim, o Termo de Consentimento Livre e Esclarecido (TCLE) deve conter todas as informações necessárias que fomentaram a obtenção do consentimento do participante da pesquisa, permitindo a decisão autônoma, esclarecida e sem constrangimentos, sobre a participação em uma pesquisa. Por meio deste documento, são explicitadas todas as informações necessárias, em linguagem objetiva e de fácil entendimento, para ratificar o completo esclarecimento sobre a pesquisa e a obtenção do consentimento do participante.

Contudo, as especificidades de uma determinada pesquisa podem exigir um maior ou menor número de informações no TCLE. Tanto a Resolução CNS nº 466/2012 como a Resolução CNS n° 510/2016 descrevem essas exigências. Porém é importante esclarecer que o Sistema CEP/Conep não solicita a comprovação da existência de seguro para execução da pesquisa. No entanto, muitos protocolos de pesquisas clínicas experimentais contemplam seguro ao participante da pesquisa, estendendo-o após o término da pesquisa.

No processo de comunicação, assim como no Termo de Consentimento Livre e Esclarecido para o mais completo esclarecimento sobre a pesquisa a qual se propõe participar a linguagem clara, objetiva, de fácil entendimento, também deve ser acessível à idade, cultura e capacidade cognitiva, sendo que deve ser redigido sob a forma de convite. Assim como esclarecido na fase da comunicação prévia, para ratificar deverá conter o documento a previsão do direito ao ressarcimento, indenização, descrição dos riscos e benefícios da pesquisa, assistência em virtude dos possíveis danos decorrentes da pesquisa, e garantia da confidencialidade, manutenção do sigilo e do anonimato dos dados de pesquisa, acesso ao resultado da pesquisa, liberdade de recusa em participar do estudo bem como a liberdade de retirada do consentimento. Além disso, é indispensável conter informações de contato do pesquisador responsável no TCLE, numeração de páginas, e campo de assinaturas e rubricas. Importante frisar que deverá ser fornecida uma via original do documento ao participante de pesquisa.

Efetivamente, de acordo com o exposto, é de se repisar que a decisão pela assinatura ou não do TCLE apenas deverá ocorrer após o participante da pesquisa estar suficientemente esclarecido sobre todos os possíveis benefícios, riscos e procedimentos que serão realizados e pertinentes à pesquisa.

Caso as pesquisas tenham cooperação estrangeira, concebidas em âmbito internacional, o TCLE deve ser adaptado à cultura local, sempre com linguagem igualmente clara e acessível aos participantes da pesquisa.

Por isso, devem ser rechaçados dos termos a utilização de termos técnicos inacessíveis a um leigo, sobretudo termos técnicos médicos ou biomédicos utilizados em pesquisas clínicas e em ensaios clínicos com medicamentos ou novos procedimentos. Caso haja tradução equivocado para a Língua Portuguesa ou ocorrida de forma inapropriada, o pesquisador deverá ter atenção à redação inadequada, sob pena de devolução do projeto.

9. TERMO DE ASSENTIMENTO LIVRE E ESCLARECIDO (TALE)

As pesquisas em seres humanos não se resumem aos maiores de idade capazes, estendendo-se previsão normativa para que haja a participação de menores e incapazes. No entanto, o protocolo de pesquisa, deverá ser justificado pelo pesquisador no momento de submissão para apreciação pelo Sistema CEP/Conep a escolha por uma pesquisa que envolvam crianças, adolescentes ou legalmente incapazes.

Em aprovado, em vertente semelhante ao que ocorre com maiores de idade capazes, ou de qualquer pessoa cuja autonomia esteja reduzida, o processo de comunicação é imprescindível e se concretizará nos moldes de "assentimento livre e esclarecido". A abordagem inicial à criança, adolescente ou legalmente incapaz, será por meio de um convite para participar da pesquisa, sendo que, para prover informações no processo para transmissão do esclarecimento, será necessário adotar técnicas apropriadas, não se excluindo ferramentas lúcidas, considerando a idade e competência para discernir e assentir (autonomia gradativa)[48] e relevadas às características emocionais, sociais, econômicas e culturais do candidato à participação na pesquisa, assegurando-lhe uma comunicação plena e interativa também com os seus responsáveis, para que ao final, culmine na tomada de decisão sem máculas.

48 Munhoz, L. O princípio da autonomia progressiva e a criança como paciente. Dissertação (mestrado) Universidade de Brasília, Faculdade de Ciências da Saúde, Programa de Pós-graduação em bioética, 2014.Disponível em: http://bdtd.ibict.br/vufind/Record/UNB_8a21f66161a816de89f80dcf78b5de87

Em virtude disso, como se trata de menor envolvido na participação da pesquisa, no assentimento deverá constar o registro do consentimento dos pais ou responsáveis legais, por igualmente participarem desse processo de informação. Assim, tanto o registro do assentimento e do consentimento em virtude dos esclarecimentos oferecidas ao participante e de seu responsável legal, deverá ocorrer sob a forma escrita, sonora, imagética, ou em outras formas que atendam às características da pesquisa e dos participantes, e conter informações em linguagem clara e de fácil entendimento para o suficiente esclarecimento sobre a pesquisa.

Portanto, também é importante que contenha o Termo de Assentimento Livre e Esclarecido (TALE), além dos direitos do participante de pesquisa, a explicação do que de fato compreende o aceite em participar da pesquisa (potenciais riscos, benefícios e desconfortos), em linguagem clara e acessível, detalhamento dos procedimentos aos quais o participante será submetido ao aceitar participar da pesquisa.

Importante que os participantes da pesquisa que vierem a sofrer qualquer tipo de dano resultante de participação na pesquisa têm direito à indenização, em havendo previsão ou não no documento de consentimento ou assentimento, por parte do pesquisador, do patrocinador e das instituições envolvidas nas diferentes fases da pesquisa por previsão nos itens IV.3 e V.7, da Resolução CNS n° 466/2012 e nos artigos 927 a 954 do Código Civil. Por isso dever ético não haver a referida menção de indenização, ainda que o risco da pesquisa seja considerado mínimo.

As demais regras referentes à dispensa de apresentação do TCLE e/ou TALE (responsável) e da impossibilidade de registro, o pesquisador deverá submeter à apreciação do Sistema CEP/Conep com a respectiva justificativa, nos mesmos moldes que ocorre com os adultos capazes.

10. TERMO PARA A AUTORIZAÇÃO DE USO DE IMAGEM E VOZ DE PARTICIPANTE DE PESQUISA

Em casos específicos, a depender do objetivo da pesquisa é utilizada a voz ou a imagem do participante de pesquisa. A adoção dessa autorização que é válida em conjunto com o TCLE ou TALE a depender do caso e do foco da pesquisa, tem sido adotado com maior frequência em virtude do distanciamento físico imposto por situação excepcional de pandemia.

Ressalve-se, todavia, que a imagem do participante de pesquisa não é apenas aquela que se limita à sua face, mas pode incluir a qualquer parte distinta do corpo possa identificá-lo. O termo para a autorização de uso de imagem e voz deverá ser aplicado quando o participante cede os direitos, autorizando que outra pessoa física ou jurídica utilize a sua imagem em qualquer meio público de divulgação. Também é uma cautela necessária para quando há coleta de dados por meio de entrevista, situação esta que determinará o manejo dos dados e a ratificação da proteção da privacidade, confidencialidade e anonimização.

O termo de autorização para uso de imagem e voz do participante de pesquisa, portanto, deverá ser redigido em duas vias, iguais e originais, na primeira pessoa, com espaço para ser rubricado em todas as páginas e assinado pelo participante de pesquisa e/ou responsável legal e também pelo pesquisador, sendo uma das vias do documento deverá ser entregue ao participante e/ou responsável legal, e a outra via deverá ser guardada pelo pesquisador.

O documento, portanto, deverá conter, no mínimo - sem exaurir todas as possibilidades para esse momento - o título da pesquisa; dados do pesquisador, com endereços e telefones; questões relacionadas à pesquisa, como garantia de sigilo e confidencialidade, direito de desistir e sair da pesquisa e a esclarecimentos durante o processo e, as formas de divulgação da imagem e voz do participante de pesquisa.

11. CONCLUSÃO

O controle nas pesquisas com seres humanos é de suma importância para que não haja a repetição das incongruências e atrocidades havidas no passado.

Com a evolução e o amadurecimento do pensamento, resta claro que é imprescindível verificar-se a análise técnica e, principalmente, ética para a aprovação de um projeto, perpassando pela proteção do participante de pesquisas, condições relativas ao consentimento e benefícios que os estudos possam trazer à sociedade. Para tanto, na estruturação pátria, existe a base estabelecida por meio do Sistema CEP/CONEP, que por meio de instrumentos infra-legais, acabam por trazer um direcionamento adequado para se desenvolver o avanço esperado da ciência.

Nesse sentido, resta claro que o fato de não existir uma legislação específica acerca do assunto, não significa que estejam as pesquisas com seres humanos no Brasil em condição de limbo, ao contrário, o que se verifica na prática é um sistema refinado que busca o aprimoramento constante dos que o conduzem, propiciando, inclusive, um entendimento transdisciplinar, dentro da proposta almejada pela Bioética. Também guarnece sistema de responsabilização efetivo aos participantes que forem prejudicados por qualquer dano.

Portanto, aos que comungam que apenas uma legislação traz segurança jurídica a qualquer atividade, se esta não trouxer uma estruturação inteligente ao direcionamento a que se propõe, pode causar atrasos e dificultar o avanço racional progresso, em consideradas a necessária estrutura principiológica, que também propicie normas abertas, em alguns aspectos, a fim de que a modificação atinja a velocidade esperada, diante dos fatos sociais que sempre se apresentam.

REFERÊNCIAS BIBLIOGRÁFICAS

1. Abbott, A. Discovery of Galileo's long-lost letter shows he edited his heretical ideas to fool the Inquisition Disponível em https://www.nature.com/articles/d41586-018-06769-4

2. Kottow, M. História da ética em pesquisa com seres humanos RECIIS – R. Eletr. de Com. Inf. Inov. Saúde. Rio de Janeiro, v.2, Sup.1, p.Sup.7 Sup.18, Dez., 2008 Sup.9 DOI: 10.3395/reciis.v2.Sup1.203pt

3. *Garrafa, V.* Bioética e ciência: até onde avançar sem agredir. Revista CEJ, V. 3 n. 7 jan./abr. 1999 https://www.cjf.jus.br/ojs2/index.php/revcej/article/view/183/345

4. Sandoval ORB. O Juramento de Hipócrates Disponível em: https://www.fmrp.usp.br/pb/arquivos/3652

5. Beier M. Iannotti GC. O paternalismo e o juramento hipocrático Rev. Bras. Saúde Mater. Infant. vol.10 supl.2 Recife Dec. 2010 Disponível em: https://doi.org/10.1590/S1519-38292010000600017

6. Callegari, LA. . A inaplicabilidade do Código de Defesa do Consumidor na relação médico/paciente. In: Fórum Mundial de Direito Médico e Bioética: Da responsabilidade civil à bioética: tendências e desafios ao biodireito no Século XXI, 2008, Recife. Revista de Direito Médico e da Saúde, 2008.

7. Pinto, CANS. Velarde, LGC. Nascimento, OJM. Avaliação dos artigos científicos publicados em revistas odontológicas no período de 2002-2005 sob os princípios da bioética: beneficência e não maleficência Odontol. Clín.-Cient. (Online) vol.9 no.2 Recife Abr./Jun. 2010 Disponível em: https://doi.org/10.1590/1983-80422016241120

8. SHOKROLLAHI, K. Request for Treatment: the evolution of consent Ann R Coll Surg Engl 2010; 92: 93–100 doi 10.1308/003588410X12628812458851 disponível em https://www.ncbi.nlm.nih.gov/pmc/articles/PMC3025230/

9. Cesar, DO. Pesquisa com medicamentos: aspectos bioéticos, São Paulo: Saraiva 2012

10. Skroska, P. The William Beaumont Papers: A Life in Letters. Mo Med v.111 (5); Set-Out 2014 PMC6172101 disponível em https://www.ncbi.nlm.nih.gov/pmc/articles/PMC6172101/

11. Declaration des Droits de l'Homme et du Citoyen de 1789 disponível em https://www.conseil-constitutionnel.fr/le-bloc-de-constitutionnalite/declaration-des-droits-de-l-homme-et-du-citoyen-de-1789

12. Pereira, A D. O consentimento informado na relação médico-paciente: Estudo de Direito Civil, Coimbra:Coimbra Editora, 2004

13. ________ Direitos dos Pacientes e Responsabilidade Médica. Coimbra: Coimbra Editora, 2015

14. Neves NCO, Osswald W, Bioética Simples Lisboa: Editorial Verbo, 2007

15. JH Gallinger A bill for the regulation of scientific experiments upon human beings in the District of Columbia, Disponível em: https://www.worldcat.org/title/bill-for-the-regulation-of-scientific--experiments-upon-human-beings-in-the-district-of-columbia/oclc/8859450

16. Kipper DJ, Goldim JR. A pesquisa em crianças e adolescentes. J Pediatr (Rio J). 1999;75(4);211-2.

17. Kottow M. História da ética em pesquisa com seres humanos RECIIS – R. Eletr. de Com. Inf. Inov. Saúde. Rio de Janeiro, v.2, Sup.1, p.Sup.7 Sup.18, Dez., 2008 Sup.9

DOI: 10.3395/reciis.v2.Sup1.203pt

18. Goldim JR, Princípio do Respeito à Pessoa ou da Autonomia *repositorio.ufpe.br* › bitstream › arquivo8724_1

19. Melo ACR, Lima VM. Bioética: pesquisa em seres humanos e comitês de ética em pesquisa – breves esclarecimentos. Efdeportes.com. [Internet]. 2007 Disponível: http://www.efdeportes.com/efd78/etica.htm

20. Organização das Nações Unidas. Código de Nüremberg. [Internet]. 1949 Disponível em: http://www.ufrgs.br/bioetica/nuremcod.htm

21.Declaração universal dos direitos humanos Disponível em: https://nacoesunidas.org/?post_type=post&s=S%C3%A9rie+DUDH

22. Faden R, Beauchamp TL. A history and theory of informed consent. New York: Cambridge University Press; 1986

23. Autonomia versus beneficência Maria do Carmo Demasi Wanssa Rev. bioét (Impr.) 2011; 19(1): 105 - 17

24. Costa, S I F. Garrafa, V. Oselka, G. Introdução à Bioética. Brasília : Conselho Federal de Medicina, 1998

25. Fonseca, JCF.Histórico das hepatites virais Rev. Soc. Bras. Med. Trop. vol.43 no.3 Uberaba May/June 2010 Disponível em: http://dx.doi.org/10.1590/S0037-86822010000300022

26. Declaração de Helsinque Disponível em: https://www.wma.net/wp-content/uploads/2016/11/491535001395167888_DoHBrazilianPortugueseVersionRev.pdf

27. Declaration of Helsinki. Ethical principles for medical research involving human subjects. World Medical Association. Disponível: http://www.wma.net/en/30publications/10policies/b3

28. Diniz, D. Henry Beecher e a gênese da Bioética. O Mundo da Saúde, São Paulo, v. 23, n. 5, p. 332-335, set./out. 1999.

29. Goldim JR O Caso Tuskegee: quando a ciência se torna eticamente inadequada Disponível em: https://www.ufrgs.br/bioetica/tueke2.htm

30. Belmont Report. Disponível em: https://www.hhs.gov/ohrp/regulations-and-policy/belmont-report/index.html

31. T. Beauchamp & J. Childress, Princípios de Ética Biomédica. São Paulo: Editora Loyola, 2013

32. Brasil Ministério da Saúde RDC 251 de 1997 Disponível em https://bvsms.saude.gov.br/bvs/saudelegis/cns/1997/res0251_07_08_1997.html

33. *Singer P, Libertação animal.* Porto Alegre:Lugano, 2004

34. Oliveira LA. Ética em investigação científica. Lisboa: Lidel, 2013

35. Said, DMP. O registro sanitário de medicamentos: uma experiência de revisão. 156 f. Dissertação (Programa de pós graduação em Vigilância Sanitária) - INCQS/FIOCRUZ, Rio de Janeiro, 2004.

36. Goldim, JR. Slippery slope Disponível em https://www.ufrgs.br/bioetica/slippery.htm

37. Santos, RCS. Santos, EC. Malária: cobaias humanas no Amapá Estação Científica (UNIFAP) Macapá, v. 1, n. 2, p. 143-150, 2011

38. Fregnani, JHTG Carvalho, AL. Paranhos, FRL. Viana, LS Serrano, et al Eticidade do uso de placebo em pesquisa clínica: proposta de algoritmos decisórios disponível em https://www.scielo.br/pdf/bioet/v23n3/1983-8034-bioet-23-3-0456.pdf

39. Resolução do Conselho Nacional de Saúde nº 01 de 13 de junho de 1988 disponível em: https://www.ufrgs.br/bioetica/r01-88.htm

40. Brasil. Mistério da Saúde. Resolução CNS nº 196/1996 Disponível em: http://bvsms.saude.gov.br/bvs/saudelegis/cns/1996/res0196_10_10_1996.html

41. Novoa, PCR. O que muda na Ética em Pesquisa no Brasil: resolução 466/12 do Conselho Nacional de Saúde Einstein (São Paulo) vol.12 no.1 São Paulo Jan./Mar. 2014 Disponível em: https://doi.org/10.1590/S1679-45082014ED3077

42. Brasil. Conselho Nacional de Saúde. Resolução CNS nº 466/2012 Disponível em: http://www.conselho.saude.gov.br/resolucoes/2012/Reso466.pdf

43. Brasil. Conselho Nacional de Saúde. Resolução CNS n° 510/2016 Disponível em: http://conselho.saude.gov.br/resolucoes/2016/Reso510.pdf

44. Brasil. Conselho Nacional de Saúde Norma operacional CNS nº 1/2013 Disponível em http://conselho.saude.gov.br/normativas-conep?view=default

45. Brasil. Conselho Nacional de Saúde. Plataforma Brasil. Disponível em: http://plataformabrasil.saude.gov.br/login.jsf

46. Segre M, Cohen C. Bioética. São Paulo: Editora Universidade de São Paulo; 2002

47. Stancioli BS. Relação jurídica médico-paciente. Belo Horizonte: Del Rey; 2004

48. Munhoz, L. O princípio da autonomia progressiva e a criança como paciente

Dissertação (mestrado) Universidade de Brasília, Faculdade de Ciências da Saúde, Programa de Pós-graduação em bioética, 2014. Disponível em: http://bdtd.ibict.br/vufind/Record/UNB_8a21f66161a816de89f80dcf78b5de87

ROL DA ANS TAXATIVO OU EXEMPLIFICATIVO ANÁLISE À LUZ DA JURISPRUDÊNCIA DO STJ

Luciano Correia Bueno Brandão

Uma das questões que mais suscita embates entre pacientes e operadoras de planos de saúde diz respeito à natureza do Rol de Procedimentos da ANS, se taxativo ou exemplificativo.

A jurisprudência predominante acerca do tema sempre se inclinou à noção de que o rol tem uma natureza exemplificativa, contemplando as coberturas mínimas obrigatórias, mas não excluindo outros procedimentos ou tratamentos, ainda que não previstos expressamente no rol.

Recentemente, no entanto, a 4ª Turma do Superior Tribunal de Justiça (STJ) protagonizou um novo capítulo nesta discussão por ocasião do julgamento do Recurso Especial nº 1.733.013/PR, ao sinalizar uma possível mudança de entendimento.

O QUE É O ROL DE PROCEDIMENTOS DA ANS

Segundo definição da Agência Nacional de Saúde Suplementar (ANS), o Rol de Procedimentos e Eventos em Saúde consiste na lista dos "(...) *procedimentos considerados indispensáveis ao diagnóstico, tratamento e acompanhamento de doenças e eventos em saúde, em cumprimento ao disposto na Lei nº 9.656/98*"[1].

Conforme aponta a agência, a lista é "(...) *definida pela ANS por meio dos sucessivos ciclos de atualização do Rol de Procedimentos e Eventos em Saúde, que ocorrem a cada dois anos*".

Em resumo, a ANS edita periodicamente uma lista de procedimentos que passam a ser automaticamente de cobertura obrigatória pelos planos de saúde.

---

1 Disponível em: http://www.ans.gov.br/index.php/planos-de-saude-e-operadoras/espaco-do-consumidor/737-rol-de-procedimentos

Atualmente, a normatização da edição do rol da ANS é regulamentada pela Resolução 439/2018 ANS.

Ocorre que a medicina de uma maneira geral evolui de forma muito mais rápida do que as atualizações da ANS que, além de tudo, são pautadas por premissas econômicas, o que resulta numa sistemática defasagem entre a disponibilização de novas técnicas, medicamentos e tratamentos e a efetiva incorporação dos mesmos à lista de procedimentos de cobertura obrigatória.

Como se não bastasse, a atualização do rol atualmente em vigor (que deveria ocorrer em Janeiro/2020), foi postergada para o final do ano[2].

Este constante descompasso entre a realidade da prática médica e os aspectos formais e burocráticos da agência reguladora ensejam inevitáveis conflitos entre pacientes (que legitimamente buscam o tratamento mais adequado), e as operadoras de planos de saúde (que sustentam somente serem obrigadas a cobrir os procedimentos e tratamentos previstos expressamente no rol).

QUAL O ENTENDIMENTO JURISPRUDENCIAL PREDOMINANTE ACERCA DO TEMA

Invariavelmente, muitas das disputas entre pacientes e operadoras acabam sendo resolvidas nos tribunais.

O ponto de discussão é simples: os planos de saúde são obrigados a cobrir procedimentos não previstos expressamente no rol da ANS?

De forma geral, o entendimento que prevalece no Judiciário é de que o rol da ANS tem um caráter meramente exemplificativo, constituindo referência das coberturas mínimas obrigató-

2 Disponível em: http://www.ans.gov.br/images/stories/rol/cronograma_atualiza%C3%A7ao_ro_ciclo_2019_2020.pdf acessado em 26.02.2020.

rias, mas não excluindo outras que se façam necessárias, por expressa indicação médica, para o tratamento de doença coberta contratualmente.

Em outras palavras, se a doença é coberta contratualmente, o seu tratamento – de acordo com a indicação médica -, também o deve ser.

O saudoso Ministro Menezes Direito já ponderava que *"(...) o que o contrato pode dispor é sobre as patologias cobertas, não sobre o tipo de tratamento para cada patologia alcançada pelo contrato. Na verdade, se não fosse assim, estar-se-ia autorizando que a empresa se substituísse aos médicos na escolha da terapia adequada de acordo com o plano de cobertura do paciente. E isso, pelo menos na minha avaliação, é incongruente com o sistema de assistência à saúde, porquanto quem é senhor do tratamento é o especialista, ou seja, o médico que não pode ser impedido de escolher a alternativa que melhor convém à cura do paciente"* (REsp 668.216/SP, 3ª Turma, Rel. Min. Carlos Alberto Menezes Direito, j. 15.03.2007, v.u., DJU 02.04.2007)

Ao longo do tempo, este entendimento tem prevalecido no STJ, que sistematicamente reconhece que *"(...) a ausência de determinado procedimento médico no rol da ANS não afasta o dever de cobertura por parte do plano de saúde, quando necessário ao tratamento de enfermidade objeto de cobertura pelo contrato"* (AgInt no AREsp n. 1.353.908/BA, 4ª Turma, Rel. Min. Marco Buzzi, ARCO BUZZI, DJe 26.09.2019).

Com efeito, as duas Turmas da 2ª Seção do STJ, responsáveis pelo julgamento das questões de direito privado, o que abrange especificamente os processos envolvendo saúde suplementar, sempre tiveram posição neste sentido.

Além do posicionamento do próprio STJ, também os tribunais estaduais possuem sólida jurisprudência no sentido de reconhecer a natureza meramente exemplificativa do rol da ANS.

As decisões remansosas neste sentido, por exemplo, levaram o Tribunal de Justiça do Estado de São Paulo (o maior do país) a editar a Súmula 102, TJ/SP, assentando que: *"Havendo expressa indicação médica, é abusiva a negativa de cobertura de custeio de tratamento sob o argumento da sua natureza experimental ou por não estar previsto no rol de procedimentos da ANS"*.

O Tribunal de Justiça do Distrito Federal correlaciona a tese como jurisprudência consolidada[3] no sentido de que "É abusiva a recusa da seguradora de saúde em autorizar tratamento prescrito por médico especialista, sob a alegação de que não consta no rol dos procedimentos obrigatórios da Agência Nacional de Saúde Suplementar - ANS. O rol de procedimentos indicado pela Agência Reguladora tem natureza meramente exemplificativa, ou seja, o fato de o procedimento médico indicado não constar na lista, não significa que a administradora do plano não tenha obrigação *de custeá-lo. Compete apenas ao profissional médico decidir qual o tratamento mais adequado para preservar a vida do paciente*".

O Tribunal de Justiça do Rio de Janeiro não fica atrás e assentou posicionamento por meio da Súmula 340: *"Ainda que admitida a possibilidade de o contrato de plano de saúde conter cláusulas limitativas dos direitos do consumidor, revela-se abusiva a que exclui o custeio dos meios e materiais necessários ao melhor desempenho do tratamento da doença coberta pelo plano"*.

Ao longo dos últimos anos, portanto, tal posicionamento vem prevalecendo e norteando as decisões judiciais acerca do reconhecimento no dever de cobertura de procedimentos não previstos no rol da ANS, sempre que houver indicação médica

3 Disponível em: https://www.tjdft.jus.br/consultas/consultas-processos-fisicos/jurisprudencia/jurisprudencia-em-foco/cdc-na-visao-do-tjdft-1/planos-de-saude-1/procedimento-que-nao-consta-do-rol-da-ans-2013-negativa-de-cobertura

expressa e justificada acerca da imprescindibilidade do tratamento proposto.

A DECISÃO DA 4ª TURMA DO SUPERIOR TRIBUNAL DE JUSTIÇA

Foi então que a 4ª Turma do Superior Tribunal de Justiça (STJ) protagonizou um novo capítulo nesta discussão por ocasião do julgamento do Recurso Especial nº 1.733.013/PR, ao sinalizar uma possível mudança de entendimento.

No caso concreto, uma paciente teve indicado, por seu médico assistente, a realização de procedimento cirúrgico para tratamento de coluna denominado cifoplastia.

A operadora do plano de saúde argumentou que autorizaria a cirurgia, porém não pela técnica proposta pelo médico da paciente e, sim, por outra técnica que inclusive estaria prevista no rol da ANS (vertebroplastia).

Em primeira instância, se determinou a cobertura do procedimento pela técnica prescrita pelo médico da paciente.

O Tribunal de Justiça do Paraná, no entanto, reformou a sentença por entender que a cifoplastia não está prevista no rol da ANS e que a verteroplastia, autorizada pela operadora, tem eficácia comprovada.

A ação judicial versou, portanto, sobre o dever de o plano de saúde cobrir procedimento não previsto no rol da ANS, quando há outro procedimento previsto e de eficácia semelhante.

Ao recorrer ao STJ, a paciente suscitou a natureza exemplificativa do rol, argumentando que deveria prevalecer a indicação do médico assistente.

O Relator do caso, Ministro Luis Felipe Salomão, considerando a relevância da matéria, admitiu a intervenção de diversas entidades na discussão na qualidade de *amici curiae*.

Ao final, foi então proferido acórdão, publicado no DJe em 20.02.2020 com a seguinte ementa:

> *"PLANOS E SEGUROS DE SAÚDE. RECURSO ESPECIAL. ROL DE PROCEDIMENTOS E EVENTOS EM SAÚDE ELABORADO PELA ANS. ATRIBUIÇÃO DA AUTARQUIA, POR EXPRESSA DISPOSIÇÃO LEGAL E NECESSIDADE DE HARMONIZAÇÃO DOS INTERESSES DAS PARTES DA RELAÇÃO CONTRATUAL. CARACTERIZAÇÃO COMO RELAÇÃO EXEMPLIFICATIVA. IMPOSSIBILIDADE. MUDANÇA DO ENTENDIMENTO DO COLEGIADO (OVERRULING). CDC. APLICAÇÃO, SEMPRE VISANDO HARMONIZAR OS INTERESSES DAS PARTES DA RELAÇÃO CONTRATUAL. EQUILÍBRIO ECONÔMICO-FINANCEIRO E ATUARIAL E SEGURANÇA JURÍDICA. PRESERVAÇÃO. NECESSIDADE. RECUSA DE COBERTURA DE PROCEDIMENTO NÃO ABRANGIDO NO ROL EDITADO PELA AUTARQUIA OU POR DISPOSIÇÃO CONTRATUAL. OFERECIMENTO DE PROCEDIMENTO ADEQUADO, CONSTANTE DA RELAÇÃO ESTABELECIDA PELA AGÊNCIA. EXERCÍCIO REGULAR DE DIREITO. REPARAÇÃO DE DANOS MORAIS. INVIABILIDADE".*

Não obstante o devido respeito aos eminentes Ministros, não se pode deixar de observar que a decisão (que altera posição jurisprudencial até então remansosa) cria no seio do Judiciário manifesta insegurança jurídica.

Prova disso é que, antes mesmo da publicação do acórdão nos autos do Recurso Especial nº 1.733.013/PR, as operadoras já vinham utilizando o julgado como referência em suas manifestações em processos em curso e, pior ainda, houve decisões judiciais[4] proferidas em primeira instância adotando a posição da 4ª Turma como se vinculante fosse, o que evidentemente se mostra impertinente.

4 Disponível em: https://www.migalhas.com.br/quentes/319379/paciente-tem-negada-cobertura-de-tratamento-nao-previsto-no-rol-da-ans acessado em 26.02.2020.

Vale pontuar que o próprio Relator do caso, Ministro Luis Felipe Salomão, sinalizou em seu voto que a "(...) *dispersão jurisprudencial deve ser preocupação de todos e, exatamente por isso, tenho afirmado que, se a divergência de índole doutrinária é saudável e constitui importante combustível ao aprimoramento da ciência jurídica, todavia o dissídio jurisprudencial é absolutamente indesejável (REsp. n. 753.159/MT)*".

A verdade é que a posição recentemente adotada pela 4ª Turma do STJ quanto à natureza do rol mostra-se inconsistente não apenas com a jurisprudência remansosa construída ao longo dos anos pelos tribunais de todo o país, como também não se harmoniza, sequer, com o entendimento histórico da própria 4ª Turma.

Quer um exemplo?

Veja-se que, recentemente, ao julgar recurso repetitivo (Tema 990), as duas Turmas da 2ª Seção do STJ assentaram a tese de que "*As operadoras de planos de saúde não estão obrigadas a fornecer medicamento não registrado pela ANVISA*".

Por dedução lógica, pode-se dizer então que a posição adotada pelo STJ é no sentido de que se determinado medicamento já tem registro sanitário junto à Anvisa, deve ser fornecido pelo plano de saúde, independentemente de constar do rol ou não, correto?

Mais do que isso, tanto a 3ª quanto a 4ª Turmas do STJ, possuem posição pacífica no sentido de que os planos de saúde não podem negar a cobertura de medicamentos prescritos em caráter *off label* (sem indicação em bula), porém considerados necessários ao tratamento.

Neste sentido:

> *"AGRAVO INTERNO NO AGRAVO EM RECURSO ESPECIAL. PLANO DE SAÚDE. FORNECIMENTO DE MEDICAMENTO. USO OFF LABEL. RECUSA INDEVIDA. DANOS MORAIS CONFIGURADOS. REEXAME DE PROVAS. SÚMULA 7/STJ.*

DISSÍDIO JURISPRUDENCIAL PREJUDICADO. AGRAVO NÃO PROVIDO. ***1. "A jurisprudência desta Corte é no sentido de que os planos de saúde podem, por expressa disposição contratual, restringir as enfermidades cobertas, sendo-lhes vedado, no entanto, limitar os tratamentos a serem realizados, inclusive os experimentais. Considera-se abusiva a negativa de cobertura de plano de saúde quando a doença do paciente não constar na bula do medicamento prescrito pelo médico que ministra o tratamento (uso off-label)"*** *(AgInt no REsp 1795361/SP, Rel. Ministro ANTONIO CARLOS FERREIRA, QUARTA TURMA, julgado em 19/8/2019, DJe 22/8/2019). 2. Não cabe, em recurso especial, reexaminar matéria fático-probatória (Súmula n. 7/STJ). 3. A necessidade do reexame da matéria fática inviabiliza o recurso especial também pela alínea "c" do inciso III do artigo 105 da Constituição Federal, ficando, portanto, prejudicado o exame da divergência jurisprudencial. 4. Agravo interno a que se nega provimento."* (STJ, AgInt no AREsp 1536948 / SP, Quarta Turma, Ministra Relatora Maria Isabel Gallotti, Data de Julgamento: 25.05.2020) (grifamos e destacamos)

"PROCESSUAL CIVIL. AGRAVO INTERNO NO RECURSO ESPECIAL. AÇÃO DE OBRIGAÇÃO DE FAZER CUMULADA COM REPARAÇÃO POR DANOS MORAIS. EMBARGOS DE DECLARAÇÃO. OMISSÃO, CONTRADIÇÃO OU OBSCURIDADE. NÃO OCORRÊNCIA. HARMONIA ENTRE O ACÓRDÃO RECORRIDO E A JURISPRUDÊNCIA DO STJ. SÚMULA 568/STJ. 1. Ação de obrigação de fazer cumulada com reparação por danos morais, fundada na negativa de cobertura de medicamento. 2. Ausentes os vícios do art. 1022 do CPC, rejeitam-se os embargos de declaração. ***3. É abusiva a recusa da operadora do plano de saúde de arcar com a cobertura do medicamento prescrito pelo médico para o tratamento do beneficiário, sendo ele off label, de uso domiciliar, ou ainda não previsto em rol da ANS, e, portanto, experimental, quando necessário ao tratamen-***

> ***to de enfermidade objeto de cobertura pelo contrato. Precedentes.*** *4. Agravo interno no recurso especial não provido."* (STJ, AgInt no REsp 1849149 / SP, Terceira Turma, Ministra Relatora Nancy Andrighi, Data de Julgamento: 30.03.2020) (grifamos e destacamos)

Ora, medicamentos com indicação *off label* de forma geral não integram o rol da ANS ou as chamadas Diretrizes de Utilização mas, ainda assim, o STJ e especificamente a 4ª Turma, entendem que há o dever de cobertura. Paradoxal, não?

O resultado são decisões divergentes entre si e uma manifesta insegurança jurídica.

O fato é que o tema da taxatividade ou não do rol da ANS, evidentemente, necessita ser objeto de Incidente de Resolução de Demandas Repetitivas, tal como previsto nos artigos 976 e seguintes do CPC, justamente para se evitar a insegurança jurídica que se instalou, quanto mais considerando a evidente divergência de posições entre a 3ª e a 4ª Turma do STJ.

Espera-se que isso ocorra em curto espaço de tempo, sendo que os fundamentos do acórdão proferido pela 4ª Turma do STJ nos autos do Recurso Especial nº 1.733.013/PR serão rediscutidos de forma mais ampla.

Até lá, nos permitimos algumas considerações acerca do julgado e da problemática posta.

COBERTURA DE DOENÇA X AUSÊNCIA DE TRATAMENTO PREVISTO NO ROL

Ao se posicionar pelo reconhecimento da taxatividade do rol da ANS, o acórdão proferido pela 4ª Turma do STJ destacou o quanto disposto pelo artigo 10, §4º, da Lei nº 9.656/98, o qual dispõe que *"A amplitude das coberturas, inclusive de transplantes e de procedimentos de alta complexidade, será definida por normas editadas pela ANS".*

Ainda, se destacou o teor do artigo 4º, III, da Lei nº 9.961/2000, que confere à ANS a competência para "*elaborar o rol de procedimentos e eventos em saúde, que constituirão referência básica para os fins do disposto na Lei nº 9.656/98 de 3 de junho de 1998, e suas excepcionalidades*".

Com base nestes fundamentos, a 4ª Turma concluiu que cabe à ANS regulamentar a abrangência das coberturas obrigatórias dos planos de saúde por meio da edição do rol de procedimentos. O que estiver no rol é de cobertura obrigatória, o que não estiver, não é.

No entanto, a decisão tal como lançada, parece ignorar outros relevantes fundamentos jurídicos que não se harmonizam com tal entendimento.

Em verdade, a Lei nº 9.656/98, em seu artigo 10 estabelece a obrigatoriedade de cobertura "*(...) das doenças listadas na Classificação Estatística Internacional de Doenças e Problemas Relacionados com a Saúde, da Organização Mundial de Saúde*". O mesmo artigo contempla em seus incisos de I a X as hipóteses de exclusão de coberturas.

Diante disso, é possível ponderar que, se a Lei garante a cobertura de tratamentos para todas as doenças previstas na Classificação Estatística Internacional de Doenças e Problemas Relacionados com a Saúde, da Organização Mundial de Saúde, como poderia o acesso a determinado tratamento ser limitado ou condicionado pelo simples fato de eventualmente não constar no rol da ANS editado pela agência?

Com efeito, ainda que se admita a competência da agência para normatizar a amplitude de coberturas (e eventualmente excluir expressamente certos procedimentos), a simples ausência de previsão no rol não consiste, por si só, em automática exclusão (lembremo-nos do tempo que o rol demora para ser atualizado e a sua manifesta defasagem em relação às inovações médicas).

Em outras palavras, o silêncio da agência reguladora acerca de determinadas coberturas não pode ser interpretado como exclusão tácita do tratamento, quanto mais considerado que a própria Lei assegura o tratamento a todas as doenças previstas na Classificação Internacional.

A IMPOSSIBILIDADE DE INGERÊNCIA DA ANS SOBRE A PRÁTICA MÉDICA

Ademais, a atuação da ANS não pode se dar de forma dissociada da realidade da prática médica.

O próprio Código de Ética Médica prescreve, como princípios norteadores da atuação médica a autonomia do médico ao estabelecer que *"(...) o médico não pode, em nenhuma circunstância ou sob nenhum pretexto, renunciar à sua liberdade profissional, nem permitir quaisquer restrições ou imposições que possam prejudicar a eficiência e a correção de seu trabalho (Cap. I, inciso VIII da Resolução CFM 2.217/18)".*

Falando em atos normativos, o Conselho Federal de Medicina, editou a Resolução do CFM nº 1401/93 a qual determina em seu artigo 1º, que *"as empresas de seguro-saúde, empresas de Medicina de Grupo, cooperativas de trabalho médico, ou outras que atuem sob a forma de prestação direta ou intermediação dos serviços médico-hospitalares, estão obrigadas a garantir o atendimento a todas as enfermidades relacionadas no Código Internacional de Doenças da Organização Mundial de saúde, não podendo impor restrições quantitativas ou de qualquer natureza".*

Ou seja, além de eventuais restrições de cobertura não poderem se dar de forma tácita, a ANS também não pode por meio da edição de seus atos normativos impedir ou restringir o exercício da boa prática médica.

O artigo 35-F da Lei nº 9.656/98 estabelece que os planos de saúde são obrigados a garantir *"todas as ações necessárias à prevenção da doença e a recuperação, manutenção e reabilitação da saúde do consumidor"*. A definição de tais ações é critério eminentemente médico.

IMPOSSIBILIDADE DE RENÚNCIA ANTECIPADA DE DIREITO

Outro aspecto que parece igualmente relevante é de ordem contratual.

Muitos contratos de operadoras de planos de saúde trazem previsão de exclusão de cobertura de procedimentos não constantes do rol da ANS.

Contudo, a prática diária demonstra que na enorme maioria das vezes o rol vigente no momento da contratação não integra o contrato, não obrigando assim o consumidor contratante, inclusive em virtude da falha no adequado dever de informação (artigo 6º, CDC).

Ademais, possível destacar o teor do artigo 424 do Código Civil, o qual estabelece que: *"Nos contratos de adesão, são nulas as cláusulas que estipulem a renúncia antecipada do aderente a direito resultante da natureza do negócio".*

Vale dizer, portanto, que o consumidor não pode renunciar antecipadamente a tratamentos e procedimentos médicos que venham a ser desenvolvidos posteriormente à contratação (e por qualquer motivo não sejam incluídos no rol de procedimentos), justamente porque decorrem evidentemente da natureza do negócio (o contrato de plano de saúde visa, em última análise, preservar a vida e saúde do usuário em caso de necessidade).

A PREOCUPAÇÃO COM O EQUILÍBRIO FINANCEIRO DO CONTRATO

Um dos argumentos invocados por aqueles que defendem a taxatividade do rol da ANS é o de que isto traria maior previsibilidade para os cálculos atuariais e segurança do equilíbrio financeiro dos contratos.

Contudo, a tese usual de que impor às operadoras a cobertura de determinados tratamentos ainda que não constantes do rol da ANS levaria ao desequilíbrio econômico-financeiro do contrato e à falência do sistema de saúde suplementar é falaciosa.

Segundo dados obtidos junto ao site da ANS[5], é fato notório que **o faturamento das operadoras de planos de saúde vem aumentando ano a ano**, o que afasta as alegações de que a noção de rol exemplificativo traz consequências nefastas ao mútuo, assim como todo e qualquer argumento de desequilíbrio contratual.

Receita de contraprestações das operadoras (em Reais) (Brasil - 2010-2019)

Ano	Receita de contraprestações	Outras receitas operacionais	Despesa assistencial	Despesa administrativa	Despesa de comercialização	Outras despesas operacionais
2010	74 539 331 508	18 145 790 904	59 711 429 527	12 338 786 866	2 322 414 750	12 494 352 603
2011	84 821 575 963	19 750 658 043	68 864 809 673	13 204 508 561	2 745 924 331	14 154 092 321
2012	95 853 680 339	20 360 813 441	80 112 826 811	14 261 625 566	3 152 901 509	13 682 829 619
2013	109 927 620 595	14 910 319 352	90 925 302 328	15 017 643 463	3 501 861 811	14 132 771 296
2014	127 777 444 503	14 910 944 501	106 496 081 722	16 816 617 032	4 172 816 917	15 048 990 235
2015	144 701 906 083	15 333 832 284	120 119 877 388	17 830 659 710	4 839 088 798	16 111 089 254
2016	163 246 294 916	17 240 240 037	137 123 914 097	19 372 921 338	5 384 362 883	17 946 513 808
2017	180 893 859 503	17 028 477 006	150 583 574 465	20 176 363 171	5 455 991 738	18 025 945 719
2018	197 438 238 418	13 268 654 502	161 469 397 459	20 578 358 346	5 924 588 751	16 236 544 754
2019	158 774 032 394	9 752 599 709	130 776 315 585	15 908 779 726	4 813 022 314	11 874 727 011

Com efeito, da análise entre receitas e despesas, verifica-se que o lucro das operadoras nos últimos anos foi bastante expressivo, sendo que em 2017, o lucro do setor foi da ordem de **R$6,2 bilhões de reais**.

5 Disponível em https://www.ans.gov.br/perfil-do-setor/dados-gerais acessado em 12.03.2020

Insta observar que inúmeras são as reportagens que demonstram a alta lucratividade dos planos de saúde nos últimos anos[6] [7] [8].

Assim, embora a preocupação com o equilíbrio financeiro dos contratos seja justificável, nem de longe as operadoras atravessam a situação de penúria e o clima de "insustentabilidade do sistema" simplesmente não se justifica.

Vale pontuar também que o Tribunal de Contas da União realizou investigação por maio da Auditoria Operacional nº TC 021.852/2014-6[9], na qual identificou notórias distorções na aplicação de reajustes, principalmente no âmbito de planos coletivos, de tal sorte que a própria ANS se viu recentemente obrigada a anunciar uma fiscalização mais intensa neste tema[10].

Fato é que a saúde suplementar, não obstante a retórica alarmista das operadoras, é um dos setores com a mais alta lucratividade ao longo dos últimos anos, e se há gargalos econômicos, estes se devem a modelos de gestão e de remuneração de prestadores obsoletos, e não ao paciente que, em última análise, simplesmente espera legitimamente ter acesso às ferramentas para resguardo de sua saúde em caso de necessidade.

---

6 Disponível em https://valor.globo.com/empresas/noticia/2017/06/12/lucro-das-operadoras-de-planos-de-saude-sobe-706-em-2016-afirma-ans.ghtml acessado em 12.03.2020

7 Disponível em https://oglobo.globo.com/economia/operadoras-de-plano-de-saude-ampliam-receita-apesar-de-perda-de-clientes-21544177 acessado em 12.03.2020

8 Disponível em https://saudebusiness.com/hospital/operar-plano-de-saude-e-lucro-certo-exceto-para-auto-gestao/ acessado em 12.03.2020

9 Disponível em: https://apublica.org/wp-content/uploads/2018/05/TCU.pdf acessado em 12.03.2020

10 Disponível em: https://exame.abril.com.br/seu-dinheiro/ans-comecara-a-fiscalizar-reajustes-atipicos-de-planos-de-saude/ acessado em 12.03.2020.

EM RESUMO

A decisão da 4ª Turma do Superior Tribunal de Justiça (STJ) não é vinculante e não muda a posição eminentemente majoritária que predomina nos tribunais (inclusive no próprio STJ), no sentido de que o rol da ANS é meramente exemplificativo.

Além disso, é importante ter em mente que o caso levado a julgamento possui inúmeras particularidades, de modo que não pode ser utilizado como paradigma para situações outras.

Afirmações de que o STJ alterou seu posicionamento no sentido de que os planos não estão mais obrigados a cobrir procedimentos fora do rol da ANS é uma meia verdade que visa, tão somente, alimentar uma narrativa conveniente às operadoras.

Por fim, é fato o tema da natureza do rol da ANS deve ser objeto de Incidente de Resolução de Demandas Repetitivas, justamente para se evitar a insegurança jurídica que se instalou, quanto mais considerando a divergência de posições instaurada entre a 3ª e a 4ª Turma do STJ.

Não se desconsidera a importância de aprimoramento dos mecanismos de regulamentação do setor de saúde suplementar, contudo, não se pode olvidar que, conforme prevê o artigo 197 da Constituição Federal, as operadoras de planos de saúde exercem atividade de relevância pública, não podendo se eximirem de suas responsabilidades sociais no exercício de atividade suplementar ao Estado.

Em verdade, a atuação no âmbito da saúde suplementar não pode ser vista de forma estritamente mercantilista, impondo-se a necessidade de uma interpretação sistemática do ordenamento, que proteja o usuário, parte hipossuficiente da relação e assegure o exercício da boa prática médica.

A interpretação do rol de forma exemplificativa, garantindo-se a cobertura de procedimentos e tratamentos ainda que não previstos expressamente - sempre com a devida indicação médica e justificativa técnica - assegura esta premissa e, nem de longe, representa a alardeada insustentabilidade do setor que alguns pregam por aí.

A NECESSIDADE DE AFERIÇÃO DA PREVISIBILIDADE DO RESULTADO NA RESPONSABILIZAÇÃO CIVIL E PENAL DO MÉDICO

Pedro H. C. Fonseca
Filipe Loures Ramos

INTRODUÇÃO

A responsabilização daquele que causa dano a outrem possui previsão constitucional (art. 5º, V) e legal, tanto no âmbito cível (CC, arts. 186 e 927) quanto na esfera penal (CP, art. 18). Assim é a dogmática jurídica, ao estruturar a devida e necessária segurança jurídica aos eventos sociais entre particulares.

Entretanto, a existência do resultado danoso constitui apenas um dos elementos a serem analisados no momento de subsunção do fato ao ordenamento jurídico. Assim, o simples fato de uma conduta médica ter gerado lesão no paciente não acarreta, necessariamente, a sua responsabilização.

Por mais grave que seja a lesão provocada, há necessidade de se consultar todos os institutos inerentes à responsabilidade civil e penal, a fim de proceder à aplicação técnica e correta do Direito.

Nos casos práticos jurídicos que envolve eventos relacionados a procedimentos médicos, em regra, há que observar a dogmática penal e civil.

Dessa forma, no campo cível deverá ser analisada, além do dano, a conduta perpetrada pelo profissional e o nexo de causalidade entre ambos, sendo certo que cada um destes elementos possui requisitos próprios para a sua configuração.

Na seara penal, tomando-se por base a concepção finalista do delito, será necessário avaliar o fato típico (constituído pela conduta, resultado, nexo de causalidade e tipicidade), a ilicitude e a culpabilidade do agente, esta última composta pela imputabilidade, pela potencial consciência da ilicitude e exigibilidade de conduta diversa.

Além do mais, em ambos os casos é indispensável que se verifique a presença ou não de excludentes de responsabilidade, sejam oriundos da própria lei ou do entendimento doutrinário e jurisprudencial.

Através dessa brevíssima visão panorâmica já se pode notar que a responsabilização por qualquer ato, sob o olhar técnico, não é tarefa tão simples quanto parece, exigindo muita atenção dos aplicadores do Direito.

Diante do objetivo do presente trabalho, necessitamos fazer um recorte na análise do tema, sendo certo que nos concentraremos no elemento "culpa", inserido na conduta, mais especificamente na aferição do subelemento da *previsibilidade*.

É comum, sobretudo entre os juridicamente leigos, a atribuição de culpa sem maiores detalhes e preocupações. Aliás, até mesmo crianças atribuem culpa dessa maneira.

Não obstante, a culpa da qual pode decorrer a responsabilidade civil e penal não dispensa uma análise minuciosa e, principalmente, técnica sobre os fatos e os institutos jurídicos aplicáveis. Disso depende a aplicação correta do ordenamento vigente, legitimamente estabelecido mediante processo legislativo.

Para tornar o presente trabalho mais claro, o desenvolveremos através de um exemplo, não raro no dia-a-dia de profissionais da medicina. O caso será narrado livre de termos técnicos, para que possa ser mais bem compreendido.

Imagine que uma paciente, com aproximadamente 38 semanas de gravidez, por estar com algumas dores abdominais, se dirija ao pronto socorro de um hospital. O médico que a atende faz todos os exames de praxe, tanto na gestante quanto no nascituro, conforme indicação dos Conselhos de Medicina, da respectiva Sociedade Médica e da literatura especializada, e conclui que não há sofrimento fetal a indicar a realização de cesariana, assim como não há a dilatação necessária para se proceder ao parto normal.

Após ficar em observação por um tempo, e diante da ausência de redução nas dores, o médico resolve induzir o parto normal, até então indicado para a situação, tendo em vista os exames apresentados pela paciente. Passado algum período, o médico percebe que não está havendo a dilatação necessária e conclui pela realização de cesariana. Após o nascimento, realizados exames, constata-se que a criança nasceu com paralisia cerebral, que não havia sido constata anteriormente.

Os pais do menor ajuizaram Ação de Indenização contra o médico responsável pela realização do parto, sob o argumento de que o mesmo foi negligente na condução do atendimento, tendo em vista a suposta demora em proceder à cesariana.

Da mesma forma, os genitores do infante fizeram comunicação à Delegacia de Polícia Civil e ao Ministério Público de seu Estado, a fim de se apurar a suposta prática do crime de lesões corporais culposas por parte do médico.

Levando-se em consideração que a gestante fez todo o acompanhamento pré-natal, sem que houvesse qualquer indicação do problema sofrido pelo menor, o médico que a atendeu no pronto-socorro e realizou o parto deverá ser responsabilizado civil e/ou penalmente? Diante da narrativa, é possível cravar a responsabilidade do referido profissional da medicina?

A situação acima é muito sensível e, obviamente, o caso concreto deverá ser trabalhado em cima das provas produzidas sob o crivo do contraditório. De toda forma, será necessária muita cautela dos operadores do Direito, para que se possa chegar ao resultado juridicamente correto.

Destarte, do ponto de vista técnico, não se pode deixar de avaliar cada requisito dogmático jurídico da seara penal e civil, de forma geral, mas também, com a devida inserção do conhecimento apurado e vertical quanto aos elementos formadores da conclusão do resultado danoso. Para tanto, será impossível deixar de avaliar a previsibilidade de todos os seus pontos de vista.

DA RESPONSABILIDADE CIVIL

A responsabilidade civil brota do descumprimento de normas (legais ou contratuais) que regulamentam a vida em sociedade, o que juridicamente configura um ato ilícito.

O art. 186 do Código Civil, de forma bastante clara, conceitua o ato ilícito como sendo uma ação ou omissão voluntária, negligente ou imprudente, que viola direito e causa dano a outrem, ainda que exclusivamente moral.

Entretanto, para que haja a efetiva responsabilização no caso concreto é necessário o preenchimento de pressupostos específicos, muito bem trabalhados pela doutrina especializada.

Isso porque os institutos jurídicos e sua subsunção aos fatos devem ser analisados de maneira técnica. Caso contrário, a própria razão de ser da ciência jurídica estaria esvaziada.

Definitivamente, Direito não é senso comum. Muito pelo contrário. Para entendê-lo e aplicá-lo corretamente, é necessário observar cada um dos institutos inerentes ao caso, sempre observando os contornos legais e as orientações doutrinárias e jurisprudenciais.

Dessa forma, se no caso ora proposto observarmos apenas o dano experimentado, sem o olhar técnico exigido pelo Direito e sem a análise profunda do instituto da responsabilidade civil, é possível (e provável) que cheguemos a uma conclusão equivocada.

Assim, hodiernamente, com a evolução dos estudos jurídicos, não se pode mais falar simplesmente que *quem causa dano a outrem tem o dever de reparar*, sendo indispensável a análise correta e completa da matéria, com todas as suas nuances.

Apesar de não haver unanimidade, a doutrina amplamente majoritária[1] entende que a responsabilidade civil possui três elementos, a saber: I - conduta culposa do agente, II - nexo causal e, III – resultado danoso.

No exemplo proposto, conseguimos verificar que houve a ocorrência de um dano. Da mesma forma, *a priori*, há nexo causal físico entre a conduta praticada pelo médico e o prejuízo sofrido pelo neonato.

Mas, do ponto de vista jurídico, pode-se dizer que o comportamento do médico foi culposo? É sobre esse ponto que o tema será desenvolvido.

CONCEITO E ELEMENTOS INDISPENSÁVEIS PARA A CONFIGURAÇÃO JURÍDICA DA CULPA EM SENTIDO ESTRITO

Primeiramente, já conseguimos destacar que o subelemento "culpa" está inserido no interior da conduta, o que direciona o nosso estudo.

A culpa *stricto sensu*, ou seja, aquela que não abrange o dolo do agente, nada mais é que a desobediência a um dever legal ou contratual, sendo que não está presente a intenção de violá-lo. Trata-se, assim, de uma conduta voluntária, mas cujo resultado alcançado não foi almejado.

É inequívoco que na responsabilidade civil subjetiva, tal como a dos profissionais liberais, a obrigação de reparar o dano ocorrerá tão somente quando o comportamento do agente for culposo. Assim, apesar de ser indispensável a análise da "conduta-nexo-dano", tal verificação é incompleta. Além disso, é imprescindível constatar pela presença (ou não) da culpa, o que se faz através de um trabalho técnico-jurídico.

---

1 TARTUCE, Flávio. Manual de Direito Civil. 6ª ed.rev., atual. e ampl. - São Paulo: Método, 2016. p. 503.

A conduta culposa pode ser levada a efeito de três maneiras, a saber: I – por imprudência, II – por negligência e, III – por imperícia do agente.

A imprudência nada mais é que a falta de cuidado comissiva, ou seja, o agente, através de uma conduta ativa (*culpa in comittendo*), não observa as regras de cuidado exigidas para o caso e, consequentemente, surge o resultado danoso não querido.

Por outro lado, a negligência se verifica quando a ausência de cuidado do sujeito se dá por omissão sua. O seu não agir culposo gera o resultado (*culpa in omittendo*).

Por fim, a imperícia pode ser conceituada como a falta de capacidade técnica, se concretizando principalmente no desempenho de algum ofício ou profissão.

Feitos estes esclarecimentos, cumpre-nos trazer à baila cada um dos elementos configuradores da culpa, sendo que a ausência de qualquer deles afasta-a por completo, assim como a própria conduta, o que acarreta na não responsabilização do agente.

A culpa *stricto sensu*, segundo a doutrina mais abalizada[2], possui os seguintes elementos, indispensáveis para a sua caracterização: I - conduta voluntária com resultado involuntário; II – falta de cuidado, cautela, diligência ou atenção; e III – previsão ou previsibilidade.

Como já vimos em linhas anteriores neste mesmo trabalho, a involuntariedade do resultado obtido e a falta de cuidado do agente (itens I e II, acima) são elementos intrínsecos ao próprio conceito de culpa e à forma como esta pode ser concretizada (imprudência, negligência e imperícia). Entretanto, além destes elementos, faz-se necessário, ainda, que o resultado ocorrido seja previsto ou, pelo menos, previsível para o agente, diante das circunstâncias presentes no caso.

2 CAVALIERI FILHO, Sérgio. Programa de responsabilidade civil. 10ª ed.– São Paulo: Atlas, 2012. p. 36.

Consequência prevista é aquela que foi mentalmente representada e antevista pelo sujeito. Nesse caso, ocorrido o resultado, o agente terá agido com a culpa denominada consciente ou culpa com previsão, sendo certo que, por esse aspecto, poderá haver a sua responsabilização.

Lado outro, se o resultado concretizado não tiver sido previsto, é indispensável que ele seja, pelo menos, previsível. Isso quer dizer que aquela consequência advinda da conduta, apesar de não prevista pelo agente, era passível de previsão, podendo, portanto, ser evitada. Trata-se da culpa inconsciente.

O subelemento da previsibilidade, exigida para a caracterização da culpa, é a específica, concreta, de acordo com as circunstâncias presentes no instante em que a conduta foi praticada, não bastando a uma previsibilidade genérica e abstrata.

Ademais, no âmbito da responsabilidade civil, a previsibilidade é aferida do cotejo entre o "*homem médio*" (previsibilidade objetiva) e as condições pessoais do agente (previsibilidade subjetiva), tal como o grau de instrução, idade, sexo, entre outros, de forma que ambos os critérios devem ser observados.

Dessa forma, feita essa breve apresentação já é possível concluir que a ausência de previsibilidade do resultado afasta a culpa e, consequentemente, um dos elementos necessários para a caracterização da responsabilidade civil, qual seja, a conduta.

SUBSUNÇÃO DO EXEMPLO FÁTICO AO DIREITO – O JUÍZO DE TIPICIDADE

A razão de ser do Direito é promover a pacificação social através da sua aplicação e dos seus respectivos institutos. O Direito não é um fim em si mesmo, sendo imprescindível para regular a vida em sociedade.

Para cumprir a função para a qual foi desenvolvida, a ciência jurídica deve ser aplicada de maneira técnica. Assim, é necessário que os atores judiciais façam um trabalho de adequação entre os casos que lhe são propostos e o ordenamento jurídico como um todo, a fim de verificar a presença ou não de determinado instituto jurídico.

No caso que propusemos no início deste trabalho, deveremos analisar se a conduta do médico se amolda perfeitamente à hipótese de responsabilidade civil ou se houve algum elemento não verificado, apto a afastar a sua responsabilização.

Nota-se no exemplo dado que o agente, ao receber a paciente no pronto socorro do hospital, antes de tomar qualquer atitude concreta, procedeu a todos os exames indicados pela literatura médica, assim como pelos Conselhos Profissionais e pela respectiva Sociedade Médica.

Feito isso, e tendo em vista a documentação apresentada pela gestante, oriunda do pré-natal realizado, constatou-se que o caso indicava a realização de parto normal, razão pela qual, diante das dores da paciente e do já avançado estágio da gravidez, o médico optou por realizar o seu induzimento.

Após, como as dores da paciente não diminuíram e não houve a dilatação necessária, o profissional concluiu pela realização da cesariana, o que foi prontamente feito. Com os exames feitos após o nascimento, constatou-se que o neonato sofria de paralisia cerebral.

Pela narrativa acima, é inequívoco que houve um dano grave suportado pelo recém-nascido. Entretanto, como já salientamos, isso não basta para se responsabilizar civilmente o médico responsável pela realização do parto.

Isso porque, conforme restou claro durante a narração dos fatos, o médico agiu com total obediência à literatura médica especializada, além de seguir as orientações das Autarquias e Associações médicas.

Ora, ao receber a paciente e proceder à realização de exames prévios, bem como à análise da documentação por ela apresentada, não se pode dizer que o médico agiu com imprudência, negligência e, sobretudo, imperícia.

Muito pelo contrário, ao assim agir, o profissional se cercou de todos os cuidados necessários para uma correta atuação, eximindo-se de qualquer culpa sobre eventual resultado danoso.

Para ficar mais claro, vamos analisar os elementos da culpa aplicados ao caso que ora se examina, quais sejam: I – conduta voluntária com resultado involuntário, II – falta de cuidado, cautela, diligência ou atenção e, III – previsão ou previsibilidade. Veja-se:

Em primeiro lugar, observa-se que o elemento "conduta voluntária com resultado involuntário" está presente. Com efeito, o profissional agiu voluntariamente no sentido de realizar os exames indicados e, após, optou por induzir o parto normal. Por fim, concluiu pela realização de cesariana. Todos esses movimentos do médico foram concretizados de forma voluntária. Entretanto, o resultado ocorrido (sequelas no infante) não foi pretendido pelo mesmo.

Por outro lado, o segundo elemento da culpa – falta de cuidado, cautela, diligência – não foi preenchido no caso em tela, o que por si só já é capaz de afastar qualquer responsabilização civil do médico.

De fato, conforme narrado, não se pode afirmar que o profissional agiu sem a cautela necessária na condução do caso. Isso porque, antes de tomar qualquer decisão, ele procedeu a todos os exames de praxe, tanto na gestante quanto no nascituro, bem como consultou a documentação apresentada pela paciente.

Por fim, o terceiro elemento indispensável para a configuração da culpa - previsão ou previsibilidade - também não restou configurado no caso apresentado.

Isso porque foi relatado expressamente que o profissional seguiu toda a recomendação existente na literatura médica especializada, bem como as orientações das Autarquias Profissionais e das Sociedades Médicas para o caso.

Dessa forma, é possível dizer que o médico agiu de maneira correta, de forma a alcançar o resultado pretendido. Assim, estando sua conduta resguardada pela doutrina médica, qualquer resultado negativo (tal como o nascimento com algum tipo de doença ainda não constatada) não pode ser-lhe atribuído.

Nesse sentido, veja-se o entendimento do Superior Tribunal de Justiça:

> CIVIL E PROCESSUAL CIVIL. AGRAVO REGIMENTAL NO AGRAVO EM RECURSO ESPECIAL. RESPONSABILIDADE CIVIL. INDENIZAÇÃO POR DANOS MATERIAIS E MORAIS. ERRO MÉDICO NÃO CONFIGURADO. NÃO COMPROVAÇÃO DE CULPA. REEXAME DO ACERVO FÁTICO-PROBATÓRIO. IMPOSSIBILIDADE. INCIDÊNCIA DA SÚMULA Nº 7/STJ. DECISÃO MANTIDA. 1. O Tribunal *a quo*, cotejando o acervo fático-probatório julgou suficientes as provas periciais realizadas e concluiu incabível o pleito indenizatório, uma vez que não ficou configurada a culpa do médico. Entendimento diverso por meio do especial demandaria o revolvimento do contexto probatório, atraindo a incidência da Súmula n° 7 desta Corte. 2. Agravo regimental não provido. (destaques nossos).
> (Superior Tribunal de Justiça, Terceira Turma, AgRg no AREsp 572209 / RS, Relator: Ministro Moura Ribeiro, data do julgamento: 23/10/2014, data da publicação: 03/11/2014).

No mesmo diapasão, a melhor doutrina ensina que *"só se pode, com efeito, cogitar de culpa quando o evento é previsível. Se, ao contrário, é imprevisível, não há cogitar de culpa"*[3].

3 GONÇALVES, Carlos Roberto. Direito Civil brasileiro, volume 4 : responsabilidade civil - 9ª ed.- São Paulo : Saraiva, 2014. n.p.

Ora, se o clínico seguiu todas as orientações técnicas para a condução do caso, não há como afirmar que o resultado advindo era previsto ou, ao menos, previsível naquela situação concreta.

Como consequência das conclusões acima, há de se concluir necessariamente pela ausência de responsabilidade civil por parte do médico, apesar do grave resultado obtido.

Se a culpa, elemento técnico, não está presente na conduta perpetrada pelo profissional, afasta-se automaticamente a possibilidade de sua responsabilização civil, que no caso é subjetiva.

DA RESPONSABILIDADE PENAL

No âmbito do Direito Penal, algumas considerações devem ser feitas antes de adentrarmos na análise da culpa propriamente dita.

Pela própria gravidade das consequências jurídico-penais (possibilidade de aplicação de pena privativa de liberdade, entre outras), a forma de análise da conduta se dá de uma maneira bem mais criteriosa do que na seara não penal.

Toda a atuação nesse campo excepcional do Direito, desde o legislador, até a sua aplicação concreta pelo Poder Judiciário, requer a ponderação de alguns princípios, com o objetivo principal de limitar o exercício do poder punitivo estatal.

Como neste trabalho não pretendemos nos estender além do necessário, iremos dar apenas um enfoque breve e conceitual em alguns princípios penais, que entendemos indispensáveis para a correta solução do caso proposto.

Em primeiro lugar, como princípio basilar do Direito Penal está o Princípio da Legalidade (ou da Reserva Legal), previsto no art. 5º, inciso XXXIX, da Constituição da República de 1988 e no art. 1º do Código Penal, assim como em documentos internacionais, *v.g.*, Convenção Americana de Direitos Humanos (Pacto de São José da Costa Rica), de 1969 e Estatuto de Roma, de 1998.

Referido princípio é comumente divulgado através da fórmula "*nullum crimen nulla poena sine lege*", segundo a qual não há crime (nem pena) sem lei anterior que o defina. Assim, determinada conduta só pode ser considerada contrária ao Direito Penal se assim for declarada mediante lei em sentido formal, vale dizer, editada mediante o devido processo legislativo constitucionalmente previsto.

Outro princípio de fundamental importância para o caso em tela é o Princípio da Intervenção Mínima (ou da "*Ultima Ratio*"), segundo o qual a intervenção penal somente é legítima quando os outros ramos do ordenamento não são capazes de tutelar os bens jurídicos mais importantes e indispensáveis para a vida em sociedade. Assim, o Direito Penal possui caráter fragmentário e subsidiário, agindo como verdadeiro executor de reserva na proteção de bens jurídicos.

Por fim, atentos ao objetivo do presente trabalho, mister se faz a indicação do Princípio da Culpabilidade, que impossibilita a responsabilização simplesmente pela ocorrência de determinado resultado, bem como exige que a pena só seja aplicada ao sujeito quando a sua conduta, "*mesmo associada causalmente a um resultado, lhe seja subjetivamente atribuível*"[4]. Com isso, afasta-se, no âmbito do Direito Penal, qualquer possibilidade de responsabilidade penal objetiva.

Feita essa breve introdução quanto a alguns princípios penais, faremos uma também concisa explanação do conceito analítico de crime, tomando como base a Teoria Finalista do delito, conforme os ensinamentos de Hans Welzel. Há segurança

4 BATISTA, Nilo. Introdução crítica ao Direito Penal brasileiro. 12ª ed.rev. e atual. Rio de Janeiro : Revan, 2011. p. 100.

nas estruturas lógico-objetivas – *sachlogische Strukturen* - giradas em torno do finalismo de Welzel[5].

Preliminarmente, precisamos fazer um esboço de todos os elementos e subelementos indispensáveis para a caracterização de uma infração penal.

O primeiro elemento é o denominado "Fato Típico", composto pela conduta, resultado, nexo causal e tipicidade. Cada um destes subelementos é um universo extremamente rico em detalhes.

Como segundo elemento, temos a "Ilicitude", onde o finalismo trabalha os institutos da legítima defesa, do estado de necessidade, do estrito cumprimento do dever legal e do exercício regular do direito, além do consentimento do ofendido. Todos são causas que excluem, afastam a ilicitude da conduta perpetrada pelo sujeito.

O terceiro e último elemento imprescindível para a configuração do delito é a "Culpabilidade", onde estão inseridas a imputabilidade, a potencial consciência da ilicitude e a exigibilidade de conduta diversa, todos com alto valor técnico-jurídico.

Da mesma forma que fizemos quando analisamos a responsabilidade civil, iremos fazer um recorte teórico, a fim de direcionarmos o foco do presente estudo. Assim, desde já indicamos que nos ateremos a avaliar o aspecto jurídico da conduta do agente, principalmente no que se refere ao delito culposo, nos termos do art. 18, inciso II, do Código Penal.

Segundo o referido dispositivo legal, diz-se que o crime é culposo quando o agente dá causa ao resultado por imprudência, negligência ou imperícia.

5 WELZEL, Hans. O novo sistema jurídico-penal: uma introdução à doutrina da ação finalista. Tradução de Luiz Regis Prado. 4.ª ed.São Paulo: Editora Revista dos Tribunais, 2015.p.10.

Cabe destacar que no âmbito penal a punição a título de culpa possui caráter excepcional, conforme previsão expressa do art. 18, parágrafo único, do Código Penal. Assim, o próprio tipo penal descrito na lei deverá fazer menção expressa à sua punibilidade quando praticado culposamente. Caso contrário, somente será penalmente punível a conduta praticada de forma dolosa (ou seja, quando o agente "*quis o resultado*" ou "*assumiu o risco de produzi-lo*" - art. 18, inciso I, CP).

No caso que ora nos propusemos a analisar, como o médico que realizou o parto não quis o resultado nem assumiu o risco de produzi-lo, não poderia ser-lhe atribuída qualquer conduta a título de dolo. O que iremos verificar é se sua conduta se amolda em algum tipo penal culposo, sempre com estrita observância aos requisitos de cunho técnico-jurídico.

Perscrutando os crimes previstos na parte especial do Código Penal, é fácil verificar que o único delito que poderia ser, em tese, atribuído ao médico do nosso exemplo, é a lesão corporal culposa, prevista no seu art. 129, § 6º, cuja sanção varia entre dois meses a um ano de detenção.

Identificado o possível crime, iremos averiguar se os requisitos da culpa estão presentes no caso, sob o aspecto penal. Consequentemente, conseguiremos constatar se há base teórica para a responsabilização penal do profissional no exemplo proposto.

CONCEITO E ELEMENTOS INDISPENSÁVEIS PARA A CONFIGURAÇÃO JURÍDICO-PENAL DA CULPA

Crime culposo é aquele em que o sujeito, deixando de observar o dever objetivo de cuidado (imprudência, negligência ou imperícia), pratica uma conduta visando uma finalidade lícita, mas que acaba por causar um resultado naturalístico típico, não querido nem aceito pelo agente, mas que lhe era, ao menos, previsível.

Do conceito acima conseguimos extrair os seguintes elementos: I - conduta voluntária, II – violação do dever objetivo de cuidado, III – resultado naturalístico involuntário, IV – nexo causal, V – tipicidade e, VI – Previsibilidade objetiva do resultado.

Já é possível perceber que no delito culposo a conduta do agente é direcionada a alcançar um objetivo não proibido pelo Direito Penal. Assim, não é o resultado que o agente quer alcançar que é ilícito, mas sim os meios por ele utilizados para tanto. Esses meios selecionados se concretizam na imprudência, negligência e imperícia, modalidades de culpa já tratadas neste trabalho e que violam o seu dever objetivo de cuidado.

Como a finalidade que anima a ação do sujeito não é contrária ao Direito, na infração penal culposa o resultado naturalístico (modificação no mundo exterior) produzido é obrigatoriamente involuntário. O agente não queria produzi-lo, mas como agiu de forma negligente, imprudente ou imperita, acabou alcançando-o.

Quanto ao nexo causal, como os delitos culposos são doutrinariamente classificados como crimes materiais – cuja ocorrência do resultado naturalístico é indispensável para a sua consumação – exige a existência de relação de causa e efeito entre a conduta voluntária e o resultado involuntariamente obtido.

Já a tipicidade nada mais é que a adequação perfeita entre a conduta levada a efeito pelo agente no plano concreto e a descrição prevista na lei penal, lembrando que o crime culposo é sempre excepcionalmente previsto.

Por fim, é indispensável que haja a *previsibilidade* do resultado efetivamente adquirido. No âmbito penal, trata-se de um dado objetivo, que leva em consideração o indivíduo comum existente na sociedade, de atenção e diligência normais. Por isso, já se afirmou que "*previsível é o fato cuja possível superveniência não escapa à perspicácia comum*"[6].

Para verificar a presença deste subelemento da culpa é necessário que se insira hipoteticamente o "*homem standard*" acima descrito no lugar do sujeito que praticou a conduta no caso concreto. Caso esse "*homem médio*" também não consiga prever o resultado a partir daquela ação praticada, o resultado será considerado objetivamente imprevisível, o que afasta a culpa e, consequentemente, qualquer possibilidade de responsabilização penal.

SUBSUNÇÃO DO CASO CONCRETO AO DIREITO

Tomando por base o caso prático que sugerimos no início deste trabalho, deveremos analisar se a conduta do médico se amolda perfeitamente ao modelo abstrato previsto no art. 129, § 6º, do Código Penal, de forma a possibilitar a sua responsabilização penal.

O *caput* do referido tipo penal criminaliza a conduta de "*Ofender a integridade corporal ou a saúde de outrem*", sendo que o § 6º tipifica o comportamento praticado culposamente.

No presente caso, como já restou demonstrado que o médico não quis nem aceitou o resultado ocorrido, já descartamos, de início, a punição a título de dolo, restando-nos a análise jurídico-penal da culpa, conforme os elementos apresentados no tópico anterior.

Em primeiro lugar, é possível perceber, sem muito esforço, a presença de dois dos elementos da culpa, quais sejam: a conduta voluntária e o resultado naturalístico involuntário.

6 HUNGRIA, Nelson. Comentários ao Código Penal. Rio de Janeiro: Forense, 1949, v. 1, p. 357.

De fato, o médico agiu voluntariamente. Cada uma das atitudes por ele tomada foi levada a efeito sem qualquer coação física ou psicológica e com representação muito clara da realidade. Quando a paciente chegou ao hospital, o médico optou por realizar os exames de praxe nela e no nascituro. Após, resolveu induzir o parto normal e, por fim, concluiu pela necessidade de realizar cesariana.

Como a finalidade do profissional claramente era trazer o feto à vida com saúde, assim como resguardar o bem estar da gestante, também fica muito claro que o resultado advindo (paralisia cerebral no neonato) foi totalmente involuntário, não querido nem aceito pelo agente.

Também é de fácil percepção a configuração da tipicidade, já que o dano efetivamente existiu, o que, no plano objetivo, se amolda ao resultado previsto no tipo penal.

Entretanto, a punição penal a título de culpa exige, ainda, a violação do dever objetivo de cuidado e a previsibilidade objetiva do resultado.

Quanto ao primeiro, não está configurado, já que, conforme narrado, o profissional agiu de forma diligente e cautelosa ao proceder aos exames indicados pela literatura especializada e pelos Conselhos e Sociedades Médicas.

De fato, o médico atuou de acordo com o que se espera de um profissional da saúde. Antes de tomar qualquer decisão e efetivamente agir, se resguardou da real situação da gestante e do nascituro.

Assim, não há como afirmar que o mesmo foi imprudente, negligente ou imperito, ainda que o resultado advindo tenha sido tão grave, não podendo assim ser-lhe imputado.

Por fim, verifica-se que também não está presente a *previsibilidade* objetiva do resultado. Como demonstramos ao narrar o exemplo, o médico que procedeu ao atendimento no pronto socorro fez o que estava ao seu alcance para resguardar a vida e a saúde do nascituro e da parturiente.

De acordo com os exames realizados e com a documentação anterior apresentada pela paciente, oriunda do pré-natal por ela realizado, não havia qualquer indício de sofrimento fetal.

Por isso, não há que se falar em previsibilidade acerca daquele resultado que acabou se concretizando.

Se fizermos a inserção hipotética do "*homem médio*" ou "*standard*" (indivíduo comum existente na sociedade, de atenção e diligência normais) no caso em testilha, tal como indica a doutrina, continuaremos sem conseguir prever o resultado ocorrido.

De fato, o resultado, como ocorreu, era imprevisível ao médico que fez o atendimento no pronto socorro e, posteriormente, procedeu à realização do parto. Isso porque ele realizou todos os exames necessários e analisou os exames anteriores apresentados pela paciente, não havendo sequer vestígio de sofrimento fetal.

Acerca da não responsabilização penal em virtude da ausência de culpa, o egrégio Tribunal de Justiça do Estado do Paraná já proferiu o seguinte julgamento:

> APELAÇÃO CRIMINAL. HOMICÍDIO CULPOSO. ART.121, §§ 3.º E 4.º, DO CÓDIGO PENAL. MÉDICOS ABSOLVIDOS DA IMPUTAÇÃO. RECURSO DO MINISTÉRIO PÚBLICO. PLEITO DE CONDENAÇÃO. DESACOLHIMENTO. IMPERÍCIA E NEGLIGÊNCIA NÃO DEMONSTRADAS CABALMENTE. MORTE DE PACIENTE EM DECORRÊNCIA DA GRIPE H1N1 (INFLUENZA "A"). INEXISTÊNCIA DE PROVA SUFICIENTE PARA EMBASAR CONDENAÇÃO. ERRO ESCUSÁVEL DE DIAGNÓSTICO. INCERTEZA QUANTO À CULPA E AO NEXO CAUSAL. PREVALÊNCIA DO PRINCIPIO *IN DUBIO PRO REO*. ABSOLVIÇÃO MANTIDA. RECURSO DESPROVIDO. (destaques nossos).
>
> (Tribunal de Justiça do Estado do Paraná, 1ª Câmara Criminal, Apelação criminal nº 1448695-2, Relator: Desembargador Miguel Kfouri Neto, data do julgamento: 10/12/2015, data da publicação: 21/01/2016).

Assim, resta claro que, tendo o médico feito o diagnóstico seguindo as orientações da doutrina médica, sem que houvesse qualquer indicação da patologia sofrida pelo nascituro, não há que se falar em comportamento culposo, por ausência de imprudência, negligência ou imperícia, assim como pela ausência da previsibilidade objetiva do resultado, afastando-se assim a própria responsabilização penal do profissional.

CONCLUSÕES

A análise dos fatos da vida que tenham repercussão jurídica, sobretudo quando possam causar a responsabilização do sujeito ativo, deve ser feita observando-se a técnica própria desse ramo do conhecimento.

Assim, para que se possa atribuir a culpa sobre a ocorrência de determinado resultado, é necessário verificar se os seus elementos estão preenchidos na integralidade, sendo que a ausência de qualquer deles afasta o instituto por completo.

Entre tais elementos da culpa, está a *previsibilidade* do resultado, que deve ser avaliada com cautela pelos operadores do Direito. A presença ou ausência desse requisito, por vezes esquecido ou relegado a segundo plano, muda sobremaneira o resultado final de uma ação judicial.

No caso aqui proposto, a Ação de Indenização ajuizada contra o médico deve ser julgada improcedente, já que não há culpa na sua conduta. Por sua vez, a Ação Penal sequer deve ser iniciada, tendo em vista a atipicidade do comportamento praticado. Entretanto, caso seja instaurada, faz-se necessária a absolvição do médico, tendo em vista a ausência de conduta penalmente relevante

Obviamente, aqui analisamos um caso *em tese*. Quando se tratar de uma situação concreta, todas as alegações feitas em prol do profissional da saúde deverão ser devidamente demonstradas através das provas produzidas nos autos, a fim de formar o convencimento do julgador.

Todavia, o caminho aqui demonstrado, além da análise dos demais elementos do delito e dos princípios jurídico-penais, deverá balizar a atuação do profissional do Direito, para que se possa alcançar o resultado tecnicamente correto.

REFERÊNICIAS BIBLIOGRAFICAS

BATISTA, Nilo. Introdução crítica ao Direito Penal brasileiro. 12ª ed. rev. e atual. Rio de Janeiro: Revan, 2011.

CAVALIERI FILHO, Sérgio. Programa de responsabilidade civil. 10ª ed.– São Paulo: Atlas, 2012.

GONÇALVES, Carlos Roberto. Direito Civil brasileiro, volume 4: responsabilidade civil - 9ª ed.– São Paulo : Saraiva, 2014.

HUNGRIA, Nelson. Comentários ao Código Penal, v. 1. Rio de Janeiro: Forense, 1949.

Superior Tribunal de Justiça, Terceira Turma, AgRg no AREsp 572209 / RS, Relator: Ministro Moura Ribeiro, data do julgamento: 23/10/2014, data da publicação: 03/11/2014. Acesso em 02/08/2020. Disponível em www.stj.jus.br.

TARTUCE, Flávio. Manual de Direito Civil. 6ª ed.rev., atual. e ampl. - São Paulo: Método, 2016.

Tribunal de Justiça do Estado do Paraná, 1ª Câmara Criminal, Apelação criminal nº 1448695-2, Relator: Desembargador Miguel Kfouri Neto, data do julgamento: 10/12/2015, data da publicação: 21/01/2016. Acesso em 04/08/2020. Disponível em www.tjpr.jus.br.

WELZEL, Hans. O novo sistema jurídico-penal: uma introdução à doutrina da ação finalista. Tradução de Luiz Regis Prado. 4ª ed. São Paulo: Editora Revista dos Tribunais, 2015. p. 10.

BREVES REFLEXÕES ACERCA DA NÃO INCIDÊNCIA DO CÓDIGO DE DEFESA DO CONSUMIDOR À ATIVIDADE MÉDICA

Samantha Takahashi

1. INTRODUÇÃO

O presente artigo visa analisar brevemente o enquadramento da atividade médica como uma relação de consumo, na senda do entendimento majoritário (para não dizer pacífico) da doutrina e jurisprudência.

Inicialmente será realizada uma investigação acerca dos elementos essenciais dessas atividades, a fim de se perquirir se há ou não identidade protetiva. Ou seja, ao longo da evolução da relação paciente-médico qual objeto que se visava proteger com a intervenção da Bioética? Além disso, qual o interesse maior protegido pelo legislador no momento da edição do Código de Defesa do Consumidor?

A seguir será realizada uma abordagem sobre a vulnerabilidade do paciente e a vulnerabilidade do consumidor, e por fim a incongruência das normas do CDC à atividade médica.

2. O ELEMENTO ESSENCIAL DA ATIVIDADE MÉDICA: SAÚDE E BEM ESTAR DO PACIENTE

Inicialmente faz-se necessário um breve escorço histórico acerca da evolução da relação paciente-médico.

Construída sob os pilares da amizade e da confiança recíproca, no Brasil, até a década de 80, que marcou o fenômeno da constitucionalização, esta relação iniciava-se com marcas de hereditariedade: o bom médico era aquele que já havia cuidado do pai e seguia cuidando dos filhos e dos netos; exatamente porque ele era filho do médico, que no passado também cuidou do avô, do bisavô e de toda ascendência.

A contratação não tinha enfoque na especialização do profissional, e sim, na confiança nele depositada, o "médico da família" era essencial para o cuidado de um simples machucado e, ao mesmo tempo, indispensável para o acompanhamento de um tratamento oncológico. Havia aqui, uma relação de respeito "reverencial" construída sob os pilares da amizade, da admiração e do saber médico. Não haviam questionamentos à conduta profissional, afinal, ele era médico!

O saber era posto na ordem do discurso (VASCONCELOS, 2020, p. 64), o conhecimento científico era inquestionável. Uma relação estritamente amoldada à um perfil paternalista: o médico sabe o que é bom para o paciente!

Com o avançar do tempo, as descobertas e o progresso científico evidenciam possibilidades curativas, e contribuem para a verticalização já presente nesta relação de condutas "inquestionáveis".

De um lado, médicos e cientistas tomados por um sentimento de "endeusamento" por conta das conquistas biotecnológicas, que inquestionavelmente traziam a cura para inúmeras doenças e a possibilidade de tratamento para outras até então tidas como "intratáveis"; e de outro, a própria sociedade em estado de êxtase diante do perceptível aumento da expectativa e melhora da qualidade de vida.

Na contramão dessas conquistas, a reificação dos pacientes e sujeitos de pesquisa é denunciada. Pacientes em linha de extrema vulnerabilidade (idosos, crianças, pessoas com deficiência), são utilizados como objeto de pesquisa sem que tivessem conhecimento do fato e sem que pudessem livremente consentir e anuir com sua participação (VASCONCELOS, 2020, p. 29.

Nasce então a Bioética como ciência a questionar a própria ciência. Até onde o homem está autorizado a avançar? Tudo que ele pode fazer, é ético fazer?

Proporcionalmente ao avanço da ciência, é o afastamento destes atores na relação. Pacientes que deveriam ser fim, são tidos como meio de atuação da prática médica, há o que se denomina de "coisificação do paciente". Ao invés de ser todo, passa a ser parte a ser tratada, deixa de ser um "ser", para ser doença.

E dentro desse cenário de assimetria relacional, em que o médico ocupa o topo e o paciente a base, é que se visa resgatar o humanismo, a fidúcia.

E esse resgate, se dá agora, não mais sob o enfoque de uma relação paternal, e sim consensual, através do diálogo comunicacional que neste momento é a pedra fundamental das relações paciente-médico, exatamente porque, implica no respeito à autonomia e dignidade do primeiro, indispensáveis para o desenvolvimento de uma relação equânime, horizontal.

Nesse sentido, Vasconcelos (2020, p. 63-64):

> As evidências históricas e a atualidade mostram ter sido mantida não somente a dificuldade de se pôr em prática o respeito pela dignidade humana enquanto norma, como ainda a conquista ético-normativa pela igualdade entre as pessoas nas diversas áreas da sociedade, **mais precisamente na prática da relação entre médicos e pacientes, em que fortemente se observa a sobreposição do poder médico.** Neste sentido, é preciso que seja considerado o fato de que o campo da relação entre médicos e pacientes, enquanto relação interpessoal que é, encontra-se em um espaço em que cumpre à reflexão Bioética a ser feita um caráter menos normativista- ainda que faça uso de princípios para reflexão acerca da prática que se apresenta- e mais mediador e **dialógico perante os discursos tanto do médico quanto do paciente**. (Grifos nossos)

Essa mudança do perfil relacional, que nos dizeres de Alessandro Timbó Nilo, migra de uma relação de "perfil lógico-autoritário" para um perfil "dialógico-consensual", buscando a simetria entre os sujeitos, ocorre através da emancipação do paciente do seu estado de ignorância, ou seja, ele sai de um estado de "não-saber" e deve ser conduzido para um estado de "saber", a partir de um exercício de empoderamento informacional.

A vulnerabilidade do paciente, como receptor de uma "verdade" que não domina, o coloca em posição de hipossuficiência (VASCONCELOS, 2020, p. 65), que somente poderá ser reduzida com empoderamento de informações, através de uma linguagem adequada, que o coloque em simetria relacional e decisional.

É, portanto, através do cumprimento do dever informacional, por meio de um discurso atécnico e de fácil assimilação, que se alcança a tão buscada simetria dentro dessa relação, cujo protagonista deixa de ser o médico, e passa a ser o paciente.

A Constituição Federal de 1988, que elegeu a dignidade da pessoa humana como Fundamento da República Federativa do Brasil, influencia fortemente a partir de então a exigência de observância aos princípios bioéticos, da autonomia, consentimento, e redução das vulnerabilidades.

Segundo Nilo (2020, p. 33):

> No Brasil, a transformação na qual o médico finalmente assume a função de interlocutor, dialogando com o enfermo, vem ocorrendo apenas desde 1988, com a promulgação da Constituição Cidadã que alçou o princípio da dignidade da pessoa humana a condição de princípio reitor do nosso ordenamento. Apenas depois deste momento, com a Constituição refletindo-se em todo o ordenamento pátrio (incluindo a normatividade ética médica), começou a surgir legislação ordinária no intuito de disciplinar a relação paciente-médico, reposicionando o paciente em seu novo status de *sujeito* de direito.

Para construção de uma relação efetivamente horizontal, as decisões em âmbito de saúde devem resultar de uma tomada de decisões compartilhada entre esses dois atores relacionais. E, para tanto, faz-se indispensável o respeito à autonomia e ao consentimento do paciente.

> A autonomia privada constitui-se da interação da autonomia crítica com a autonomia de ação. A autonomia crítica é o poder do homem de se *compreender e compreender o mundo à sua volta*, ou seja, é o poder de avaliar a si e o mundo, *estabelecendo relações a partir de seus pré-conceitos*. A autonomia de ação é o poder de *estabelecer dado comportamento*, portanto, determinada pela compreensão do mundo, isto é, pela autonomia crítica. (FREIRE DE SÁ; NAVES, 2018, p. 109)

Cabe ao médico, portanto, para ver respeitada a autonomia do paciente, adequar o seu discurso à capacidade de compreensão do sujeito, de forma que, a partir do "saber" ele possa decidir de forma livre e crítica.

Temos, portanto, que a evolução desta relação é sentida na ordem da constitucionalização, saímos de um modelo autoritário de prevalência do "saber médico" sobre o "não saber" do paciente, e evoluímos para um modelo dialógico, cuja simetrização é conquistada pelo respeito aos valores mais caros ao ser humano: dignidade, autonomia e liberdade, a fim de que vida e saúde sejam sempre protegidas em sua integralidade.

De tudo isso, a conclusão à que se chega é a de que, inquestionavelmente estamos diante de uma relação de natureza jurídica existencial, aliás, a preocupação bioética e jurídica ao longo do tempo, sempre foi com a redução da vulnerabilidade através do diálogo, em vista da essencialidade que permeia o contrato paciente-médico: a vida e a saúde do paciente em sua integralidade.

E, exatamente em razão desse elemento essencial é que, o atuar médico não pode descurar-se desse objetivo, seja respeitando-se a autonomia do paciente; seja vedando-se a sobreposição de outros interesses que estejam acima da saúde.

A Lei nº 12.842/2013 (Lei do Ato Médico), em seu artigo 2º, não deixa dúvidas:

> Art. 2º O objeto da atuação do médico é a **saúde do ser humano** e das coletividades humanas, em benefício da qual deverá agir com o máximo de zelo, com o melhor de sua capacidade profissional e sem discriminação de qualquer natureza.

Da mesma forma, o Código de Ética Médica, em seu Princípio II, anuncia: "O alvo de toda a atenção do médico é a saúde do ser humano, em benefício da qual deverá agir com o máximo de zelo e o melhor da sua capacidade profissional."

A preocupação bioética com a redução das vulnerabilidades do paciente, através do empoderamento informacional, coleta do consentimento e o consequente respeito à autonomia, é inteiramente conformada com o conceito ampliado de saúde que nos é trazido pela OMS: saúde é um estado de completo bem-estar físico, psíquico, biológico e social.

O agir médico em obediência aos postulados éticos, legais e constitucionais, somente encontra guarida quando visa a proteção da saúde nesses quatro pilares, sem qualquer outro tipo de interesse que lhe seja superior.

3. O ELEMENTO ESSENCIAL DA ATIVIDADE CONSUMERISTA: LUCRO

Indispensável a análise do elemento essencial da relação consumerista, a fim de que se possa auferir, conclusivamente, se há identidade com o objeto primário que permeia a atividade médica.

O processo inflacionário e a consequente elevação do custo de vida, desencadearam fortes mobilizações sociais no sentido da proteção do consumidor, inclusive, com a criação de órgãos protetivos mesmo antes da edição do Código Consumerista[1].

Com a Constituição Federal consagra-se expressamente como princípio da Ordem Econômica, a defesa e proteção do consumidor:

> Art. 5º Todos são iguais perante a lei, sem distinção de qualquer natureza, garantindo-se aos brasileiros e aos estrangeiros residentes no País a inviolabilidade do direito à vida, à liberdade, à igualdade, à segurança e à propriedade, nos termos seguintes: [...]
> XXXII - o Estado promoverá, na forma da lei, a **defesa do consumidor**; (Grifos nossos)
>
> Art. 170. A ordem econômica, fundada na valorização do trabalho humano e na livre iniciativa, tem por fim assegurar a todos existência digna, conforme os ditames da justiça social, observados os seguintes princípios: [...]
> V - defesa do consumidor;

O Código de Defesa do Consumidor, Lei nº 8.078/90, é então elaborado no formato de um microssistema jurídico protetivo, de modelo intervencionista estatal com a *ratio* de reequilibrar a relação de consumo, reforçando a posição do consumidor, e trazendo proibições e limitações à certas práticas de mercado (GRINOVER, *et al.* 2001, p. 7-8).

Essa necessidade de tutela geral do consumidor, teve como escorço histórico exatamente a massificação da economia, acentuada com o forte crescimento do comércio a partir da Revolução Industrial.

1 A DEFESA do Consumidor no Brasil. **Ministério da Justiça e Segurança Pública**. Disponível em: <https://www.justica.gov.br/seus-direitos/consumidor/a-defesa-do-consumidor-no-brasil#:~:text=Assim%2C%20em%2011%20de%20setembro,basilar%20das%20rela%C3%A7%C3%B5es%20de%20consumo>. Acesso em: 21 out. 2020.

> Não é tão difícil explicar tão grande dimensão para um fenômeno jurídico totalmente desconhecido no século passado e em boa parte deste. O homem do século XX vive em função de um modelo novo de associativismo: a **sociedade de consumo, caracterizada por um número crescente de produtos e serviços, pelo domínio do crédito e do marketing,** assim como pelas dificuldades de acesso à justiça. **São esses os aspectos que marcaram o nascimento e o desenvolvimento do Direito do Consumidor como disciplina jurídica autônoma.** A sociedade de consumo, ao contrário do que se imagina, não trouxe apenas benefícios para os seus atores. Muito ao revés, em certos casos, a posição do consumidor, dentro desse modelo, piorou em vez de melhorar. Se antes fornecedor e consumidor encontravam-se em uma situação de relativo equilíbrio de poder de barganha (até porque se conheciam), agora é o fornecedor (fabricante, produtor, construtor, importador ou comerciante) que, inegavelmente, assume a posição de força na relação de consumo e que, por isso mesmo, "dita as regras". E o Direito não pode ficar alheio a tal fenômeno. (GRINOVER, *et al*, 2001, p. 06. Grifos nossos)

É inegável que a relação estabelecida entre o consumidor e o fornecedor, possui natureza marcadamente mercantilista, tendo o lucro como elemento essencial do negócio. Isso resulta do próprio texto do §2° do artigo 3° do CDC: "Serviço é qualquer atividade fornecida no mercado de consumo, mediante remuneração, inclusive as de natureza bancária, financeira, de crédito e securitária, salvo as decorrentes das relações de caráter trabalhista."

O fornecedor oferta o produto/serviço, e suas ações e decisões são tomadas com base nesse elemento; o consumidor adquire o produto/serviço e exige a qualidade, quantidade e segurança nos exatos termos do preço que pagou pela aquisição.

O elemento "lucro" é sempre a mola propulsora da atividade, e especialmente das responsabilidades assumidas pelo fornecedor. Não por menos, é que o sistema de responsabilidades adotado, é o da responsabilidade objetiva, pautada nas teorias do risco-criado e risco-proveito.

Segundo a teoria do risco-proveito, o fornecedor aufere lucro com a atividade desenvolvida, e por isso, ainda que não haja culpa, fica obrigado a reparar o dano dela advindo, pois adquiriu riqueza ao empreendê-la, de forma que a responsabilidade deriva da própria exploração da atividade (MARCHI, 2016, [s.p.])

Na teoria do risco-criado, segundo Fachini Neto (2006 Apud MARCHI, 2016, [s.p.] "a responsabilidade não é mais a contrapartida de um proveito ou lucro particular, mas sim, a consequência inafastável da atividade em geral".

Fica evidente, portanto, que se a relação paciente-médico assenta suas bases na "saúde e na vida do paciente", visando essencialmente a proteção de direitos existenciais, estando o lucro apenas em segundo plano; na relação consumerista, a proteção do consumidor é calcada no lucro da atividade.

Se na relação paciente-médico, a tomada de decisões do profissional é baseada na proteção da saúde integral do paciente em seus aspectos físico, biológico, psíquico e social; na relação de consumo, a tomada de decisões tem por base a lucratividade do fornecedor.

4 A VULNERABILIADE DO CONSUMIDOR E A VULNERABILIDADE DO PACIENTE, HÁ COINCIDÊNCIA?

Os seres humanos são naturalmente vulneráveis.

Assim, pode-se mencionar as vulnerabilidades substantivas, adjetivas e sociais. Quanto as primeiras, são as fraquezas, sensibilidades e fragilidades, que não escapam a qualquer ser humano pelo simples fato de serem mortais, falíveis e suscetíveis (VASCONCELOS, 2020, 74-75). Já as demais, são espécies de vulnerabilidades acrescidas, que se somam àquela inerente ao ser.

Sujeitos socialmente vulneráveis são aqueles que possuem uma maior dificuldade de realização dos seus direitos, tais como: idosos, crianças e pessoas com deficiência. Nestes casos, a vulnerabilidade é tão explícita, que a própria lei age para reduzi-las através de medidas legais que facilitem a concretização de seus direitos.

Não é preciso destacar que, em se tratando de sujeitos socialmente vulneráveis envolvidos na relação paciente-médico, o empoderamento informacional deve ser realizado de forma minudente, o que se faz através de um discurso claro e adaptado.

Ademais, ainda que completamente autônoma e sem qualquer sinal de fragilidade adjetiva, uma pessoa pode estar mais vulnerável que outra diante de algumas situações: duas mulheres, ambas com 43 anos, com mesmo grau de instrução e condição socioeconômica similar, podem reagir de forma diversa diante de um diagnóstico de câncer, o que as torna mais ou menos vulneráveis e suscetíveis face à patologia, que também é um fator de vulnerabilidade.

Segundo Vasconcelos (2020, p. 76):

> De fato, aos seres humanos dão-se as suas caracterizações no meio social tal como se manifestam as suas singularidades, estas por meio das suas explanações ao mundo, de seus atos e discursos, passando a ser perceptível sua **condição de sujeito frágil ou forte, vulnerável ou poderoso consoante à circunstância. Trata-se de características próprias ou de condições socialmente impostas, mas que, entretanto, não devem ser legitimadas sequer por sua simples constatação, mas discutidas no sentido de provocar tentativas de modificação ou minoração das diferenças dos seus estados, ao máximo possível**. (Grifos nossos).

Veja pois, que são as relações *in concreto* que nos permitem aferir o maior ou menor grau de vulnerabilidade do sujeito envolvido. Além do que a **natureza jurídica da relação, possui papel fundamental na alocação da medida protetiva capaz de reduzi-la eficazmente.**

Nesse sentido, é preciso distinguir a vulnerabilidade que assola os pacientes, daquela que atinge os consumidores.

Souza (2015, pp. 76-77) aponta para essa distinção:

> De fato, se a tutela privilegiada de determinado indivíduo deve ser proporcional ao seu grau de vulnerabilidade no contexto de uma relação jurídica, caberia indagar se o paciente pode ser considerado vulnerável em relação ao médico na mesma medida e pelas mesmas razões que o consumidor em face do fornecedor. E o próprio afastamento pelo Código de Defesa do Consumidor, da atividade dos profissionais liberais do regime de responsabilidade objetiva por ele previsto, com remissão à responsabilidade com culpa do Código Civil, já sinaliza a resposta negativa.

A vulnerabilidade do paciente dentro da relação estabelecida com o médico é adjetiva, decorrente da própria patologia, seja porque os pacientes não conhecem previamente os riscos terapêuticos, alternativas, diagnóstico ou prognóstico para legitimamente consentir ou recusar uma terapêutica; seja porque a própria patologia torna o paciente um tanto mais fragilizado.

E nesse sentido, deve o médico atuar para reduzir essa vulnerabilidade, através de um discurso adaptado e humanizado.

A proteção do paciente e a redução das suas vulnerabilidades, se dá de forma específica, através do cumprimento do dever informacional imposto pela Constituição Federal, art. 5°, XIV, Código Civil, artigo 422, bem como, pelos dispositivos do Código de Ética Médica, dirigidos especialmente para regular a conduta médica no exercício da sua profissão.

> Art. 5º Todos são iguais perante a lei, sem distinção de qualquer natureza, garantindo-se aos brasileiros e aos estrangeiros residentes no País a inviolabilidade do direito à vida, à liberdade, à igualdade, à segurança e à propriedade, nos termos seguintes: [...]
> XIV - **é assegurado a todos o acesso à informação** e resguardado o sigilo da fonte, quando necessário ao exercício profissional; (Grifos nossos)

> Art. 422. Os contratantes são obrigados a guardar, assim na conclusão do contrato, como em sua execução, os princípios de probidade e boa-fé.

Esse último dispositivo, assenta o princípio da boa-fé objetiva, do qual derivam deveres anexos específicos: dever de colaboração, informação e cooperação, todos eles, incidentes sobre a relação paciente-médico.

De maneira específica o Código de Ética Médica impõe ao profissional a informação "sobre o procedimento a ser realizado", sobre o "diagnóstico, prognóstico, riscos e objetivos do tratamento", e em algumas situações, de forma bastante acurada, como quando impõe o esclarecimento sobre o "método contraceptivo".

Assim, a vulnerabilidade do paciente está estritamente relacionada à sua autonomia decisória e será reduzida através do cumprimento do dever informacional, que redunda em uma escolha esclarecida e consequentemente no respeito à saúde sob os pilares biológico, *psíquico*, social e físico.

O cenário aqui, é a da proteção da saúde, essência da relação paciente-médico.

Quando se fala em vulnerabilidade consumerista, eleita como princípio pelo CDC, fala-se da hipossuficiência técnica e econômica do consumidor perante o fornecedor de serviços em massa – aquele que comercializa o seu serviço visando o lucro em primeiro lugar –, a fim de que ele não seja lesado pela aquisição de um serviço sem qualidade, ou, sem a segurança esperada, dentro de um contrato mercantil.

Portanto, a vulnerabilidade sob o aspecto da hipossuficiência técnica, está relacionada ao fato de que o consumidor diante do *marketing* agressivo, da publicidade veiculada e da massificação do serviço, não é capaz de distinguir entre um serviço de qualidade ou não, um serviço seguro ou não, ele não detém capacidade técnica para tanto.

Já a hipossuficiência econômica é posta na ordem do poderio econômico dos fornecedores, grandes empresas prestadoras de serviços em massa, sem pessoalidade, e o consumidor sem acesso aos seus gestores, aos seus sócios-proprietários, diante de um contrato de adesão. A relação é impessoal.

A vulnerabilidade, aqui, está estritamente relacionada ao fato de que o fornecedor é o detentor dos meios de produção, cabendo a ele o controle do mercado, sobre o serviço que prestar, como prestar e para quem prestar, tudo isso pautado na fixação do seu lucro. (GRINOVER, *et al.* 2001, p. 55)

> É com os olhos postos nessa vulnerabilidade do consumidor que se funda a nova disciplina jurídica. Que enorme tarefa, quando se sabe que essa fragilidade é multifária, decorrendo ora da atuação dos monopólios e oligopólios, ora da carência de informação sobre qualidade, preço, crédito e outras características dos produtos e serviços. Não bastasse tal, o consumidor ainda é cercado por uma publicidade crescente, não estando, ademais, tão organizado quanto os fornecedores. [...] "O consumidor é o **elo mais fraco da economia**, e nenhuma corrente pode ser mais forte do que seu elo mais fraco." [...] Como já acentuado noutro passo, socorrendo-se das ponderações do prof. Fábio Konder Comparato, o consumidor certamente é aquele que **não dispõe de controle sobre os bens de produção**, e, por conseguinte, deve se submeter ao poder dos titulares destes, concluindo que,

> por conseguinte, consumidor é, de modo geral, **aquele que se submete ao poder de controle dos titulares de bens de produção, isto é, os empresários**. (GRINOVER, *et al.* 2001, p. 07, 54-55. Grifos nossos)

Os contratos regidos pelo CDC e, para os quais emana a louvável proteção à vulnerabilidade do consumidor, são os contratos cujo elemento principal é o lucro, que será tomado como parâmetro de decisão pelo fornecedor. Veja, por exemplo, um engenheiro civil, contratado para elaboração do projeto de um imóvel residencial e acompanhamento da obra; se no curso do contrato, o consumidor se torna inadimplente, ele pode imediatamente rescindir o contrato, já que o elemento essencial "lucro" pode ser tomado como parâmetro de decisão.

No entanto, se um médico é contratado para realizar uma cirurgia plástica estética, pactuando o pagamento na data do ato cirúrgico, e por alguma circunstância o cheque emitido pela paciente é devolvido sem suficiente provisão de fundos, caso a paciente tenha seu estado de saúde agravado, mesmo diante do inadimplemento, ele não pode, da forma como fez o engenheiro, rescindir imediatamente o contrato, já que aqui, a "saúde" é o elemento essencial a reger a relação, e não o lucro.

Em brilhante explanação sobre o tema, Nilo (2020, p. 93) caminha no mesmo entendimento:

> A despeito de todas as ferramentas processuais mencionadas, oferecidas pelo CDC, em favor da parte vulnerável da relação, o que demonstra a louvável "boa intenção" da doutrina/jurisprudência em proteger o paciente quando a relação paciente-médico degenera em um conflito judicial, tentando oferecer uma paridade de armas, *não há um dispositivo sequer* em todo o diploma consumerista que verse efetivamente, de forma clara, específica e adequada, *sobre os direitos e os deveres das partes no contrato de tratamento.* Por um simples motivo, o CDC não foi feito

> para disciplinar a relação paciente-médico, mas sim para regular as atividades de um fornecedor-vendedor mercantil e comercial em face de um consumidor final de um produto ou serviço, dentro da lógica de mercado, sujeito à Teoria do Risco. No entanto, e como visto, a saúde não pode ser reduzida a uma simples mercadoria. Pensar assim é retroceder em toda evolução bioética conquistada, a duras penas, no que tange à dignidade da pessoa humana e a difícil e prolongada retirada do paciente da mera condição de objeto da medicina. Repita-se, o propósito de proteger o paciente em sua vulnerabilidade é muito digno, mas a **vulnerabilidade deste não tem qualquer relação com a vulnerabilidade de um consumidor,** e os fins não justificam os meios, sendo que a medida adotada subverte a própria intenção de qualquer operador do direito que tenha o ideal de justiça em seus planos, pois tenta transformar injustamente a saúde do paciente em uma simples mercadoria. (Grifos nossos)

Conclui-se, pois, que a vulnerabilidade que afeta os consumidores é auferida sob o aspecto de uma relação mercantilista, no sentido de protegê-lo da ânsia capitalista do fornecedor.

Já a vulnerabilidade dos pacientes é percebida sob o aspecto da autonomia e proteção biopsíquica desse, exigindo dos médicos o respeito à saúde em sua integralidade, dentro da lógica do respeito à autonomia e dignidade da pessoa humana, não há aqui um fator econômico a reduzir ou, a ampliar a vulnerabilidade do paciente, ela é adjetiva e derivada do próprio estado patológico.

Tudo isso é ratificado pela própria Deontologia médica, que de forma expressa proíbe o "exercício mercantilista da medicina", veda ao profissional "que outros interesses se sobreponham à saúde do paciente" e proíbe a "publicidade que extrapole o caráter informativo". Enfim, impede toda e qualquer conduta que coloque o "lucro" acima da saúde do seu paciente.

5. A INCOMPATIBILIDADE DO SISTEMA CONSUMERISTA À RELAÇÃO PACIENTE-MÉDICO

A medicina é atividade complexa, sujeita à áleas, intempéries e vicissitudes que a distinguem das atividades empresariais comuns, o objeto de atuação profissional recai sobre a vida e a saúde do ser humano, e em nada se confunde com a atividade mercantil, comercial, impessoal e massificada.

> Existem fatores, inerentes ao paciente ou ao próprio tratamento, que intervêm- e muitas vezes condicionam o sucesso da terapia, impedem ou retardam a cura e provocam efeitos colaterais indesejáveis: a) debilidade orgânica; b) predisposição congênita; c) infecções; d) culpa do próprio paciente; e) complexidade do organismo humano; f) efeitos secundários dos medicamentos; e g) anomalias anatômicas. Mesmo em tratamentos singelos, a álea está presente- ainda que em proporções menores- mas nunca deixa de existir. O avanço da medicina não elimina o fator aleatório, a incerteza da Ciência Médica. Para alguns, justamente o progresso da Medicina tornaria ainda mais aleatórios o diagnóstico e a terapia. O médico sempre atua sobre um contexto biológico frágil e instável. Na maior parte dos casos, o profissional busca amenizar a situação preexistente e desfavorável. (KFOURI NETO, 2019, p. 52-53)

Especificamente quanto às normas que incidem sobre a responsabilidade médica, há duas correntes no ordenamento jurídico pátrio.

A primeira delas, amplamente majoritária, entende pela incidência do CDC à relação paciente-médico, o que o faz sob dois argumentos: a) a subsunção dos conceitos de paciente e médico, aos conceitos de consumidor e fornecedor trazidos pelo artigo 3º do diploma consumerista; e b) a vulnerabilidade do paciente, cuja proteção encontraria guarida nesse diploma protetivo, em razão do Princípio da Vulnerabilidade adotado expressamente pelo artigo 4°, inciso I, do CDC (NILO, 2020, p. 83).

Em contrapartida, a segunda corrente, defendida por doutrinadores como Kfouri Neto, Souza e Nilo, sob alguns argumentos coincidentes e amplamente defensáveis, entende pela incompatibilidade das regras do Código de Defesa do Consumidor à relação paciente-médico.

Nilo (2020, p. 87), embora defenda a não incidência, o faz sob o argumento de que o CDC seria prejudicial ao paciente, nesses termos:

> O Código de Defesa do Consumidor é um diploma fundamental para uma sociedade capitalista e de consumo, e deve continuar sendo utilizado na apreciação de boa parte dos contratos que envolvam os serviços de saúde em sentido amplo. Entretanto, **especificamente na relação contratual que o paciente estabelece diretamente com o médico, os dispositivos do Código Civil combinados com as normas deontológicas (Resoluções do CFM que estabelecem os deveres dos médicos) são muito mais congruentes com a natureza da relação, mais profícuos para uma adequada promoção e proteção do paciente, e mais adequados para a resolução de litígios quando surge eventual má prática médica terapêutica ou diagnóstica**. (...) Ademais, apesar da aparente proteção processual conferida ao paciente pelo Código de Defesa do Consumidor, sobretudo pela inversão do ônus da prova, como mencionado, este enquadramento se mostra insuficiente para regulamentar a relação por não contribuir, minimamente com (i) a necessária comunicação específica entre as partes, pilar estruturante e característico desta relação contratual; muito menos para com (ii) a fundamental prevenção de litígios através da explicitação prévia dos direitos e deveres das partes envolvidas. (Grifos nossos)

Embora esta autora discorde da conclusão de Nilo, seus argumentos pela não incidência são irretocáveis, e por isso merecem ser citados, veja-se:

Primeiramente, **"Há uma completa inadequação da relação paciente-médico à legislação consumerista** em razão da diversidade de hierarquia entre os objetos protegidos". Argumenta o autor que a interpretação literal de que se vale a primeira corrente para concluir pela incidência do CDC é extremamente frágil, devendo ceder lugar à outros métodos interpretativos de maior robustez e cientificidade, tais como os critérios histórico, lógico e teleológico, dado que, no critério gramatical o intérprete se resume à leitura fria do "texto", desconsiderando-se o "contexto".

Não basta a subsunção dos conceitos de paciente ao de consumidor e de médico ao de fornecedor pela mera adequação linguística. Tal critério interpretativo somente foi suficiente no período do positivismo jurídico, no entanto, é insuficiente para o momento do pós-positivismo jurídico, já que o Direito não é mais exclusivamente "norma", mas "fato, valor e norma".

As técnicas interpretativas em que se busca o contexto de criação da norma possuem supremacia à técnica de literalidade. E se avaliando teleologicamente a hierarquia dos objetos protegidos na perspectiva do CDC, tem-se que no ápice da pirâmide está o interesse comercial (lucratividade); enquanto na relação do médico com seu paciente é a saúde biopsíquica deste que se encontra no topo.

Não teve pois o legislador, ao elaborar o Código de Defesa do Consumidor, a intenção de reger a atividade médica. O interesse protegido aqui, foi primariamente o interesse comercial, diverso do interesse que permeia a relação entre o médico e o paciente, não se podendo conceber que a saúde deste seja objetivada, contrariamente aos próprios avanços e conquistas bioéticas.

Em momento algum o diploma consumerista refere-se especificamente à atividade médica, ou a uma das partes que integram o contrato de prestação de serviços médicos; diferente do que ocorre com o Código Civil, que disciplina em algumas normas, de forma bastante específica a responsabilidade deste profissional.

Adiante, **"A teoria do risco, adotada pelo CDC para o regime de responsabilidade consumerista não se mostra plausível com a natureza jurídica da relação paciente-médico".**

Enquanto pela teoria do risco-criado o fornecedor responde objetivamente em função da prestação de um serviço que adiciona um risco ao consumidor, o médico em seu mister atua sempre para redução do agravo que já acomete o paciente quando chega ao consultório.

E, nesse sentido, o posicionamento de Nilo se coaduna com o de Kfouri Neto (2017, p. 54):

> A dor, a doença, a morte, as alterações da saúde não constituem, em princípio um risco que nasça da atividade médica, mas algo ínsito ao ser humano- e cada médico em particular e o conjunto deles, em todo o mundo, busca aliviar esse sofrimento, remediar a enfermidade e restaurar a saúde. **O próprio doente traz consigo um risco, derivado da sua patologia- e não é o médico quem o provoca.** Adotar uma responsabilidade objetiva, nesse caso, equivale a lutar contra a própria natureza humana. **Dar cobertura a todo risco de doença ou morte, em atividade médica, corresponderá a obrigar o médico a dar a saúde ao doente, a prolongar a vida, ultrapassando as potencialidades do médico enquanto homem, para transformá-lo num Deus.** (Grifos nossos).

Outrossim, a teoria do risco-proveito também não tem incidência sobre a atividade médica, uma vez que, este profissional

> [...] não cria um risco em função de eventual proveito lucrativo que sua empreitada lhe proporcionará. A sua atividade não é empresarial, eminentemente com fins lucrativos, as vedações à mercantilização da medicina são muitas, pois, na hierarquia dos objetos, a remuneração que possa advir da execução de um tratamento não é o objeto principal da atividade, ainda que, a atividade médica esteja inserida em uma sociedade de mercado. A preocupação central do médico, que determina o sentido das suas decisões, é com a saúde do paciente, e este proveito é destinado, sobretudo, ao próprio paciente na medida em que tem sua saúde preservada ou reestabelecida. (NILO, 2020, p. 101)

Finalmente, **"Antinomia literal e sistêmica que inviabiliza o diálogo entre o CDC e a Deontologia Médica"**. Destaca-se que o Conselho Federal de Medicina, regulamentador da classe médica, traz inúmeras vedações ao profissional que impedem o enquadramento da atividade como um fornecedor de serviços mercantis.

Ao limitar a publicidade médica, vedar o estabelecimento de vínculo com empresa farmacêutica, ou qualquer outra que comercialize produtos de prescrição médica, ou ainda, de forma expressa ao proibir o exercício mercantilista da medicina, descaracteriza o enquadramento da atividade médica como consumerista. E isso por um simples motivo: a mola propulsora desta relação é a saúde e não o lucro.

Acrescenta o autor que essa antinomia se reflete de forma expressa também sobre algumas normas do CDC, à exemplo do artigo 39, que considera prática abusiva do fornecedor deixar de estipular prazo para o cumprimento de sua obrigação (inciso XII), o que é inaplicável à prática médica, pois não há como estabelecer um prazo final para o tratamento, já que sujeito à áleas.

Ainda, a proibição de execução de serviços sem prévia elaboração de orçamento e autorização expressa do consumidor (inciso VI, art. 39), também é incongruente com algumas situações, como a de privilégio terapêutico, por exemplo.

A incompatibilidade dessas normas à atividade médica é patente exatamente porque o sistema consumerista foi elaborado para reger relações de consumo, por isso, a grande preocupação com "devolução integral do preço pago", "reexecução dos serviços", "abatimento proporcional do preço", deixando clara a preocupação com a vulnerabilidade do consumidor, dentro de uma relação mercantil.

Em decorrência dessas antinomias, e estando diante de um microssistema jurídico, não se pode falar na regência da responsabilidade médica por tais regras, pois ou há compatibilidade integral, ou incompatibilidade manifesta.

Não se pode pinçar aleatoriamente apenas as normas benéficas ao paciente, como se todo o sistema consumerista fosse compatível, o que de fato não é, selecionando-se ao bel prazer do julgador apenas aquelas que teriam "incidência" à atividade médica.

Algumas consequências processuais, como a inversão do ônus da prova, advêm da adoção desse sistema normativo, o que em muitas circunstâncias pode representar uma benesse injustificada ao paciente e, uma prévia condenação do médico, desvirtuando-se a distribuição dinâmica, essa sim, de justeza irretocável. Nesse sentido foi o entendimento do Egrégio TJSP no julgamento do AI 2162355-64.2016.8.26.0000:

> INDENIZAÇÃO – Erro médico – Saneador – Indeferimento da inversão do ônus da prova – Manutenção – Princípio previsto no artigo 6º, inciso VIII, do CDC, que não é de aplicação automática e indiscriminada a toda e qualquer relação de consumo - Hipossuficiência técnica da autora não evidenciada, in casu – Documentação carreada nos autos e realização de perícia técnica pelo IMESC que, prima facie, se mostram hábeis para a solução da controvérsia

> – Hipótese de manutenção da regra geral relativa ao ônus da prova, cabendo à autora a comprovação dos fatos constitutivos de seu direito (art. 373, caput, NCPC) - Recurso desprovido. (TJSP; Agravo de Instrumento 2162355-64.2016.8.26.0000; Relator (a): Galdino Toledo Júnior; Órgão Julgador: 9ª Câmara de Direito Privado; Foro de Jundiaí - 6ª. Vara Cível; Data do Julgamento: 05/09/2017; Data de Registro: 05/09/2017).

Souza (2015, p. 76-77) entende, inclusive, que ao afastar a responsabilidade dos profissionais liberais da responsabilidade objetiva, o CDC remeteu a análise da culpa ao Código Civil:

> Assiste-se, assim, ao agravamento da responsabilidade do médico com base na lógica consumerista- muito embora seja questionável se se deve mesmo aplicar à relação médico paciente a mesma disciplina que protege o adquirente de produtos e serviços no mercado de consumo. De fato, se a tutela privilegiada de determinado indivíduo deve ser proporcional ao seu grau de vulnerabilidade no contexto de uma relação jurídica concreta, caberia indagar se o paciente pode ser considerado vulnerável em relação ao médico na mesma medida e pelas mesmas razões que o consumidor em face do fornecedor. **E o próprio afastamento pelo Código de Defesa do Consumidor, da atividade dos profissionais liberais do regime de responsabilidade objetiva por ele previsto, com remissão à responsabilidade com culpa do Código Civil, já sinaliza a resposta negativa**. (Grifos nossos)

Por fim, não se sustenta o argumento de que o CDC, com base no artigo 14, §4º, incidiria sobre toda atividade desenvolvida por profissional liberal, o que foi refutado pelo próprio STJ, ao afastar as regras do CDC à atividade jurídica desempenhada pelos advogados.

E, avaliando-se as atividades jurídica e médica, percebe-se que há estrita coincidência entre elas, já que ambas são marcadas pela fidúcia, pelo sigilo e pela pessoalidade, não fazendo sentido, que quanto à atividade médica mantenha-se o entendimento do regramento consumerista.

> DIREITO PROCESSUAL CIVIL. AGRAVO DE INSTRUMENTO. EXECUÇÃO DE TÍTULO EXTRAJUDICIAL. **CONTRATO DE PRESTAÇÃO DE SERVIÇOS ADVOCATÍCIOS**. EXCEÇÃO DE PRÉ-EXECUTIVIDADE. ALEGAÇÃO DE INCOMPETÊNCIA RELATIVA DO JUÍZO. INAPLICABILIDADE DO CDC. ESTATUTO DA OAB. CLÁUSULA DE ELEIÇÃO DE FORO. PREVALÊNCIA. DILAÇÃO PROBATÓRIA. INDAQUEAÇÃO DA VIA ELEITA. DECISÃO MANTIDA. 1. **Em se tratando de contrato de serviços advocatícios, baseado na relação de confiança entre o cliente e seu advogado,** deve ser validada a cláusula de eleição do foro para resolução das demandas relativas ao contrato. 2. A exceção de pré-executividade tem cognição restrita, tendo cabimento apenas quando a matéria questionada estiver comprovada por prova pré-constituída. As questões que demandem a produção de prova devem ser remetidas aos embargos à execução, que possuem natureza cognitiva e admitem ampla instrução. 3. Agravo de Instrumento conhecido, mas não provido. Unânime. (Acórdão 1195468, 07092569020198070000, Relator: FÁTIMA RAFAEL, 3ª Turma Cível, data de julgamento: 14/8/2019, publicado no DJE: 26/8/2019).

Não é demais ressaltar que, adotar o sistema consumerista como gestor da atividade médica, mesmo diante das suas particularidades e incompatibilidades ora denunciadas, é construir um conjunto normativo *ad hoc*, desvirtuando-se a própria boa-fé objetiva que deve permear as relações bilateralmente e, ainda, a natureza subjetiva da responsabilidade médica.

6. CONSIDERAÇÕES FINAIS

Em que pese o entendimento majoritário quanto ao enquadramento da atividade médica como relação de consumo, o que implica em algumas consequências processuais, como inversão do ônus da prova, prazo prescricional elastecido e vedação à denunciação da lide, entende esta autora que esse não é o posicionamento mais adequado.

A incidência do CDC e a inversão automática do ônus da prova como vem ocorrendo, pode implicar em uma "sucumbência antecipada" do médico, já que aqui se está diante de uma relação existencial, pessoal, privada e sem qualquer traço de "adesão", acarretando injustiça processual.

Em que pese o artigo 6°, VIII, CDC aparentemente trabalhar com uma inversão *ope judicis* do ônus da prova, de fato, o que se percebe é que há uma inversão automática, *ope legis*, diante dos próprios requisitos exigidos: verossimilhança da alegação ou hipossuficiência do consumidor.

Ao exigir tais requisitos de forma alternada, bastaria a presença de um deles, e se a vulnerabilidade é eleita pelo legislador, no artigo 4°, I, como princípio, e aferido à luz da hipossuficiência técnica ou econômica do consumidor, temos que à despeito de tratar-se de uma inversão "à critério do juiz", na prática, ela acontece de forma automática, já que o CDC reconhece que todo consumidor, indistintamente é vulnerável.

A inversão, nesses termos, é um instrumento louvável quando destinado à proteção da vulnerabilidade do consumidor diante de um contrato de adesão, que tem o lucro como elemento essencial, já que nesse caso, a parte fragilizada se encontra realmente em situação desigual, e para que tenha seus direitos reconhecidos necessita de instrumentos processuais protetivos.

No entanto, aplicar-se indistintamente a inversão à relação paciente-médico, sem aferir as especificidades do caso concreto, em muitas circunstâncias, é realmente impor antecipadamente ao médico o ônus de sucumbência e, principalmente, é desvirtuar a própria responsabilidade que tem fulcro na culpa provada.

Diferente das relações consumeristas, a evolução da relação paciente-médico, não nos permite mais considerá-la automaticamente desigual. Como visto ao longo deste artigo, a disparidade entre essas partes decorria necessariamente do estado de "não-saber" do paciente, que limitava a sua autonomia e consequentemente o impedia de exercer uma escolha esclarecida.

No entanto, o cumprimento do processo informacional pelo médico, base da equidade relacional, aliado ao alto poder informativo do próprio paciente na era da sociedade informacional, não mais permite a presunção automática de desigualdade.

Paciente informado, é paciente esclarecido. E paciente esclarecido e dotado dos mesmos poderes probatórios, não é, na relação paciente-médico, parte vulnerável.

É preciso uma análise casuística antes de se aferir a real hipossuficiência do paciente, pois se ele tem acesso às mesmas possibilidades probatórias que o profissional, não se autoriza a redistribuição do ônus da prova, nos exatos termos do que dispõe o artigo 373, §1º, CPC, que exige que a inversão seja justa e equânime.

Se o paciente foi submetido à processo informacional pleno, teve acesso aos documentos médicos, de forma que o profissional não dispõe de qualquer facilidade probatória superior, não há que se falar em inversão do ônus da prova, vez que isso implica no desvirtuamento da responsabilidade subjetiva, impondo-se injustamente ao médico um ônus que é do paciente.

Ora, estando diante de uma relação pessoal, marcada pela fidúcia, pela pessoalidade e por deveres específicos, sendo reconhecidamente uma responsabilidade aferida mediante prova da culpa, o sistema normativo aplicável é o do Código Civil, e não do CDC, delineado inteiramente para a objetivação.

Nota-se que vários argumentos conduzem à incongruência do microssistema consumerista à relação paciente-médico: a) se está diante de uma atividade especial, com deveres de conduta específicos impostos ao médico por seu órgão de classe, sendo as regras consumeristas totalmente incompatíveis com a essência da atividade médica; b) a responsabilidade aqui é aferida mediante prova da culpa, incompatível com a responsabilidade objetiva delineada pelo CDC; c) a relação estabelecida entre as partes possui como elemento essencial a saúde do paciente, e não o lucro da atividade; pautada, portanto, na fidúcia e na pessoalidade, e consequentemente adequada às regras civilistas; e d) o reconhecimento da vulnerabilidade do paciente demanda análise casuística e não automática, como ocorre com o consumidor.

E, estando diante de uma relação dotada de especificidades, com incompatibilidades evidentes com as regras de consumo, deve a atividade médica, assim como acontece com a atividade jurídica, ser regida pelo Código Civil.

De tudo o que foi exposto, é de se concluir pela incompatibilidade do sistema consumerista com a atividade médica, pois sob o manto de proteção à parte "mais fraca" não se pode injustamente "criar" um sistema jurídico à ela favorável, pinçando-se exclusivamente normas benéficas e desconsiderando-se, de um lado a essência do sistema consumerista, concebido para a atividade mercantil, e de outro, o elemento primevo da atividade médica, que é a saúde do paciente, transformando-a em mercantil, o que é vedado.

Não se descura da vulnerabilidade do paciente quando concretamente existir, mas também não se pode perder de vista que, sua proteção será eficazmente atingida, e sem qualquer esforço interpretativo, através da correta incidência das regras do Código Civil, especialmente dos artigos 422, 15, 948, 949 e 950, e quanto ao ônus da prova o artigo 373, §1º, CPC, além das normas constitucionais, todas elas superiormente mais justas e equânimes à relação estabelecida entre o médico e o paciente, que o CDC.

E, quanto aos deveres do médico, especialmente o informacional, devem ser avaliados sob a ótica do Código de Ética Médica, já que traz deveres muito mais específicos que os exigidos genericamente pelo CDC, assim como acontece com a atividade jurídica.

Do exposto, infere-se ser necessária uma maior reflexão acerca da incidência das regras do CDC à atividade médica, especialmente em virtude de todas as especificidades que a cercam.

REFERÊNCIAS BIBLIOGRÁFICAS

A DEFESA do Consumidor no Brasil. **Ministério da Justiça e Segurança Pública**. Disponível em: <https://www.justica.gov.br/seus-direitos/consumidor/a-defesa-do-consumidor-no-brasil#:~:text=Assim%2C%20em%2011%20de%20setembro,basilar%20das%20rela%C3%A7%C3%B5es%20de%20consumo>.

BRASIL. **Código Civil.** Lei nº 10.406, de 10 de janeiro de 2002. Disponível em: < http://www.planalto.gov.br/ccivil_03/leis/2002/L10406compilada.htm>.

______. Constituição (1988). **Constituição da República Federativa do Brasil**. Brasília. Disponível em: <http://www.planalto.gov.br/ccivil_03/constituicao/constituicao.htm>.

______. **Lei nº 12.842, 10 de julho de 2013**. Dispõe sobre o exercício da Medicina. Disponível em: <http://www.planalto.gov.br/ccivil_03/_ato2011-2014/2013/lei/l12842.htm>.

CFM. Conselho Federal de Medicina. **Código de Ética Médica:** Resolução CFM 2.217, de 27 de setembro de 2018, modificada pelas Resoluções CFM nº 2.222/2018 e 2.226/2019. Brasília: Conselho Federal de Medicina, 2019.

DISTRITO FEDERAL. Tribunal de Justiça do Distrito Federal e Territórios. **Agravo de Instrumento nº 1195468**. Relator: Des. Fátima Rafael. Julgamento: 14 ago. 2019. Publicação: 26 ago. 2019.

FILOMENO, José Geraldo de Brito. **Código de Defesa do Consumidor:** Comentários dos autores do anteprojeto. 6. ed. São Paulo: Forense Universitária, 2004.

FREIRE DE SA, Maria de Fátima; NAVES, Bruno Torquato de Oliveira. **Bioética e Biodireito**. 4. ed. Belo Horizonte: Del Rey, 2018.

GRINOVER, Ada Pelegrini *et al.* **Código Brasileiro de Defesa do Consumidor Comentado pelos Autores do Anteprojeto**. 7. ed. Rio de Janeiro: Forense Universitária, 2001.

KFOURI NETO, Miguel. **Responsabilidade Civil dos Hospitais:** Código Civil e Código de Defesa do Consumidor. 4. ed. São Paulo: Thomson Reuters, 2019.

______. **Responsabilidade Civil do Médico**. 9. ed. São Paulo: Revista dos Tribunais Ltda, 2018.

MARCHI, Cristiane de. A culpa e o surgimento da responsabilidade objetiva: evolução histórica, noções gerais e hipóteses previstas no Código Civil. **Revista dos Tribunais**. v. 964. fev. 2016.

MARQUES, Claudia Lima. **Contratos no Código de Defesa do Consumidor:** O novo regime das relações contratuais. 5. ed. São Paulo: Revista dos Tribunais, 2005.

NILO, Alessandro Timbó. **Direito Médico:** O contrato de Tratamento no Direito Brasileiro. Curitiba: Juruá, 2020.

SÃO PAULO. Tribunal de Justiça do Estado de São Paulo. **Agravo de Instrumento nº 2162355-64.2016.8.26.0000**. Relator: Des. Galdino Toledo Júnior. Julgamento: 05 set. 2017. Publicação: 05 set. 2017.

SOUZA, Eduardo Nunes de. **Do erro à Culpa na Responsabilidade Civil do Médico:** Estudo na perspectiva civil-constitucional. Rio de Janeiro: Renovar, 2015.

VASCONCELOS, Camila. **Direito Médico e Bioética:** História e judicialização da relação médico-paciente. Rio de Janeiro: Lumen Juris, 2020.

ESCOLHAS PÚBLICAS NO COMBATE AO COVID-19 NO BRASIL: É LEGÍTIMO NO REGIME JURÍDICO BRASILEIRO O DILEMA ENTRE PREVENÇÃO *VERSUS* RECUPERAÇÃO?

Silvio Guidi

1. INTRODUÇÃO

O ano de 2020 entrou em definitivo para a história. Foi o ano (e não o dia)[1] em que a terra parou. Em proporções globais, o vírus *Sars-Cov2* (que no corpo humano pode acometer o indivíduo com a doença denominada COVID) causou um efeito pandêmico, impondo uma alteração radical e imediata no modo de vida de toda a população mundial. O impacto da pandemia alcançou todos os setores econômicos e sociais de imensa parte dos países do globo. Educação, cultura, esporte e lazer, mesmo se reinventando, correram o risco de extinção. As economias mundiais despencaram, aumentando o desemprego, a fome, a miséria e tantos outros males que afligem o planeta.

---

1 A expressão "o dia em que a terra parou" é um clássico filme de 1951, que ganhou um remake em 2008. Conta a história de uma visita alienígena ao planeta, na busca de paz entre povos. Foi inspirado no conto *Farewell to the Master* (Adeus ao mestre), do escritor Harry Bates. "O dia em que a terra parou" também é título de uma música de Raul Seixas.

Na saúde, ao passo que foi iniciada uma corrida para encontrar uma vacina para impedir a contínua propagação da doença (a qual parece estar chegando ao fim), concorriam as tentativas de impedir que os sistemas de saúde dos países colapsassem. É que a COVID tem um impacto social extremamente perverso. Sendo de fácil transmissão, alastra-se com rapidez entre a população. Embora sua taxa de letalidade[2] seja baixa, os casos mais graves necessitam de tratamento em unidades de terapia intensiva (UTI), com longo período de internação.[3] Com o aumento progressivo de casos, as situações mais graves começaram a desafiar a capacidade quantitativa de atendimento dos sistemas de saúde mundo afora. O desafio não foi somente para atender os casos de COVID, já que a limitação de leitos afetou negativamente todos os pacientes que deles necessitavam, independentemente da doença que os acometia.

Nesse cenário, discussões para conter a pandemia surgiram no Brasil, propostas tanto na sociedade quanto nas esferas de governo. A primeira delas, inspirada na tendência mundial, foi a implantação de um isolamento social horizontal, o que significa que é aplicável a todos na sociedade. A estratégia era di-

---

2 Taxa de letalidade "relaciona o número de óbitos por determinada causa e o número de pessoas que foram acometidas por tal doença" (PEREIRA. Sheila Duarte. Conceitos e definições da saúde e epidemiologia usados na vigilância Sanitária. São Paulo, 2007. Disponível em: http://www.cvs.saude.sp.gov.br/pdf/epid_visa.pdf). É diferente da taxa de mortalidade, a qual representa "o número de óbitos por doenças transmissíveis, por mil habitantes, na população residente em determinado espaço geográfico, no ano considerado" (TABNET DATASUS. Disponível em: http://tabnet.datasus.gov.br/tabdata/LivroIDB/2edrev/c17.pdf . Consulta em 21 de agosto de 2020).

3 No hospital das clínicas de São Paulo, o tempo médio de internação de pacientes acometidos pela COVID foi de 11,5 dias. Fonte: https://g1.globo.com/sp/sao-paulo/noticia/2020/06/09/na-uti-do-hospital-das-clinicas-de-sp-pacientes-com-covid-19-ficam-em-media-115-dias-internados.ghtml. Consulta em 21 de agosto de 2020

minuir drasticamente a interação física entre as pessoas. Com isso, cairiam as taxas de transmissão e contaminação pela doença e, por consequência, as de internação e, principalmente, as de óbito. A segunda alternativa, inspirada em modelos menos comuns, o isolamento ocorreria de forma vertical, impondo-se um distanciamento somente para aquelas pessoas que estivessem em grupos de maior risco de desenvolver as facetas mais graves da doença (idosos, hipertensos, diabéticos etc.). Para o restante da população, seria assumido o risco de que seriam acometidos pela COVID. Caso desenvolvessem sintomas, seriam tratados. A imensa maioria seria recuperada, ainda que, em maior ou menor grau, sofresse os agravos da doença, bem como pudesse experimentar possíveis sequelas.[4]

A constância das discussões impediu que o Brasil adotasse um ou outro sistema. Ainda que fosse possível a adoção de ambos, a depender da região, do estado ou do município, fato é que disputas políticas, aliadas à falta de uma orientação central por parte do governo federal, fizeram com que o isolamento vertical nunca fosse aplicado, ao passo que o horizontal (quando adotado formalmente) não fosse executado de forma satisfatória.[5] Com isso, o número de mortes no país foi crescendo de forma avassaladora. Quando da produção desse artigo, contabilizava-se no Brasil mais de 112.000 mortes. Esse número equivale 15% do total de mortes ocorridas no mundo em razão da COVID, apesar da população brasileira representar somente

4 Em maio de 2020, reportagem do G1 apresentou uma divisão na ordem de 86% x 13%, no que concerne aos países que adotaram o isolamento social x o isolamento vertical. Fonte: https://g1.globo.com/bemestar/coronavirus/noticia/2020/05/18/83percent-dos-principais-paises-afetados-pelo-coronavirus-adotaram-lockdown-aponta-levantamento.ghtml

5 É que a efetividade do isolamento horizontal, como técnica preventiva ao alastramento da doença, exigia uma adesão superior a 70% da população, ao passo que nenhuma das regiões do país conseguiu atingir ou ao menos chegar perto desses percentuais.

aproximadamente 2,67% da mundial. Em números absolutos, o Brasil fica atrás somente dos EUA, país no qual morreram de COVID aproximadamente 175.000 pessoal. Em termos relativos (número de mortes / *números de habitantes), Brasil e EUA praticamente empat*am.[6]

O Brasil chegou ao topo do *ranking*, não por acaso. Foi precisamente a forma de condução dessa discussão que retardou a adoção de ações efetivas e tempestivas, capazes de diminuir as taxas de contaminações, adoecimento, agravamento e morte pela COVID. No âmbito de debates e versões, além dessa redução de ações em prol da saúde da população, a própria sociedade ficou incerta sobre qual caminho seguir. A discussão chegou ao STF,[7] que referendou a autonomia de estados e municípios para adotarem medidas que entenderem necessárias ao combate à COVID, ainda que dissonantes daquilo definido pela União.

É certo que essas discussões, em extensa medida, têm (ou ao menos deveriam ter) natureza predominantemente científica. Ou seja, decidir ou não pelo isolamento, pelo uso obrigatório de máscaras, pela abertura ou não de estabelecimentos comerciais etc., tem como fundamento a análise técnica (e não jurídica) daquilo que pode ou não colocar a população em maior ou menor risco de contaminação. A questão é saber se, para além dessa prevalência das ciências biológicas, o tema interessa ao direito, de modo que a orientação científica, seja ela qual for, conforma a atuação do gestor público a escolher um modelo em detrimento do outro. Perguntando de outra maneira:

6 Fonte: dados produzidos pelo autor a partir das informações da Organização Mundial de Saúde.

7 Vide ADI 6341.

(i) é dado ao gestor público permitir que a população adoeça, para depois curá-la, ainda que haja técnica adequada para prevenir o contágio?
(ii) quais os elementos jurídicos a orientar a decisão do gestor público?

Essas são as duas perguntas que o presente artigo pretende responder.

2. UM POUCO DE DIREITO CONSTITUCIONAL E ADMINISTRATIVO PARA RESOLVER A QUESTÃO

Uma das principais virtudes do direito da saúde é a sua interdisciplinaridade. O direito da saúde é uma criação dos estudiosos, que localizaram *"no direito positivo brasileiro, ainda que para fins didáticos e servíveis à ciência do direito, um subsistema jurídico-positivo próprio para a prestação de serviços de saúde, a ser objeto de um estudo autônomo"*.[8] [9] Sendo o direito da saúde um subsistema jurídico que disciplina as relações que têm a saúde como objeto, as dúvidas sobre esse sub-ramo do direito geralmente serão resolvidas por uma análise sistêmica do direito. A solução das questões, portanto, será um resultado do confrontamento de normas de direito constitucional, administrativo, civil, consumidor etc. Daí a importância e o desafio lançados para aqueles que se aventuram nesse ramo jurídico: dominar com algum grau de profundidade todas as áreas que formam o subsistema jurídico chamado "direito da saúde".

8 GUIDI. Silvio. **Serviços públicos de saúde.** Quartier Latin. São Paulo: 2019. pp. 20/21.

9 Embora o trecho vale em prestação de serviços de saúde, o direito da saúde preocupa-se com todas as ações, prestacionais ou não, que tenham a saúde como objeto. Para saber mais sobre as diferenças entre ações e serviços de saúde, sugere-se a leitura do capítulo 2 (pp. 24 a 48) da obra: Silvio. **Serviços públicos de saúde.** Quartier Latin. São Paulo: 2019.

Para aquilo que interessa a este trabalho, duas áreas do direito, por si só entrelaçadas, são fundamentais para alcançar a resposta almejada. Trata-se do direito constitucional e do direito administrativo. A análise do direito constitucional é fundamental para a solução do problema, uma vez que o conteúdo da Constituição Federal (CF), pelo todo que já se viu, é fundamental para a busca de uma solução. Não só porque as normas constitucionais estão no topo da hierarquia normativa, mas também porque a CF *"já traz uma série de normas que permitem desenhar, com um bom grau de precisão, o ambiente da prestação dos serviços públicos de saúde"*.[10] Já a análise do direito administrativo é importante para a busca da resposta procurada neste trabalho, na medida em que, como se retira da leitura do artigo 196 da CF, compete ao Estado atender ao direito à saúde do cidadão. Em razão disso, é por meio do direito administrativo, o qual se ocupa de disciplinar a atividade administrativa (ou função administrativa), que poderá se verificar quais caminhos pode ou não o Estado seguir, quando do cumprimento do dever em atender à saúde que a CF o incumbiu.

3. O DEVER CONSTITUCIONAL DE PRIORIZAR A PREVENÇÃO E A PROTEÇÃO DA SAÚDE

A saúde é direito de todos e dever do Estado. Essa frase, conhecida por grande parte da população brasileira, reflete fração do conteúdo do artigo 196 da CF. A leitura desse único trecho poderia induzir o leitor ou intérprete a compreender que se é dada ao Estado a missão de atender à saúde da população, cabe ao Estado decidir a melhor forma de executar esse mister. Por essa óptica, se o Estado concluísse que, no caso da COVID, a melhor forma de atender ao direito à saúde é fazer menos esforços para que o cidadão não adoeça e concentrar seus recursos

10 *Idem*. p. 57.

para a cura, poderia assim agir, não desrespeitando o regime jurídico.

Mas, esse trecho constitucional tem complemento. Após o signo "Estado" há uma continuidade longa e sonora do artigo constitucional, o qual disciplina que o dever estatal de atendimento à saúde da população se dá "*mediante políticas sociais e econômicas que visem à redução do risco de doença e de outros agravos e ao acesso universal e igualitário às ações e serviços para sua promoção, proteção e recuperação*". Tudo muda a partir dessa complementação. A CF impõe ao Estado uma escala de ações, que deve ser seguida quando de sua atuação em favor da saúde da população. A missão estatal primeira é a de reduzir o risco de adoecimento. Para isso, deve atuar de forma a promover a saúde e proteger o indivíduo e a sociedade em relação aos agravos que podem os acometer. Por consequência, as ações de recuperação da saúde do indivíduo, a bem de que este retorne ao status de "não doente",[11] somente pode ser adotada, uma vez que falha a tentativa de impedir o acometimento de doença.

Para os que compreenderem que não é possível extrair da leitura do artigo 196 da CF a existência dessa escala assistencial, o inciso II do artigo 198 da CF servirá de *prova real*.[12] Segundo esse artigo, as ações e serviços de saúde serão executadas pelo Estado por meio de uma rede que constitui um sistema único. Esse sistema (conhecido como Sistema Único de Saúde – SUS) tem três diretrizes constitucionais, sendo uma

11 Utilizou-se a expressão "não doente" propositadamente. É que há diferença entre o indivíduo não estar acometido de determinada doença e ter saúde. Principalmente, ao se adotar o conceito da Organização Mundial de Saúde (OMS), que classifica saúde como um "estado de completo bem-estar físico, mental e social" (ORGANIZAÇÃO MUNDIAL DA SAÚDE. **Constituição.** Disponível em: http://www.who.int/governance/eb/who_constitution_sp.pdf. Acesso em: 14 ago. 2020).

12 A prova real é um instrumento utilizado na matemática para conferir se o resultado de uma determinada equação está correto.

delas a atenção integral à saúde do indivíduo, a qual se dará "*com prioridade para as atividades preventivas, sem prejuízo dos serviços assistenciais*".

Há, à luz do contido no artigo 198, III, da CF, diretriz constitucional para que as ações do SUS obedeçam a uma ordem prioritária, que é precisamente aquela extraída do artigo 196 da CF, pela qual as atividades preventivas e protetivas devem ser primeiramente adotadas. Uma vez que haja insucesso nessas ações, ocorrendo o adoecimento, cumprirá ao Estado assistir o indivíduo, na busca de sua recuperação. Descendo ao nível infraconstitucional, a obrigação de priorizar a promoção e a proteção da saúde persiste, tal como se retira da Lei Orgânica da Saúde (LOS), no §1º do artigo 2º. Também, mesma obrigação é refletida no inciso III do artigo 5º e no inciso XVI do artigo 15, ambos da LOS.

3.1. Conceito, identidade e diferenças entre promoção, prevenção e proteção da saúde

Os conceitos de promoção, prevenção e proteção à saúde não pertencem à ciência do direito, mas às ciências biológicas. Acerca do tema, portanto, relevante apresentar as lições da professora Dina Czeresnia[13], confeccionadas na obra "*o conceito de saúde e a diferença entre prevenção e promoção*".[14] Segundo a professora, é possível compreender que prevenção e proteção à saúde são sinônimos que representam "*o controle da transmissão de doenças infecciosas e a redução do risco de doenças degenerativas ou outros agravos específicos*".[15] A execução de ações preventivas (ou protetivas), segue ensinando a professo-

13 Professora titular da Fundação Oswaldo Cruz.

14 Disponível em: http://www.fo.usp.br/wp-content/uploads/AOconceito.pdf

15 *Idem.*

ra, "*estruturam-se mediante a divulgação de informação científica e de recomendações normativas de mudanças de hábito*".[16] Em resumo, a prevenção, como ação estatal com vistas ao cumprimento do dever de atender à saúde do indivíduo, tem a ver com medidas voltadas a impedir que o cidadão adoeça. Promoção de saúde, por sua vez, relaciona-se com a missão de conduzir o cidadão a um estado de bem-estar: "*estratégias de promoção enfatizam a transformação das condições de vida e de trabalho que conformam a estrutura subjacente aos problemas de saúde, demandando uma abordagem intersetorial*".[17]

Ao que se percebe das lições das ciências biológicas, enquanto a proteção/prevenção se volta especificamente ao combate de doenças, de modo a evitar que elas acometam o indivíduo, a promoção da saúde busca dar ao cidadão uma qualidade de vida. É que mesmo livre de qualquer agravo físico ou metal, o indivíduo pode estar carente de uma vida digna. Ou seja, a prevenção/proteção preocupa-se com questões biológicas do cidadão, ao passo que a promoção da saúde tem como foco fatores externos à biologia, mas que impactam diretamente na saúde do indivíduo. É uma espécie de diferencial metafísico: o indivíduo cuja saúde é alcançada por ações de prevenção tem saúde, ao passo que aquele atendido por ações de promoção é saudável.

Pode se dizer que a prevenção da saúde está contida na promoção. Promover a saúde da população significa, para além de prevenir doenças, permitir que o indivíduo viva em uma sociedade com infraestrutura, em um meio-ambiente equilibrado, com acesso à educação, saúde, cultura e lazer. É um estado de plenitude, no qual o cidadão pode exercer livremente todas as suas capacidades, podendo colaborar para si próprio e para

16 *Idem.*

17 *Idem.*

toda a sociedade. Ainda que se trate de uma missão utópica imposta pelo constituinte ao Estado, é só por meio dessa utopia que certos patamares, conectados com a promoção da saúde, são alcançados.[18]

Uma vez entendido o que vêm a ser prevenção e promoção, no âmbito da saúde e do direito à saúde, pode se avançar na compreensão de como elas informam as ações estatais que visam ao combate da COVID. Quanto à prevenção, a questão parece ser bastante simples: o Estado deve agir de modo a evitar que o indivíduo seja contaminado pelo vírus e não desenvolva a doença.

Já quanto à promoção, para além da prevenção do indivíduo em si, são necessárias tantas outras ações. É que a prevenção, por meio do isolamento social acarreta uma série a possibilidade do desenvolvimento de outras doenças ou agravos. Por exemplo, o isolamento social potencializa os casos de depressão.[19] Além disso, o isolamento também aumenta os casos de violência doméstica.[20] As ações de promoção da saúde, diante desses exemplos, devem mirar o combate dos efeitos colaterais da prevenção, de modo a buscar a manutenção da qualidade de vida da população, afetada precisamente pela imposição das ações preventivas de isolamento social.

---

18 Assertiva inspirada nas lições de Eduardo Galeano, celebrado pela frase: *"Para que serve a utopia? Serve para isso: para que eu não deixe de caminhar".*

19 É o que se retira de estudo da UERJ, revelado na seguinte reportagem: https://www.uol.com.br/vivabem/noticias/redacao/2020/05/05/depressao-brasileiros-isolamento-social-coronavirus.htm . Acesso em 21 de agosto de 2020.

20 Confira dados sobre a questão disponibilizados pela OMS: https://nacoesunidas.org/video-a-pandemia-das-sombras-violencia-domestica-durante-a-covid-19/. Acesso em 21 de agosto 2020.

4. PREVENÇÃO E PROMOÇÃO DA SAÚDE: DESDOBRAMENTOS DOS PRINCÍPIOS CONSTITUCIONAIS E ADMINISTRATIVOS DA EFICIÊNCIA E DA ECONOMICIDADE

A escolha constitucional que privilegia e a promoção e a prevenção da saúde como prioritárias às ações de recuperação do indivíduo não é aleatória. Conectados a essas diretrizes constitucionais da atuação estatal na saúde estão dois importantes princípios que regem o agir da Administração Pública, quais sejam, o da eficiência e o da economicidade.

O princípio da eficiência, segundo Sílvio Luis Ferreira da Rocha, "*exige que a Administração Pública, através de seus servidores e prestadores de serviço, observe a qualidade superior no cumprimento de seus objetivos, atue de forma imparcial, independente e transparente*".[21] Continua o jurista anotando que esse princípio se refere "*ao modo de atuação do agente público, quando exige dele o melhor desempenho possível de suas atribuições, para obter os melhores resultados; refere-se ao modo de organizar, estruturar e disciplinar a Administração Pública, com vistas a alcançar os melhores resultados na prestação do serviço público*".[22]

O princípio da economicidade, por sua vez, direciona o agir da Administração Pública de forma a preservar, da melhor forma possível, os recursos públicos. O princípio da economicidade revela-se, portanto, como uma faceta do próprio princípio da eficiência. Para Márcia Filomena de Oliveira Mata, o princípio da economicidade "*reveste-se do conceito de eficiência caracterizado pela tentativa de com o mínimo de empregos de recursos e esforços, obter o máximo possível de resultados favo-*

21 ROCHA, Sílvio Luís Ferreira da. **Manual de direito administrativo**. São Paulo: Malheiros, 2013. pp. 80-81.

22 Idem.

ráveis".[23] Na linha dessa doutrina é o pensamento de Emerson Gabardo, para quem a economicidade é um dos quatro atributos da eficiência administrativa, ao lado da racionalização, produtividade e celeridade.[24]

O binômio dos princípios da eficiência e da economicidade, quando incidente à atividade administrativa, atrai um dever estatal de alcançar os melhores resultados com a destinação dos menores recursos. Essa otimização estatal entrega ao cidadão aquilo que de melhor o Estado pode oferecer a um custo que não compromete o erário para além do necessário. E é, tradicionalmente, esse tipo de resultado da atividade estatal que se alcança quando se prioriza as ações de prevenção e proteção da saúde.

Um exemplo interessante tem a ver com as políticas de saúde em relação às doenças pneumocócicas. Estudos da Universidade Estadual do Rio de Janeiro (UERJ)[25] mostraram a eficiência da vacinação como instrumento de combate a essa doença e a economia gerada em razão da não necessidade de

---

23 MATA, Márcia Filomena de Oliveira. Fiscalização da administração pública em face da economicidade. In: **Revista dos Tribunais**. Doutrinas Essenciais de Direito Administrativo. v.3., nov. 2012, p. 201.

24 GABARDO, Emerson. **O princípio da eficiência**. In: (Coords.) CAMPILONGO, Celso Fernandes; GONZAGA, Álvaro de Azevedo; FREIRE, André Luiz. Enciclopédia jurídica da PUC-SP. Tomo: Direito Administrativo e Constitucional. Vidal Serrano Nunes Jr., Maurício Zockun, Carolina Zancaner Zockun, André Luiz Freire (Coords. de tomo). São Paulo: Pontifícia Universidade Católica de São Paulo, 2017. Disponível em: https://enciclopediajuridica.pucsp.br/verbete/82/edicao-1/principio-da-eficiencia,-o. Acesso em: 14 ago. 2020.

25 BEREZIN, Eitan; PRESA, Jessica; MONTEIRO, Roberta Dyonisio Canaveira; MORAES, José Cassio de; RIBEIRO, José Geraldo Leite; SOUZA, Camila Pepe Ribeiro de. **Análise de custo efetividade da vacina pneumocócica conjugada 7- valente, na prevenção da doença pneumocócica, no cenário do Sistema Único de Saúde**. Disponível em: http://www.jbes.com.br/images/v1n1/jbes-v1n1-04-artigo-original.pdf. Acesso em: 14 ago. 2020.

internações hospitalares. Essa vacina previne doenças como a otite média aguda (OMA) e a pneumonia. Segundo esse estudo, projetando-se o ano de 2008, "considerando apenas o benefício direto da vacina, estimou-se que na ausência de vacinação 3 milhões de casos da doença ocorreriam" num intervalo de 5 anos. "O modelo projetou que a vacina preveniria mais de 221 mil casos da doença e evitaria aproximadamente 2,7 mil mortes durante o horizonte de análise". Adiante, o estudo informa que a vacinação reduziu gastos de aproximadamente R$500 milhões no mesmo intervalo de 5 anos.

Daí porque a CF determina a priorização de investimentos em ações preventivas, pois são absolutamente mais eficazes para atender ao direito da saúde do cidadão. Ao invés de ser curado da moléstia, o indivíduo sequer contrai a doença, permitindo a manutenção de um estado de bem-estar mais compatível com o pleno exercício do direito à saúde. A atuação estatal, assim, revela-se mais eficiente (atinge um resultado melhor do que o da cura). Mas, para além disso, as ações preventivas trazem maior racionalidade na forma de gasto da verba pública destinada às atividades de saúde estatais (gasta-se menos prevenindo do que curando). Há, assim, uma preservação de recursos, auxiliando na possibilidade de existir verba para custear outras ações de saúde, seja ou não preventivas/protetivas.

5. BREVÍSSIMOS APONTAMENTOS SOBRE VINCULAÇÃO E DISCRICIONARIEDADE ADMINISTRATIVA: DEVER DE ADOÇÃO DE AÇÕES PREVENTIVAS AINDA QUE MENOS ECONÔMICAS E MAIS INEFICIENTES

As ações preventivas e protetivas tendem a ser menos custosas e mais eficientes. O conhecimento popular já abraçou há muito essa lógica, quando cunhou o jargão "melhor prevenir do que remediar". Diversas áreas das ciências, teóricas e práticas, já definiram a tradicional vantajosidade desse perfil de ações.

Apesar disso tudo, há certas situações em que essa máxima não se confirma. Na área da saúde, em relação a esse tema, desenvolveram-se estudos específicos no âmbito da economia, da saúde e da farmacoeconomia, pelas quais é analisada a relação entre o custo de certas ações de saúde para combater determinada doença com outros fatores, tais como efetividade, benefício e utilidade. Esses estudos podem indicar que as técnicas preventivas e protetivas existentes não são eficientes a impedir o acometimento da doença e, para além disso, demasiadamente custosas. Na outra ponta, as medidas remediativas são eficientes, impedindo agravos severos ao cidadão acometido da doença, e, para além disso, de baixo custo.

Embora não haja estudos apontando para benefícios econômicos e sociais derivados da adoção de medidas remediativas acerca da COVID, em detrimento de medidas preventivas, trabalhar com essa hipótese é bastante legítimo ao presente trabalho. Explicando, é de se questionar se o dever de prevenção/proteção seria mitigado ou dispensado, na hipótese de se provar que as medidas destinadas à cura dos cidadãos acometidos pela COVID fossem mais eficientes e eficazes, quando comparadas àquelas que visam a evitar o adoecimento dos cidadãos pela COVID.

Certamente, a perspectiva da eficiência aqui investigada, não é a técnica. Ou seja, uma vez que a medida não se revelar suficiente a impedir o adoecimento da população, ela não terá o caráter preventivo ou protetivo. A perspectiva da eficiência a ser analisada, portanto, está relacionada com os esforços necessários à sua implementação. Ou seja, a quantidade de recursos (financeiros, tecnológicos, humanos etc.) necessários para implementar a medida preventiva ou protetiva.

Compreendido o prisma da eficiência, a resposta à pergunta feita no início desse capítulo é negativa. Por isso, mesmo que sejam mais eficientes e econômicas, medidas voltadas a remediar e curar a doença do COVID não poderiam ser priorizadas, de modo a dispensar ou colocar em segundo plano as ações de prevenção e proteção da saúde, ainda que essas últimas imponham a utilização de uma carga maior de recursos.

A razão dessa negativa tem lugar em razão dos contornos constitucionais que conformam as ações estatais de saúde no país. A norma constitucional determinou de forma expressa e objetiva a priorização de ações preventivas e de proteção à saúde, deixando para um segundo plano as medidas assistenciais voltadas à cura de quem adoece. A norma poderia ter delegado ao gestor público que, a cada caso aferisse qual perfil de medida seria mais eficiente e econômica (se remediativa, preventiva ou protetiva), adotando aquela que atendesse a esses critérios em maior grau. Mas não é esse o conteúdo constitucional.

Está-se a dizer, portanto, que no caso da execução de ações de saúde, ainda que medidas protetivas e preventivas possam se revelar mais custosas e administrativamente menos eficientes, devem ainda assim ser priorizadas em relação às medidas assistenciais remediativas.

A imposição dessa postura deriva de uma ordem dada pela CF, da qual o gestor público não pode se esquivar. O direito administrativo trata dessa questão ao diferenciar os atos administrativos de cunho vinculado daqueles de cunho discricionário. Os primeiros *"acabam por dispensar um juízo de valor para sua prática"*.[26] Já os segundos *"são praticados por meio de juízos valorativos"*[27] pertencentes *"ao mundo da sensibilidade, ao mundo da razão prática, onde domina a incerteza, o parecer de cada um, onde não existe uma lógica de valor universal"*.[28] A discriciona-

26 GUIDI, Silvio. Discricionariedade e motivação. In: **Revista brasileira de estudos da função pública** – RBEFP. Belo Horizonte, ano 5, n.13, jan.-abr., 2016. P. 190.

27 *Idem*.

28 QUEIRÓ. Afonso Rodrigues. **Estudos de direito público** v. I – dissertações. Coimbra: Universidade de Coimbrá, 1989. P. 112/113.

riedade, portanto, revela-se como um espaço em branco, criado pela lei – *margem de liberdade remanescente* (nas palavras de Celso Antônio Bandeira de Mello),[29] a ser preenchido por ações do administrador público.

No caso da atenção à saúde da população, a margem de liberdade é restrita, na medida em que a norma da CF definiu uma escala assistencial. Desse modo, havendo medidas preventivas e protetivas tecnicamente eficazes, o gestor público está obrigado a executá-las. Está a elas vinculado. Haverá, certamente, carga discricionária na atuação do gestor público. Mas, ela estará reservada para as hipóteses em que haja mais de uma medida preventiva ou protetiva, por exemplo, cabendo ao administrador a eleição daquela melhor atender às necessidades coletivas.

Daí a importância de se entender que existe uma diferença entre eficiência e princípio da eficiência, tal como a economicidade não é igual ao princípio da economicidade. A norma impõe ao gestor público obediência aos princípios da eficiência e da economicidade, o que significa ser eficiente e buscar a racionalização de recursos dentro dos limites impostos pelo regime jurídico. E o regime jurídico impõe ao gestor a adoção de uma série de medidas que são, por natureza, ineficientes e antieconômicas. Um exemplo disso é a realização de licitação, como ato prévio à contratação pública. Realizar um processo concorrencial extrai muitos recursos públicos, retarda e encarece a contratação. No entanto, o regime jurídico admite essa perda de recursos em razão de atingir em maior medida o interesse público.

Essa perda pode também ocorrer nas hipóteses de ações preventivas e protetivas de saúde. Elas podem, ocasionalmen-

29 BANDEIRA DE MELLO. Curso de direito administrativo. 32ª Ed. São Paulo: Malheiros, 2015. P. 991.

te, ser mais custosas e impor à máquina pública um funcionamento menos eficiente e mais trabalhoso. Por isso, em certos momentos não se revelarão eficientes e econômicas. Mas, não é por isso, que devem ser dispensadas sob o falso argumento de desrespeitarem os princípios da eficiência e da economicidade, pois, como se viu, o atendimento a tais preceitos pressupõe a adesão ao regime jurídico, suas exigências e limitadores.

6. CONCLUSÃO

Para concluir, rememore-se as perguntas apresentadas no início desse trabalho:

> (i) é dado ao gestor público permitir que a população adoeça, para depois curá-la, ainda que haja técnica adequada para prevenir o contágio?
> (ii) quais os elementos jurídicos a orientar a decisão do gestor público?

A resposta, sé a de que só é dado ao gestor público permitir que a população adoeça, para depois curá-la, na hipótese de inexistência ou insuficientes de medidas preventivas e protetivas, aptas a evitar o acometimento da doença pela população. Os elementos jurídicos que orientam essa resposta repousam nos artigos 196 e 198, inciso II da CF, os quais impõem uma escala assistencial a ser prestado pelo Estado à população, pela qual as ações de prevenção e proteção devem ser primeiramente adotadas. Essas ações, para além de atenderem à determinação constitucional, garantem em maior medida o exercício da vida digna (fundamento republicano previsto no art. 1º, III da CF) e tendem a ser mais eficazes, alcançando os melhores resultados e consumindo menores esforços.

REFERÊNCIAS BIBLIOGRÁFICAS

BANDEIRA DE MELLO. **Curso de direito administrativo**. 32ª Ed. São Paulo: Malheiros, 2015.

BEREZIN, Eitan; PRESA, Jessica; MONTEIRO, Roberta Dyonisio Canaveira; MORAES, José Cassio de; RIBEIRO, José Geraldo Leite; SOUZA, Camila Pepe Ribeiro de. **Análise de custo efetividade da vacina pneumocócica conjugada 7- valente, na prevenção da doença pneumocócica, no cenário do Sistema Único de Saúde**. Disponível em: http://www.jbes.com.br/images/v1n1/jbes--v1n1-04-artigo-original.pdf. Acesso em: 14 ago. 2020.

GABARDO, Emerson. **O princípio da eficiência**. In: (Coords.) CAMPILONGO, Celso Fernandes; GONZAGA, Álvaro de Azevedo; FREIRE, André Luiz. Enciclopédia jurídica da PUC-SP. Tomo: Direito Administrativo e Constitucional. Vidal Serrano Nunes Jr., Maurício Zockun, Carolina Zancaner Zockun, André Luiz Freire (Coords. de tomo). São Paulo: Pontifícia Universidade Católica de São Paulo, 2017. Disponível em: https://enciclopediajuridica.pucsp.br/verbete/82/edicao-1/principio-da-eficiencia,-o. Acesso em: 14 ago. 2020.

GUIDI, Silvio. Discricionariedade e motivação. In: **Revista brasileira de estudos da função pública** – RBEFP. Belo Horizonte, ano 5, n.13, jan.-abr., 2016.

__________. **Serviços públicos de saúde**. Quartier Latin. São Paulo: 2019.

Idem.

MATA, Márcia Filomena de Oliveira. Fiscalização da administração pública em face da economicidade. In: **Revista dos Tribunais**. Doutrinas Essenciais de Direito Administrativo. v.3., nov. 2012, p. 201.

QUEIRÓ. Afonso Rodrigues. **Estudos de direito público** v. I – dissertações. Coimbra: Universidade de Coimbrá, 1989.

ROCHA, Sílvio Luís Ferreira da. **Manual de direito administrativo**. São Paulo: Malheiros, 2013. pp. 80-81.